リン・マクドナルド 著

実像のナイチンゲール

Lynn McDonald

Florence Nightingale at First Hand

監訳 金井 一薫
訳　 島田 将夫
　　 小南 吉彦

現代社

Florence Nightingale at First Hand.

By Lynn McDonald.

First Published

by Continuum UK and Continuum US, 2010

Translated and Published in Japan.

監訳者のことば

金井 一薫

今なぜ、改めて「ナイチンゲール伝」なのか

フロレンス・ナイチンゲール（一八二〇〜一九一〇）は、その生存中からすでに「伝説の人」でした。これまでに幾多の伝記が書かれ、その人物像は多彩に描かれてきました。つまり、かなり的外（はず）れな賛美を送る伝記から、逆に充分な根拠のない誹謗や中傷で彼女を貶（おとし）める悪意に満ちた伝記まで、多種多様な伝記が存在します。そしてもちろん、真摯（しんし）に彼女の人物像を求めたまっとうな伝記も多くありますが、それらも、ナイチンゲールという並外（はず）れて卓越した人物を表わすには、それぞれに不足があり、必ずしも全体像を描き切れてはいません。

なぜ、ナイチンゲールへの評価が、このように伝記作家によって隔（へだ）たりが大きいのでしょうか。その根本的な理由は、彼女自身がその生涯に書き残した著作物の数が、桁外（けたはず）れに多いということに尽きるのです。

一般的に、ある人物の伝記を描くには、書き残された著作物を可能な限り収集して、それらに眼を通すという基礎的研究が不可欠です。しかし、彼女の著作物はあまりにも膨大であったがために、その収集と読み込みと比較照合（突き合わせ）という気の遠くなるような研究作業を成し

遂げた人は、これまでに誰もいませんでした。過去の伝記作家たちは、それぞれ、大なり小なり、この膨大な著作物の一部を入手して、それを元に、それぞれの興味や仮説に沿ってナイチンゲールを描いてきました。その結果、幾通りもの「ナイチンゲール伝」が出来上がってきたというのが実情です。

ナイチンゲールが書き残した著作物は、大別して、約百五十点にも及ぶ「印刷文献」（生前に印刷され公刊あるいは公表された著作）と、優に一万点を超えるといわれる「手稿文献」（手書きで遺された書簡類やメモや日記など）とに類別されますが、特に入手が難しくまた解説に手を焼くのは「手稿文献」です。なかでも書簡類です。彼女は何ごとにつけ長文の手紙に託して、家族や友人や仲間たちに、身の回りの出来事や自分の胸の内や、その時々の仕事や事業について、その構想や進捗状況などを細々と伝える人でした。また彼女は生涯にわたって、多くの仕事や事業のほとんどを書簡や文書のやりとりによって成し遂げた人でした。さらに彼女は上流階級の人であり、また若くして国民的英雄としての知名度が抜群であったために、多くの書簡は大切に保管されてきました。したがって書簡類は、ナイチンゲールの生涯を描く伝記作家たちには不可欠の資料なのですが、それらは一ヵ所にまとめて保管されているわけではなく、世界の二百ヵ所以上に及ぶ図書館や文書館や団体や個人の収蔵品として分散しているのが実情です。

本書の著者であるカナダのリン・マクドナルド博士は、かつて誰も成し得なかったナイチンゲールの書簡を含む全著作文献の収集と、その解読と出版という大事業を、カナダ政府からの助成金を得て、およそ二十余年の歳月をかけて、みごとに成し遂げられました。この研究事業によって初めて、ナイチンゲールの著作文献の全貌が把握され、それはナイチンゲールの著作集成(1)(英語版・全十六巻・計約一万六千頁)として、二〇〇一年から二〇一二年にかけて出版されたのです。さらに同博士は、最新の情報技術を駆使して、これら著作物をすべてデータベース化するという偉業をも成し遂げました。ここに至って、世界のナイチンゲール研究の水準は一気に向上し、従前では考えも及ばなかった総括的かつ組織的な研究の道が拓かれたのです。

本書は、その膨大な研究を基礎とした書き下ろしであり、それゆえに本書は、ナイチンゲールの生涯と事績と思想とについての全貌を伝える伝記となったのです。

今なぜ、改めて「ナイチンゲール思想」なのか

今、改めて「ナイチンゲール思想」を問い直す意義は何処にあるのでしょうか。それは、本書によって、ナイチンゲールがその生涯をかけて成し遂げた社会改革事業のかずかずが明らかになり、さらに、それらの事業には明確な一本の筋道が通っていることが、浮き彫りになってきたところにあります。

ナイチンゲールは単に「クリミアの天使」で終わった人ではありませんでした。彼女は、クリミアの病院で多くの兵士の生命を救った実力を高く評価され、クリミアからの帰還の直後から、当時のイギリス政府と議会から乞われて、その顧問(医療や政治)の立場で活動するようになりました。そして多くの改革事業を託されて成功を収めていきました。彼女が手がけた改革事業は、英国陸軍の衛生に始まり、次に一般の病院の制度改革や看護教育の創設、公衆衛生の普及、救貧法の改善、インドの衛生対策など、さらに医療統計学や病院建築学の確立など多岐にわたります。そして彼女は、それぞれのテーマについての見解を、論文や報告として公表し、また書簡として書き残しています。

これらの事業全体を改めて俯瞰するとき、彼女は各事業をそれぞれ別個に手がけたのではないことがわかってきます。つまりそこには一貫した目的があり、また一本の筋と流れがあり、その流れに沿って改革を展開していったことが、鮮明に見えてくるのです。

それら改革事業の究極の目的はいずれも、当時のイギリス社会に発生した深刻な貧困問題と健康問題の解決に繋がっていました。彼女は、その若いころから、この豊かさを誇る文明社会に発生した極貧階層の悲惨に心を痛めていましたが、その貧困は「個人の怠惰や無知に由来するものではなく、社会の歪みが生み出した社会的貧困である」といち早く捉えていました。すなわち貧困やそれに伴う死亡率の高さを、社会に発生した病理現象として捉え、最終的にはこの病理現象の解決を目指して、根本的な法律と制度の改革に乗り出したのです。それは、言い換えれば、病んだ社会や病んだ国民に対する看護そのものでした。

彼女の思考の根底には、安易な親切心や同情心に駆られた慈善的な援助（お金の無い人にはお金を恵み、物の無い人には物品を施すという即物的援助）は真の援助にはならず、却って相手の自立と健康を阻害するという明快な哲学・思想がありました。真の援助とは、その人や、その社会や、その国が自ら備えている「持てる力」を引き出すことであり、それはまさに病人看護の原理と共通するものの見方でした。

また、ナイチンゲールの社会改革運動や啓蒙活動は、当時の社会が古くから固守してきた因習や、誤ったキリスト教の教義からの脱却を志向しており、彼女は、英国の新しい時代の新たな社会の仕組みを作ることに大きな貢献をした人でした。本書には、そのナイチンゲールの改革運動を支えていた〝自由主義的な政治信条〟が克明に描かれています。さらに若き日の内的葛藤や悩みや苦しみの実態も明らかにされており、一女性として自立の道を選び取ったナイチンゲールの精神的背景も読み取れるのです。

ナイチンゲールが提案した新たな保健医療福祉制度の仕組みは、「首都救貧法」として一八六七年に具体的な形となりましたが、ここに描かれた発想は、ナイチンゲールの没後、一九四八年に制定された有名な英国の「国民保健サービス法」（ＮＨＳ）のなかに引き継がれていきました。いわゆる「ゆりかごから墓場まで」を謳（うた）い、世界のモデルとなった制度は、かつてのナイチンゲール思想がより明確な姿となったものだったのです。

そして今、わが国は、超少子高齢時代を迎え、経済・福祉・医療・教育などの面で、これまでの歴史上では経験したことのない、社会的危機ともいうべき事態に突入しています。国民の生命と生活を守るための新たな社会の枠組みの模索を、これほど迫られている時代はありません。その錯綜する時代において、人間の健康をどう守り、病気や老いや死とどう対峙するべきか、その答えが今求められています。およそ百五十年以前、十九世紀の英国社会が人類史上初めて直面した社会的危機（社会の病理現象）にあって、その対策に真価を発揮したナイチンゲールの思想から、現代の私たちが学び取るべきことは多いのです。

結晶化した「実像のナイチンゲール」

本書『Florence Nightingale at First Hand』は、二〇一〇年に、ナイチンゲールの没後百年に合わせて書き下ろされたものです。著者リン・マクドナルド博士は、先にも触れましたが、世界各地に分散する著作物のほとんどすべてを収集し、それを十六の大項目に分類、整理して、先述の「ナイチンゲール著作集成」(1)を編纂（へんさん）されましたが、同時に、これら大項目について詳細な解説を付されました。そして、その解説を組み合わせてたどると、それ自体がナイチンゲールの生涯と事績と思想を語る長大な伝記を構成するのですが、博士は、その長大な伝記を要約して本書を書き下ろされたのです。それは、二人の訳者によって訳出され、『季刊・綜合看護』誌に連載され(2)ましたが、この度、さらに監訳者を加えて訳文を練り上げ、また参考資料を付して、ここに単行本として上梓するに至りました。

従来の多くのナイチンゲール伝の作家たちが、彼女の人間像を描くことに意を注いできたのに対して、本来が社会学者であるマクドナルド博士は、その学問的立場から、彼女の、その時代の社会への貢献という視座を加えています。これが加わったことで初めて、本書は「実像のナイチンゲール」を余すところなく伝えることに成功しています。つまり、個人としての彼女を描くとともに、社会的人間としての彼女を描き、ここに「実像のナイチンゲール」として結晶化させたわけです。

ですから本書を読むと、「これが、ナイチンゲールの生きた真の姿なのか」と、眼を見開かれる思いがします。私はこの度の訳出を通して、改めてナイチンゲールの人となりや、その思想の深さ、さらには知られざるかずかずの社会的業績に触れて、胸を熱くしました。私たちのようなナイチンゲール研究者でも、従来のナイチンゲール観が砕かれ、蒙を啓かれる書なのです。

したがって、本書は一般的な伝記という枠組みには収まらない面があり、また楽しく読める物語でもありません。むしろ少し難しい研究書に近いかもしれません。しかしながら、一方、ナイチンゲールの生涯と思想について、これほど多くを深く求めることのできる書は、かつて無かったのです。

ですから初学者への「ナイチンゲール入門書」としても、本書をお勧めします。二人の訳者による訳文は、正確にして、充分にこなれていてわかりやすく、不要な難解さは見られません。丁寧（ていねい）にゆっくりと読んでいくうちに、ナイチンゲールの人間像と、看護という仕事と、さらにナイチンゲールの「看護の思想」の奥行の深さが身に沁み込んでいくでしょう。

ナイチンゲールが抱いた希望と夢の継承を、本書の読者の方々に託したいと思います。■

（1）McDonald, Lynn (ed.). The Collected Works of Florence Nightingale. 16 vols. Wilfrid Laurier University Press, Waterloo, Ontario, Canada, 2001～2012.

（2）リン・マクドナルド著。島田将夫、小南吉彦訳。フロレンス・ナイチンゲール――直筆が語るその実像。季刊・綜合看護、第46巻1号～第48巻2号（2011～2013）。

目次

凡　例

本文中に使用した記号について

＊（　）は原著の括弧である。
＊原著のなかのイタリック書体は《　》のなかに入れて表わした。
＊原註は、行間に（1）（2）…を入れ、各章の最後に入れた。
＊〔　〕のなかの欧文は、原文を示す。原則として小文字で入れた。
＊〔　〕のなかの和文は、訳者が補ったものである。

序

なぜ今、ナイチンゲールの生涯なのか

フロレンス・ナイチンゲール[1]は、一九一〇年八月十三日に世を去りました。享年九十歳でした。本書が刊行される二〇一〇年は歿後(ぼつご)百周年にあたります。それにしても、なぜ、今日あらためて彼女の生涯について本書を世に問うのでしょうか？　彼女がクリミア戦争の英雄(ヒロイン)として帰国した一八五六年以来、彼女に関する書物は次々と刊行されています。それら著作の多くは、一八六〇年に世界に先駆(さきが)けて看護学校を設立し、専門職としての看護師養成に取り組んだ彼女を、近代看護の創始者として讃(たた)えています。

しかし本書は、それら多くの既刊書とは一線を画(かく)します。ナイチンゲールが自己犠牲(ぎせい)と勇気の女性であったことは間違いありませんが、本書は、その点のみを強調して描くものではありません。ましてや、〝真相の暴露(ばくろ)〟と称して彼女の卓越した能力と功績を貶(おとし)めようとする悪意に満ちた後講釈(あとこうしゃく)の書とは違います。本書は、ナイチンゲール自身が書き遺(のこ)した著作そのものを拠(よ)り所として、ナイチンゲールその人が何を語ったか、その人が何を成(な)し遂(と)げたか、を伝えようとするものです。

彼女が書き遺した著作は、世界各地に散逸してはいるものの、その多くが現存しています。にもかかわらず、これまでに出版された彼女についての多くの書物や論文のほとんどすべてが、いつの時代にも、どの国においても、わずかな断片資料だけから導かれた粗雑な類推にすぎないしろものなのです。残念なことに、彼女自身の手による著作がつぶさに吟味されていないのです。と言いますのは、ナイチンゲールは優れた文章家であり、人間味溢れるユーモアや文学的に味わい深い引喩で彩りつつも、こと正確さと事実をありのままに語ることにおいて厳しい人だったからです。

一次資料に基づく報告書

本書は、彼女が書き遺した膨大な量の著作〔直接資料＝一次資料〕を綿密に読み調べた結果に基づく報告書であり、厳密な取材に基づく報告書でもあります。

ただ彼女を褒めそやすばかりの伝記類に見られる過剰な賞賛について、あえて目くじらを立てる必要はないでしょう。それらの多くは子供たちに感銘を与え、子供たちに希望をもたらそうとする意図をもって書かれたものだからです。そして、すでに時代遅れであり、まともに受け止められたこともないからです。

誹謗中傷本への反証

しかし、彼女に対する侮蔑と中傷を目的とする何冊かの著作については、ここで反証しておかなければなりません。これらの著作は俗悪な間接資料〔二次資料〕となり、さらに、この種の著作を次々に増殖させるからです。

BBC〔英国放送協会〕が制作した二本の映画〔二〇〇一年と二〇〇八年〕は、この種の著作に依拠しており、ナイチンゲールへの敵意と中傷をむきだしにしたメッセージを世界のお茶の間に流してきました。そして、このテレビ映画をもとに書かれた新聞の報道記事のいくつかは、さらに直接資料〔一次資料〕を踏み外し、またさらに輪をかけて、その誹謗中傷の度を高めてきました。英国の大衆新聞『サンデー・タイムズ』に至っては、二〇〇八年のBBC映画を持ち上げる記事のなかで、ナイチンゲールを〝ランプを持った過失責任者〟[2]と貶めています。

なぜ看護師は抗議しないか

ところが、これに対して、看護師の誰一人からも、またいかなる看護師団体からも、抗議を申し出る気配さえ見えませんでした。それは看護師たち自身がナイチンゲールが書き遺した直接資料〔一次資料〕に接したことがなく、こうした告発記事には何の根拠もないという認識に至らなかったからです。

ナイチンゲールについて何か書こうとするとき、まず直面する一つの壁は、その関連資料の膨大さにあります。おびただしい量の間接資料〔二次資料〕に加えて、彼女自身が書き遺した、優に一万通を超える書簡をはじめ、報告書、単行本、論評、要約文、編集者への手紙、寄稿文や小冊子など、そのかずかずが、世界の二百ヵ所以上の文書館に分散して収蔵されています。本書の筆者は、これら資料のすべてを読み通しましたが、それは、現在刊行中の『フロレンス・ナイチンゲール著作集成〔The Collected Works of Florence Nightingale〕』の編者としての取り組みです。ちなみに、この著作集成は、二〇一〇年現在、全十六巻中の十三巻まで刊行されています

〔二〇一三年には十六巻すべてが刊行されています＝訳者〕。

本書の目的

本書の目的は、著述家であり社会制度設計の思想家、さらには公衆衛生改革の先駆者であったナイチンゲールについて、一次資料〔すなわち本人自身の著作になる直接資料〕に基づいて、彼女の素顔を描き出すところにあります。

第一章では、彼女が育った家族背景と彼女が受けた教育について、さらには彼女を仕事人生へと駆りたてた信条の核心について、すなわち、彼女の信仰、政治上の立脚点、社会科学と統計学への造詣について、また仕事の進め方の特徴などについて述べます。続く章からは、彼女が成し遂げた業績の主な領域について、つまり、社会改革、女性問題、陸軍の衛生改革、公衆衛生、看護、助産、救貧院、病院、インド衛生改革などについて述べ、最後の章では、彼女が遺した永遠の遺産について私見を述べます。

かの聖なる〝ランプを持った貴婦人〟の身に、いったい何が起こったのでしょうか。実のところナイチンゲールは、何かと批評にさらされることの多い女性であり、存命中からすでに敵意のこもった〔その多くは女性差別意識に根ざした〕批判や中傷を受けていました。

そして、一九一八年のリットン・ストレイチー著の伝記『ヴィクトリア王朝の有名人たち〔Eminent Victorians〕』が彼女に浴びせた異様なまでの毒舌が、その後の一連の悪罵と誹謗の流れの幕を開きました。そして、決定的に彼女の台座を揺るがしたのは、オーストラリアの歴史学者F・B・スミスの一九八二年の著作でした。この著作は、あたかも一次資料を用いた広範な研究の成果であるかのような印象を与えるものなのです[3]（これに比べると、リットン・ストレイチーの著作には、一次資料からの引用もまったくなく、そもそも学術的な報告を意図したものではありません）。

スミスの誹謗中傷

F・B・スミスの著書『フロレンス・ナイチンゲール：名声と権力〔Florence Nightingale: Reputation and Power〕』は、巻末に注記として一次資料の出典を数多く列挙しています。そして実際に彼は、ナイチンゲールの手稿原稿を収蔵する八ヵ所の文書館を利用しており〔文書館には閲覧記録がある〕、そのうちの二ヵ所は規模の大きい文書館です。しかし彼は明らかに、最も重要な文書館のほとんどを閲覧訪問しておらず、ナイチンゲールの家族間の書簡を収蔵する文書館としては最大級の二つの文書館さえも閲覧訪問していません。それでいながら彼は、ナイチンゲールの家族関係についての歪んだ見解を改めることはありませんでした。さらに重要なことは、彼による過激な非難や中傷は、それらを綿密に調べてみるとき、同書の巻末の注記に掲載された原典をふまえたものではないと判明したことです。

誤りだらけの告発

かつてF・B・スミスによる同書は、歴史上の発掘〔告発〕として絶賛を浴びたのでしたが、最終的には、彼こそが詐術者であったことが露呈したのです。公正を期するために言っておきますと、書評家たちや後の著作者たちには、学術書についてその出典の精査までは求められていません。それにしても、この本の、とても常識では考えられないような奇怪な内容に、多くの人々が、こんなことが真実でありうるかどうかという疑念さえ抱かなかったことは、不思議としか言いようがありません。

スミスの誤りだらけの告発にはさらに、見えすいた捏造や誇張や欺瞞が加わり、（一片の証拠もなく）ナイチンゲールが若い看護師や彼女の協働者たちの文献や論文を盗用したとか、さらには、未遂に終わったが彼女は〔公的基金である〕ナイチンゲール基金から資金を横領して自作の出版を図ったとか、そのような告発さえしているのです（後者はナイチンゲールの著作『思索への示唆〔Suggestions for Thought〕』への言及ですが、これはナイチンゲールが私家版として自費出版したものです）。

誹謗に粉飾が加わる

書評家や後の著作者たちは、スミスのこの信じがたいこじつけを、無批判に繰り返すだけにとどまらず、時にそれに粉飾さえしました。熱狂的なスミスの信奉者のなかには若い看護研究者たちもおり、彼女たちはその分野で名声を得ました。しかし、彼女たちが、若気の至りでこの信頼に値しない作品を支持したことについて、再考することは決してありませんでした。

さらにまた、別の社会的風潮によって、ナイチンゲールの著述になる一次資料の扱いが、ますます疎んじられることになってきました。看護歴史研究はこれまでずっと、きわめて小規模で、学問的蓄積の少ない研究領域でした。看護学校においても、この最も輝かしい看護の創始者について、これまでのような申し訳程度の説明や紹介さえもされなくなりつつあります。自分たちは過去へではなく未来へ目を向けているのだ、と看護の指導者たちは言います。

知られざる実像

　二十世紀の後半から、世間は〔優れた仕事を成し遂げた〕英雄的な女性には眼を向けなくなってきましたが、ナイチンゲールもその例外ではありません。彼女は、ヴィクトリア朝の特権階級という背景を持ち、生涯独身で、独身主義を通した女性として、とりわけ批判や非難の対象となりやすかったのです。彼女が急進的な思想家であり、政治的には進歩主義者〔自由主義者〕でありながらも、よき共和主義〔保守主義〕をも持ち合わせ、さらに宗派を超えて共感を抱く敬虔なクリスチャンである、そのような女性であったことは、従来ほとんど伝えられてきませんでした。

　また一看護師にすぎない彼女が、医師や政界人の男性集団の指導者として、公衆衛生の抜本的な改革に取り組んできたことも、まったく知られていません。こうした彼女の人格と業績にまつわる側面は、彼女に畏敬の念を抱き彼女に啓発された初期の著作者たちも、彼女に反感を抱き彼女に否定的な後世の著作者たちも、あまり気に留めることはありませんでした。

　かつてどの時代の読者たちも、医師や看護師や公衆衛生の専門家たちでさえ、ナイチンゲールの草分け的な偉業についてはほとんど聞いたこともなく、その一方、ますます増えてきた冷やかな中傷や粗雑で無責任な憶測のかずかずは、否応なしに聞かされてきたのです。今こそ、彼女が何を書き遺し何を成し遂げたか、その事実に眼を向けるべき時でしょう。

高死亡率への誤解

　クリミア戦争から帰還したナイチンゲールは、英国の陸軍病院で発生した高い死亡率を二度と繰り返してはならないと、心に強く決意しました。そして彼女は、協働者たちとともに、何が災害を招き何が成功をもたらしたかを分析する九百ページもの報告書の作成に取り組み、その結果、この調査のための王立委員会〔政府が任命して諮問する公式な審査委員会〕を発足させ、政府報告書を公表させることに成功しました。彼女はこれを成し遂げるための活動において、もっぱら舞台裏で尽力しました。

二〇〇八年のBBC制作の映画は、この高死亡率は彼女の病院で発生したという理由で、彼女にその責任をなすりつけています（実際には、彼女は英国陸軍によってその病院に派遣されたのでした）。これは明らかに彼女の報告書が読まれていない証拠です。報告書では、いつ誰が何を行なったか、そして問題点を特定するために、いつ誰が失敗したのかが克明に検証されているからです。それに加えて、この九百ページの報告書には、当時、まったく別の病院であるクーラリ〔彼女が派遣されたスクタリ地区に近接する地区名〕の陸軍病院が最高の死亡率を示していることを例証していますが、これもまた、批評家たちに読まれた形跡がありません。

理不尽なBBCの映画

さらにこのBBC制作の映画は、ごく一般的な常識にも欠けています。いったいどの時点から看護師（あるいは医師）が、派遣された病院の下水設備の欠陥や溢れた便所について責任を負うようになったというのでしょうか？　またなぜ、陸軍当局は、欠陥が報告された最初の時点で、専門技官を派遣しなかったのでしょうか？　実のところ、陸軍内にも何が必要とされているかを察知していた医師や技師がいたのですが、ナイチンゲールにはそのどちらに対しても接近する方途が断たれていたのです。

その後、彼女は相談したり意見を求めたりできる専門家集団の連携体制を構築し発展させましたが、それはクリミアの戦後であり、それも、クリミア戦争における英国陸軍の失態を彼女が分析して得られた教訓から生まれたものでした。

時代遅れの女性蔑視

時代遅れの女性差別がナイチンゲール像を歪めつづけています。彼女は生涯にわたって、彼女がまとめあげた出産後の母親の死亡率についての先駆的な統計分析について非難されましたが、それはその分析が医師たちへの厳しい批判だったからです。当時の権威ある医学雑誌に掲載された匿名の論評によって、彼女が出した結論は否定されたのですが、その理由というのが、〝優しい女ごころ〟が判断を誤りに導いた、というものでした。

誤解を招くBBCの映画

二〇〇八年からのBBCの映画は、現代における女性蔑視の好例です。この映画によれば、ナイチンゲールはクリミアで自分が成した仕事が、大きな過ちを犯していたことに気づいたとき、〝精神的にも霊的にも倒れ込んでしまい〟、その彼女を救ったのは父親であり、その父親が彼女を説得して、その過ちの罪を償うために〔陸軍病院の看護ではなく〕一般市民病院の看護改革に身を投じるよう説得した、というのです。実際のところこの父親は、長年にわたって彼女が仕事に就くことを妨げてきましたし、彼女が看護師になったことにも好感を持ってはいません。彼は、彼女とその熱い信念を共有することも、彼女の社会改革への使命に共感することもありませんでした。

父ではなく神の導きによる使命感

さらに言えば、本書が提示する資料のかずかずによって明らかになるでしょうが、ナイチンゲールはすでにずっと以前から長年、一般の市民病院で看護の仕事に取り組もうと固く決意していましたし、もし家族がそれを許していたならば、一八四〇年代〔二十歳代〕には病院看護の仕事に踏み出していたでしょう（ずっと遅れて彼女がその機会を得たのは、クリミア戦争で得た名声の賜物だったのです）。

現にナイチンゲールは、彼女のこの重い使命は、この世の父の導きではなく、神〔天の父〕の導きによると、自ら明言しています。しかし、この映画を制作したＢＢＣの宗教担当部門に、これが神の導きであったという可能性を認めるような監督や脚本家を期待することは無理でしょう。

本書の読者に望むこと

皮肉や嫌味や女性差別の憶測を並べたてた書物を求める人、反対に、不快な情報の提供者たちを吊し上げる書物を求める人、そのような読者に本書は馴染みません。この時代の最も志操高く勇気ある社会改革者たち、そうした協働者たちと、いかにナイチンゲールが向き合っていたか、あるいは彼女とともにあって彼女の理念を実現する働きに、いかに彼らが惹き付けられたか、を発見したい、そのような読者のためにこそ本書はあります。看護という働きを人々から尊敬され、収入も保証された女性の職業として確立するために（当時、ほかにそのような職業への道は女性の前に開かれていなかったのです）、生涯の大半を投じた女性、政治的にも社会的にも時代の流れを的確にとらえ、その協働者たちと親交を育み、自分が育てた看護師たちから〝大お母様〟と呼ばれた、そのような一人の女性を発見したいという読者には、本書を読みつづけることをお勧(すす)めしたいと思います。

彼女自身が明言しているとおり、彼女が自己の使命について神と語らいを持ったか否(いな)かについては、筆者は口を開くべき立場にありません。しかし、彼女の生涯の仕事を説明するのに、裕福にして善意の人ではあったが情熱において欠けていた父親の導きによるとするよりも、神の導きであったとするほうが、より納得できるのではないでしょうか。

点描：フローレンス・ナイチンゲールの生涯

主な関係者

フランセス・［旧姓スミス］ナイチンゲール（一七八八〜一八八〇）母
ウィリアム・エドワード・ナイチンゲール（一七九四〜一八七四）父
パースィノープ・ナイチンゲール［後にヴァーネイ卿夫人］（一八一九〜一八九〇）姉
ハリー・ヴァーネイ卿（一八〇一〜一八九四）義理の兄、自由党国会議員
メアリー・ショア・スミス（一七九八〜一八八九）メイ叔母、相談相手
ヘンリー・ボナム・カーター（一八二七〜一九二一）従兄弟、ナイチンゲール基金事務長
セリナ・ブレースブリッジ（一八〇〇〜一八七四）家族ぐるみの友人
ダフリン卿夫人（一八四四〜一九三六）インド総督夫人
ウィリアム・ファー博士（一八〇七〜一八八三）医師、統計学者
ギャソーン・ハーディ（一八一四〜一九〇六）救貧法委員会議長
シドニー・ハーバート（一八一〇〜一八六一）戦時大臣、友人

アグネス・エリザベス・ジョーンズ（一八三二〜一八六八）リヴァプール救貧院病院・総看護師長
ベンジャミン・ジョウェット（一八一七〜一八九三）オクスフォード大学ベイリオル学寮・学監
ジョン・マクニール卿（一七九五〜一八八三）医師、友人
ジョン・スチュアート・ミル（一八〇六〜一八七三）政治哲学者、自由党国会議員
ハリエット・マーティノー（一八〇二〜一八七六）著述家、友人
パンミュア卿（一八〇一〜一八七四）陸軍大臣
アンジェリク・ルシル・プリングル（一八四六〜一九二〇）エジンバラ王立病院・総看護師長
ウィリアム・ラスボーン（一八一九〜一九〇二）慈善事業家、自由党国会議員
ジョン・サザランド博士（一八〇八〜一八九一）医師、衛生学者
チャールズ・ペラム・ヴィラーズ（一八〇二〜一八九八）救貧法委員会議長
サラ・エリザベス・ウォードローパー（一八一三〜一八九二頃）聖トマス病院・総看護師長

フィレンツェで誕生

フロレンス・ナイチンゲールは、一八二〇年、イタリアのフィレンツェ〔英名フローレンス〕で生まれました。裕福な資産家であった両親は長期にわたる新婚旅行でヨーロッパ各地を巡（めぐ）っていましたが、滞在先の一つであったフィレンツェで、次女として生まれたのが彼女でした。フロレンスは、英国の、一つはダービーシャー州にあり、もう一つはハンプシャー州にある、二つの田園の邸宅（ていたく）で育てられました。彼女の教育は、その大

半が、父ウィリアム・エドワード・ナイチンゲールによって行なわれましたが、この父親は、ケンブリッジ大学のトリニティ学寮で古典学を修めていました。十六歳の時、彼女は〝神のお召し〟を体験しました。しかし、これに応えて看護師になることを家族が許しませんでした。当時は、看護師は下層階級の職業であり、彼女のような上流階級の〝貴婦人〔淑女〕〟の身分にあっては、それを思うことさえはばかられる、そのような低い階層の職業でした。

ヨーロッパ旅行見聞を広めた

一八四七年から四八年にかけて彼女は、両親の許しを得て、ローマからエジプト、そして一八四九年から五〇年にはヨーロッパ各地を巡る長期の旅行に出ました。彼女はそれ以前にも、一八三七年から三九年にかけて、主にイタリアやフランスへの長期にわたる家族旅行に連れて行かれたことがありました。こうしたヨーロッパへの旅行は、彼女の語学能力を高めただけでなく〔彼女はフランス語とドイツ語、そしてイタリア語に堪能でした〕、共和政治やイタリアの独立を目の当たりにする機会をもたらしました〔有名な一八四八年のイタリア独立運動の騒乱の時期に彼女は、ローマとフランスに滞在していました〕。

ナイチンゲールは、一八四九年から五〇年にかけての旅行の最後に、ドイツのデュッセルドルフ近郊のカイゼルスヴェルト学園〔カイゼルスヴェルト・アム・ラインにあるルター派のディーコネス（新教徒派の修道女）による福祉施設〕に短期間ながらも、何とか許可を得て滞在しました。

実地研修を受ける

この学園のなかの病院や孤児院や教員養成所では、女性たちにも働き甲斐があり責任もある仕事が任されていました。彼女はこの学園を再び訪問すること、そして長期間の滞在が許されることを願いました。一八五一年、両親はついに、彼女がそこで三ヵ月間滞在して実地研修を受けることを許可し、さらに一八五三年には、パリで数週間、ローマ・カトリックの看護組織での研修を許可しました。一八五三年、父は彼女への定額の年金支給を決め、また、ロンドンのハーレー街にある淑女病院〔病いに倒れた淑女たちのための施設〕という小さな病院の総監督への就任を、彼女に認めました。

看護団を率いて戦地へ

クリミアにおける戦争が勃発したあとの一八五四年に、彼女はこの病院を去りますが、それは、英国で初めて戦場に派遣されることになった英国女性看護団を率いてクリミアへ向かうためでした。後にクリミア戦争として知られることになったこの戦争においては、英国陸軍の兵站態勢が不備をきわめ、予防可能な伝染病による死亡率が戦傷による死亡率の七倍にものぼりました。ナイチンゲールが派遣されたスクタリ〔地名〕の兵舎病院〔古い兵舎を転用した病院〕は、構造的に不備が多く、下水施設に欠陥があり、本国から派遣された専門家集団によって改修されるまで、その死亡率が下がることはありませんでした。そもそも病院として建築されたものではなく、病院として使用されるべき施設ではなかったのです。

にもかかわらず、現場視察に訪れた軍医総監のジョン・ホール医師は、この病院を高く評価し、賞賛に満ちた報告書を上申したのです。

クリミア熱に感染

ナイチンゲール自身は、ここで〝クリミア熱〟（おそらくブルセラ菌感染症と思われる熱病）に感染して、危うく生命を落としかけることになるのです。

惨事を繰り返さない——改革に着手

一八五六年八月、戦争から帰還した直後から彼女は、クリミアで発生した高死亡率の事態が二度と繰り返されることがないよう、その対策を確立する運動に着手しました。今や彼女は国民的英雄でしたが、彼女はその名声を〔真正面から振りかざすことなく〕隠れた力として使いました。初めは英国陸軍に対してでしたが、やがては広く社会一般に対して、と拡がっていきました。彼女は、英国陸軍の医療体制に生じた大惨事の原因の究明とその改善についての王立委員会の設置を求めました。政治的な働きかけを改革への手始めにしたのです。委員会による報告書が仕上がるまでに彼女は、病いを押して、多くの証言や情報をまとめたり分析したりするなど、報告書の信頼度を高めるうえで大きな貢献を果たしたのでした。それと並行して彼女は、何がこの災害をもたらしたのかを分析し、その結果を九百ページに及ぶ文書にまとめて自費出版し、内部資料として配布しました。

クリミア戦争からの帰還後、ナイチンゲールの健康が比較的よかったのは、わずか一年くらいでした。たいていいつも病弱の身であった彼女は、人に会うのは原則として一対一に限るようにし、人を説いたり動かしたりするのは、もっぱら調査報告や著述を通してでした。病気は容赦な

（※ 冒頭行）ナイチンゲールは、何とか病苦を躱しながら仕事に取り組むこつを会得し、与えられた貴重な時間を、少しでも多くの生命を救う見込みのある事業や企画に集中させせました。

自由主義的な政治信条が基盤

ナイチンゲールの篤くして揺るぎない自由主義的な政治信条が、彼女が取り組む社会改革事業の基盤をなしていました。彼女の家は（さらに姉の嫁ぎ先であるヴァーネイ家は）押しも押されもしない自由党員の家系でした。彼女の義兄は自由党国会議員であり、従兄弟たちや家族と親交のある人々の多くも同じでした。自由党員として名の知れたインドの行政官たちへの書簡にはしばしば、私的な伝言や政治にまつわる風聞などが付記されていました。ナイチンゲール自身は、自由党に寄付をしたり、何人か特定の支持する（とりわけ進歩的な）候補者のために選挙の応援文を書いたりさえしました。

政情が不安定なときにも、彼女の政治信条は揺るぎませんでした。彼女は、自由党員ではありませんでしたが、その理念において自由主義者であり、学問や表現の自由と宗教的寛容の支持者でした。そして自由党は、彼女の信条に最も適った政策表明団体でした。しかし、自由党は英国国教会に対しては、その主義や原則を貫かないことが多くありました。――彼女は、必死の思いで、自由党がアイルランドに示したと同じ寛容を、インドにも示してくれることを願いました。彼女は、教会と政党との板ばさみに悩みました。

ほとんどを自室で過ごす

長い仕事人生のうち、彼女はほとんどの時間を、自分の部屋から外には出ずに暮らしました。自己の状態をいろいろに描いて、例えば〝私の部屋の囚人〟とか〝自分のベッドにつながれた囚人〟などと述べています。誰にも会えないような体調の日もありましたが、だいたいいつもは、看護界の指導者や医学の専門家や政治家やインド行政官などの人たちに会って面談し、時には一日に何人もと会うこともあり、それが長時間にわたることもありました。

面会を申し込んでも、個人的な相談のばあいは、受け付けられないことが多くありました。家族や友人との時間を持つこともありましたが、それは、彼女がイエス・キリストの言葉を引用して〝私の父（神）の仕事〟と呼ぶにふさわしい〝仕事〟につながるばあいに限られていました。しかし、面会を謝絶された人たちも、たいていはあとから返辞の手紙を受けとりました。手紙は、時には詳細にわたる具体的な助言であり、時には手紙に（適当額の）寄付金が添えられていました。

優れた連携体制

ナイチンゲールが、協働者や助言者たちとでつくりあげた連携体制は画期的なものでしたが、さらに彼女はそこに次々と、若くして有能な専門家や閣僚や国会議員などのメンバーを加えていきました。彼女は、その人々に助言や判断を求めたり、自分が作成した調査紙や下書き原稿や報告書などに、それぞれの分野に詳しい優れた専門家たちの精査を求めたりするなど、常に連携集団の人々と協力し合いながら仕事を進めていきました。

最晩年の活動と遺志

七十歳代に入ってもナイチンゲールは、さまざまな分野にわたって論文や報告書などの執筆を続けました。八十歳代になると、だんだんと視力と精神力の衰えが進み、もはや本格的な執筆はしなくなりました。一九〇二年以降、彼女は簡単な伝言文くらいしか書きませんでした。彼女は九十歳でその生涯を閉じ、ナイチンゲール家の教区の教会であるイースト・ウェロー村の聖マーガレット教会の墓地に埋葬されました。彼女の遺志にそって、家族はウェストミンスター寺院からの埋葬の申し出を固辞しました。

【序の原註（出典箇所）】

（1）本書で引用したナイチンゲールの著作の原典は、それぞれの著作の背景や学術考察を付記したうえで、すべて著作集『The Collected Works of Florence Nightingale（英文：全十六巻）』（Lynn McDonald 編：Waterloo, ON: Wilfrid Laurier University Press 2001）に収録しています。本書の註では、以後、コロンをはさんで前のアラビア数字が著作集の巻数、後がページ数を示します。例えば、1:111 は、著作集の第一巻の百十一ページを示します。
本書および著作集において、ナイチンゲール著作原典の情報収集や内容の出版にご協力やご許可をいただいた、ヘンリー・ボナム・カーター基金（Henry Boham Carter Will Trust）ならびに世界各地の文書館の司書の皆様に厚く御礼を申し上げます。

（2）Stuart Wavell, 'The liability with the lamp,' The Sunday Times, 1 June 2008.

（3）F. B. Smith の Florence Nightingale: Reputation and Power（London: Croom Helm）は一九八二

年に出版されました。本書の著者は、Smith の同書に対する批評にその根拠となる資料を加えた記事を The Times Literary Supplement No. 11（6 December 2000: 14–15）に書きました。その記事がきっかけで、数名の研究者が同書の編集者に、Smitth の著書には誤解がほかにもあることを指摘する書簡を送りました。詳しくは、1:843–7.

家系 略図

父方

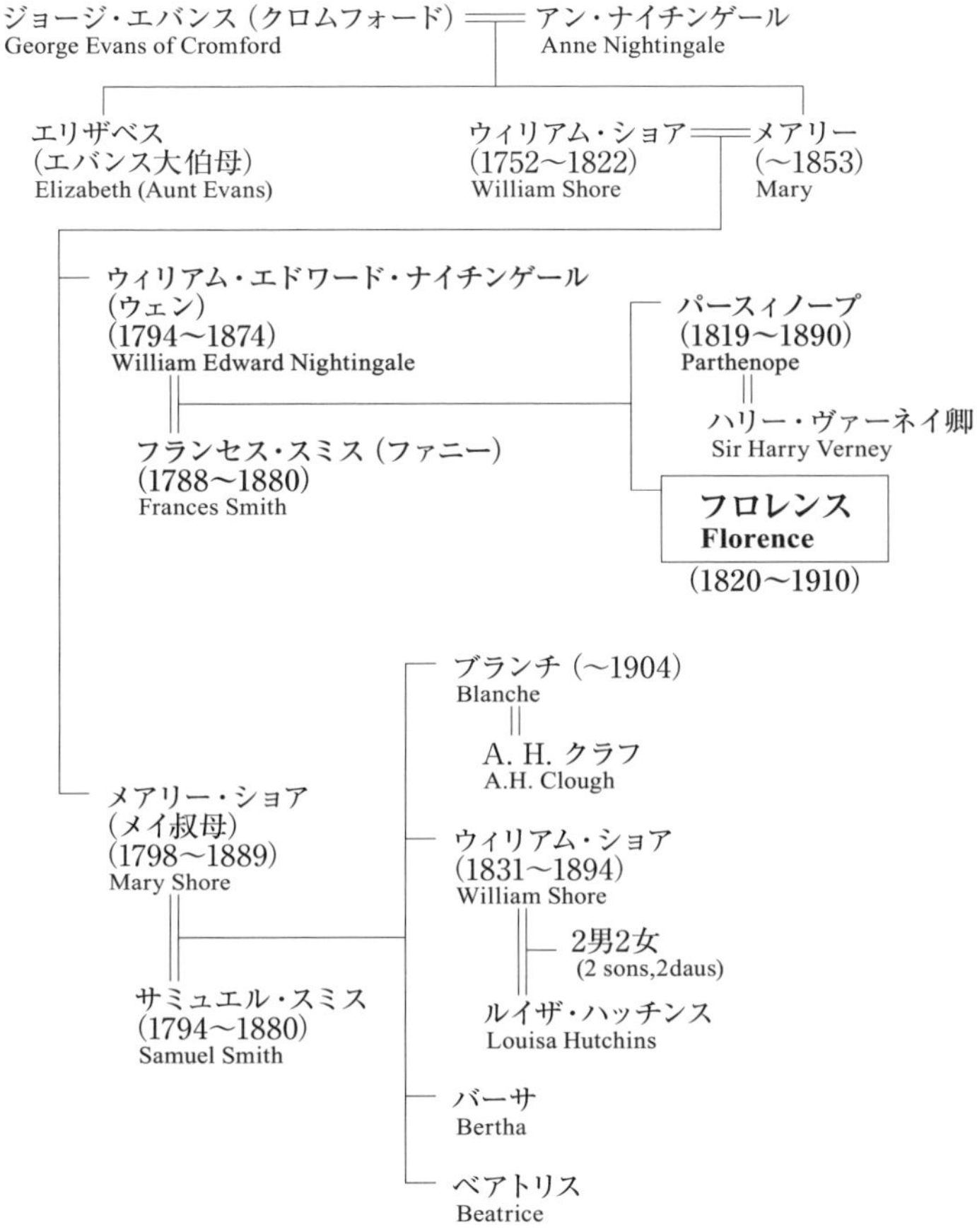
ジョージ・エバンス（クロムフォード）
George Evans of Cromford
アン・ナイチンゲール
Anne Nightingale
エリザベス
（エバンス大伯母）
Elizabeth (Aunt Evans)
ウィリアム・ショア
（1752～1822）
William Shore
メアリー
（～1853）
Mary
ウィリアム・エドワード・ナイチンゲール
（ウェン）
（1794～1874）
William Edward Nightingale
フランセス・スミス（ファニー）
（1788～1880）
Frances Smith
パースィノープ
（1819～1890）
Parthenope
ハリー・ヴァーネイ卿
Sir Harry Verney
フロレンス
Florence
（1820～1910）
メアリー・ショア
（メイ叔母）
（1798～1889）
Mary Shore
サミュエル・スミス
（1794～1880）
Samuel Smith
ブランチ（～1904）
Blanche
A. H. クラフ
A.H. Clough
ウィリアム・ショア
（1831～1894）
William Shore
2男2女
(2 sons,2daus)
ルイザ・ハッチンス
Louisa Hutchins
バーサ
Bertha
ベアトリス
Beatrice

マリアン
Marianne
||
ダグラス・ゴールトン
Douglas Galton

ジョージ・ヘンリー（～1851）
George Henry

ロシアン（1827～1893）
Lothian

ローラ（ロリ）
Laura (Lolli)
||
ジャック・ボナム・カーター
Jack Bonham Carter

パースィノープ（1819～1890）
Parthenope
||
ハリー・ヴァーネイ卿
Sir Harry Verney

フロレンス
Florence
（1820～1910）

ジャック（1817～1884）
Jack
||
ローラ（ロリ）・ニコルソン
Laura Nicholson

ジョアンナ・ヒラリー（1821～1865）
Joanna Hilary

フランセス・マリー（ファン・ファン）
Frances Marie (Fan-Fan)

ヘンリー（1827～1921）
Henry
||
シベラ・ノーマン
Sibella Norman

11男・1女
(11 sons,1 dau)

家系 略図

母方

ウィリアム・スミス（1756～1835）
William Smith
＝ フランセス・コープ（1759～1840）
Frances Coape

- マーサ・フランセス（パティ伯母）（1782～1870）
  Martha Frances (Aunt Patty)
- ベンジャミン（1783～1860）
  Benjamin
  ＝ アン・ロングデン
  Anne Longden
  - バーバラ・ボディション
    Barbara Bodichon
- アン（1785～1854）
  Anne
  ＝ ジョージ・ニコルソン（1787～1852）
  George Nicholson
  （同胞？）
  ハナ・ニコルソン（ハナ伯母）
  Hannah Nicholson
- フランセス（ファニー）（1788～1880）
  Frances
  ＝ ウィリアム・エドワード・ナイチンゲール（ウェン）（1794～1874）
  William Edward Nightingale
- ウィリアム・アダムス（1789～1870）
  William Adams
- ジョアンナ・マリー（1791～1884）
  Joanna Marie
  ＝ ジョン・ボナム・カーター（1788～1838）
  John Bonham Carter
- サミュエル（1794～1880）
  Samuel
  ＝ メアリー・ショア（メイ叔母）（1798～1889）
  Mary Shore (Aunt Mai)
  - 父方参照
- オクタビアス（オク叔父）（1796～1871）
  Octavius (Uncle Oc)
  ＝ ジェーン・クック
  Jane Cooke
- フレデリック（1798～1882）
  Frederick
  ＝ メアリー・イェーツ
  Mary Yates
- ジュリア（ジュー叔母）（1799～1883）
  Julia (Aunt Ju)

第一章　ナイチンゲールの才能と人柄

裕福な家庭に生まれる

ナイチンゲールの両親は、一八二一年に英国に帰り、イタリア生まれの娘二人を母国で育てました。

一家の暮らし向きはひときわ裕福で、季節ごとに移り住む二つの広壮（こうそう）な田園邸宅を構えていました。一つはダービーシャー州のリハースト荘、もう一つはハンプシャー州のエムブリイ荘です。ナイチンゲール家の資産は〝命知らずのピーター〟と呼ばれた大叔父（おおおじ）〔父ウィリアムの母の弟〕からの相続によるものでした。この大叔父はダービーシャー州の鉛（なまり）鉱山の探鉱（たんこう）と採掘（さいくつ）で富を築いた人でした。

優れた教育を受ける

父ウィリアム・エドワード・ナイチンゲールは、二人の娘に特別優（すぐ）れた教育を施（ほどこ）しました。その教科は、現代の英語および現代の諸外国語、古典としてラテン語およびギリシャ語、体系的な歴史、もちろん厳格（げんかく）な文

①1　リハースト荘

①2　エムブリイ荘

法および文章技法と、さらに英文学や音楽にも及びました。ナイチンゲールは母語である英語の古典が好きで、シェークスピアやミルトンをよく引用しました。そしてチャールズ・ディケンズ、エリザベス・ギャスケル、ハリエット・マーティノーなど当時の作家たちの作品も愛読しました。また、ヴィクトル・ユーゴーなど当時の詩文学や、さらに冒険小説も好んで読みました。

十代のヨーロッパ旅行

父方、母方ともに多くの親族と交流があり、そうした親族の人たちが何週間も自宅に滞在することもありました。一家はそろって遠乗りや行楽、音楽演奏や素人演劇などを楽しみました。一八三七年から三九年にかけてエムブリイ荘は大改築されましたが、その期間中の十八ヵ月間にわたり、一家はフランス、イタリア、ドイツ、スイスを周遊しました。イタリアのフィレンツェでは、イタリア語、美術、ピアノ、歌唱などの訓練も受けました。トスカナ〔フィレンツェを都とするイタリア中部の公国〕の君主邸での舞踏会には一家そろって招かれました。一家は歌劇鑑賞に週に三度も出かけましたが、ナイチンゲールは毎夜でも行きたいと言うほどでした。

ジュネーブで見た難民たち

ジュネーブに移動してから様相は一変しました。その滞在中に一家はイタリアからの政治難民に遭遇したのです（北イタリアの大部分は当時オーストリアの支配下にあり、その抵抗運動が始まっていました）。自由に恵まれ豊かで喜びに溢れるフィレンツェの生活と、占領下に取り残された人々の生活との格差に、ナイチンゲールは強く胸を打たれました。ジュネーブで彼女は、その信仰のゆえに貧困に苦しむ難民を目の当たりにしたのです。〔ここで知り合いになった〕イタリア史の研究で著名なシスモンディ〔スイスの歴史家・経済学者〕がナイチンゲールを遠出の散歩に誘い出すこともありましたが、二人は歩きながら政治や経済について長い時間語り合いました。一家が英国に帰ったのは一八三九年で、それに合わせて姉妹二人は正式に英国宮廷（きゅうてい）の社交界に披露（ひろう）されました。元の日常生活に戻ったナイチンゲールではありましたが、彼女はこの時に政治的闘争というものを身近に知り、後にイタリア独立運動の熱烈な支持者となります。

幼少期から看護に関心

ナイチンゲールの看護への関心は幼少期に始まります。まだ少女の頃から彼女は、病気の親族や家の召使（めしつか）いや、また近辺の村の病人たちの看護をしました。二十歳代半ばを迎える一八四五年の頃から、彼女はソルズベリー市近郊の病院で看護を実地経験する機会を探っていましたが、母と姉の激しい反対にあいました。その当時、看護は、誰にでもできる単純な労働とされ、賃金も最低で世間から蔑（さげす）まれる職業でした。看護師といえば、大酒呑（の）みで言葉遣（ことばづか）いも下品、という先入観で見られていました。当時の一般の先入観について、ナイチンゲールは、前者は否定しませんでしたが、後者には異議を唱えています。

この頃の、年ごとに看護に携（たずさ）わる機会が失われていく心の痛みの、その記憶は、彼女が高齢を迎えてからも消えることはありませんでした。彼女は、一九〇〇年に至っても、「看護の仕事に携わるようになるまでの私には一瞬の幸せもありませんでしたが、それがかなって以降は決して私は不幸になったことはありません」と書いています。

政治的関心に目覚める

一八三七年から三九年にかけてのヨーロッパ旅行は、ナイチンゲールに政治への関心を目覚めさせましたが、一八四七年から四八年にかけてのローマ滞在、そして一八四九年から五〇年にかけてのエジプトおよびヨーロッパへの旅行は、彼女に知的な成長をもたらしました。このローマ滞在とエジプト・ヨーロッパ旅行とは、一家の家族ぐるみの友人であったブレースブリッジ夫妻（夫チャールズと妻セリナ）に同行した旅行でしたが、この夫妻は彼女よりも年長で、子供はなく、後のクリミア戦争の時にはスクタリまでナイチンゲールに同行した人たちです。ローマでは美術館や教会をただ訪れるだけではなく、彼女はその詳細なスケッチをしました。これによって育まれた技能が、後に彼女が病院設計をする際に活かされることとなります。ナイチンゲールはとりわけシスティナ礼拝堂の美の虜になりました。まるで天国を見るかのようであった、と姉に熱く語っています。時勢はまさに、リソルジメント、つまりイタリア独立運動の只中でした。ナイチンゲールは、コロセウム（古代ローマの円形競技場）での大集会にも参加し、カピトリヌス神殿に高らかに掲げられた三色旗に声援を送りました。自由を求めるイタリア各地の市民闘争に感化されていたナイチンゲールは、教皇ピウス九世が教皇権を放棄するに至った情勢を称賛しています。もっとも、ピウス九世はすぐに復権します（後に詳述）。

異文化を体験

カイロからナイル川をさかのぼってまた下ってくる旅によって、ナイチンゲールは根底から異質な社会を体験しました。多数派のイスラム教徒と少数派のコプト教徒〔紀元一世紀頃からエジプトで独自の教義を発展させた東方教会系のキリスト教の一派〕に出会い、奴隷による小作農社会と洗練を尽くした首都を見ました。カイロは〝世界一美しい都市〟と一八五〇年に彼女は記しています。ある日、ナイチンゲールはイスラム女性に変装して、モスクでの礼拝に参加しました。〝人類の同胞がどのようなお祈りを捧げるのか〟を自分の目で確かめたかったのです。彼女にはインドを訪れる機会は生涯ありませんでした。しかし、エジプトで過ごした時間によって彼女は、根底から異質な文化と宗教を背景として、土地の所有と支配が大規模かつ複雑に入り組んだ社会の実態を実地に知ることになりました[1]。

エジプト土着の宗教

エジプトでナイチンゲールは、手に入れられるかぎりの文化人類学系の文献を読みました。エジプト土着の宗教とユダヤ教およびキリスト教との違いや共通点を確かめようとしたのです。彼女は、古代エジプト人の宗教は、その聖職者たちの認識においては一神教であり、実際には多くの神々が存在するが、それは無教養な民衆を教導するためである、という専門家の説に納得しました。そのさまざまな神々も、実は唯一絶対神のさまざまな側面の現われであって、エジプトの神々の複合した三位一体であり、それはキリスト教の三位一体と同列に見なすことができるのでした。

エジプトにおける煩悶

ナイチンゲールはエジプトから、詳細をきわめた長文の手紙を何通も家に書き送っています。後に、姉がそれらを活字にして身内に配布しました。しかし彼女が書きつづけた個人の日記からは、このエジプトの旅は、宗教について思い悩む煩悶の旅でもあったことが窺えます。彼女は一八四八年のローマ滞在中に、修道院で短期の黙想修養を経験したことがありましたが、このナイル河畔で彼女は、ローマで出会い彼女を教え導いたサンタ・コロンバ尼院長の問いかけや説諭に思いを巡らしました。彼女は〝神のお召し〟にまったく応じていないことへの呵責に苛まれていました。

彼女は、政治についても、いくつもの深い洞察を得ました。ナイチンゲールは、同じユダヤ人捕囚でありながら、エジプトから彼らをイスラエルへと導き出すことができたのは、なぜモーセ一人だけであったのか悟るところがありました。モーセのみが自由人として育てられ成人したからでした（ユダヤ人の新生児は皆殺しにせよとの命令をエジプト王（ファラオ）が下したとき、危険が迫っていた赤子のモーセは、母によって藺草の中に隠され、王女の一人に拾われて育てられました）。

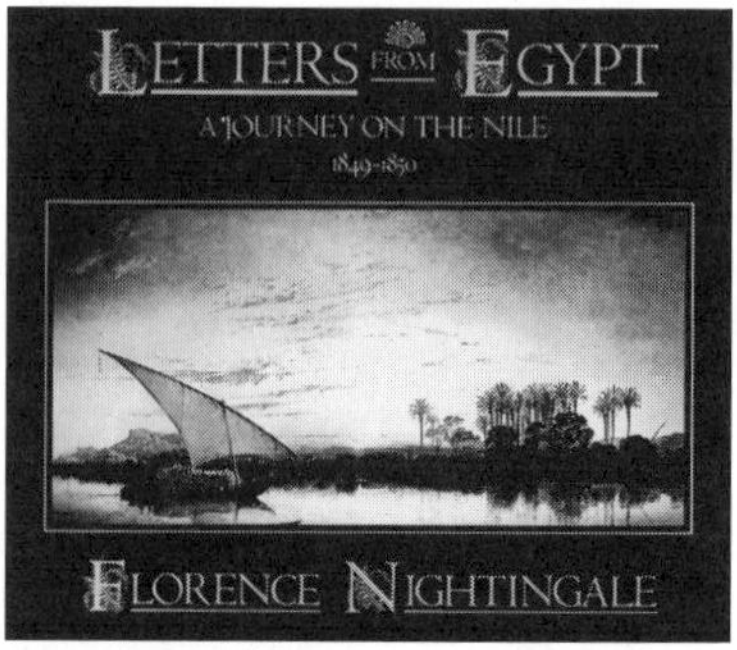

①3　エジプトからの手紙

カイゼルスヴェルト学園での学び

一八五〇年と一八五一年にナイチンゲールがカイゼルスヴェルト学園に滞在した頃、学園は創立者テオドール・フリードナー牧師と彼の二人目の妻のカロライン・フリードナーによって運営されていました。学園では、女性による奉仕活動が教会の伝統に従って復興されていましたが、それは聖書時代の奉仕活動にさかのぼるものでした。一八五一年にナイチンゲールは同学園で三ヵ月間を過ごしましたが、看護の訓練については実際に得るところはありませんでした。しかも、この学園は衛生状態が悪かったのです。しかし、その雰囲気は厳粛であり、また敬虔でした。彼女はそこで規律と秩序を学びました。看護する側も看護を受ける側もともに、その多くは貧困階級の出身者でしたが、この学園での滞在によって、彼女の経験の幅がいちじるしく拡がりました。それぞれが深い信仰で結ばれ、それぞれが自分に与えられた使命に専心する、そのような人々とともに過ごす時間は、彼女に心からの安らぎをもたらしました。彼女は〔人はそれぞれの能力に応じて働くべきであるという〕能力主義をますます確信するに至りました。

①4　カイゼルスヴェルト学園

一、信仰と教会

英国国教会の教えで育つ

ナイチンゲールは、（まだ乳児であった頃にフィレンツェにおいて）洗礼を受け、その後はもっぱら、英国国教会の教えで育てられました。英国に戻った一家は、ハンプシャー州では英国国教会に通い、ダービーシャー州では（ユニテリアン派ではない）非国教の教会に通いました。祖父母のうち三人はユニテリアン派〔プロテスタントの一派〕でしたが、ナイチンゲールの記憶に定かなのは父方の祖母だけで、その祖母は英国国教会の福音派〔形式的儀式よりも信仰を重視する派〕の敬虔な信者でした。ナイチンゲールの両親の結婚式は、ウェストミンスター寺院に隣接する聖マーガレット教会において、英国国教会の福音派の聖職者によって執り行なわれました。結婚以後、両親はユニテリアン派の礼拝に参加することはありませんでした。

〝神のお召し〟と〝改宗〟

ナイチンゲールは、神からの文字どおりの〝お召し〟の体験を周囲に隠そうとはしませんでした。その〝神のお召し〟は日付も正確で、一八三七年二月五日でした。実は、〝神のお召し〟に先行する一八三六年（正確な日付は不明）、彼女は〝改宗〟を経験していました。この事実はこれまでの伝記作家や評論家たちの誰もが見逃しており、今回の『フロレンス・ナイチンゲール著作集成』によって初めて明らかになりました。[2]〝改宗〟の経験に関する記述は一度のみで、ナイチンゲールが高齢になってからの回顧です。この経験はある一冊の本に触発されたものでした。それは、アメリカの組合派教会の牧師で教育者のジェイコブ・アボットの著書『礎石、またはキリスト教真理の諸原理のやさしい解説』でした。

ナイチンゲールは、〝神のお召し〟以降は英国国教会に終生とどまりました。しかし彼女は、国教会に失望することがしばしばでした。国教会は、女性には有用な役割や仕事を認めず、一般の信者には最低限の責務しか求めず、社会に対して保守的であったからです。

ナイチンゲールにとっての神

神は、ナイチンゲールにとって、全知全能の創造主であり、世界は〝神の法則〟によって創造されかつ営まれており、人間はその法則を緻密に探究することによって、より的確には統計学的な探究によって、確かめることができると考えていました。そうして得られた知識によって人間は、善なることについて神との仲介者となることが可能となり、やがて神の〝仕事仲間〟となっていくのです。そのためには絶え間なき探究が要求されます。なぜなら、いかに動機が善であっても、人間の介在であるかぎり、思わぬ負の結果をもたらしうるからです。この姿勢はナイチンゲールのすべての業績を通して終始貫かれています。

神の法則を探究する

〝神の法則〟を探究する指針として、彼女は、ある的確で着実な方法論に行き着きました。すなわち、研究方法そのものはベルギーの統計学者アドルフ・ケトレーを拠り所とし、研究の哲学的基盤は英国の哲学者ジョン・スチュアート・ミルを拠り所としたのです。

若い頃、ナイチンゲールは、ローマ・カトリックへの改宗を模索したこともありました。しかし、深追いはしませんでした。実際、彼女は年を追うごとにカトリックに批判的になっていきました。そして自分を、自由主義者であり、英国国教会の一般信者であり、より端的に言えば（プロテスタントの）キリスト教の一信徒であると自己規定していきました。彼女は精神の糧として幅広い素養を身に付けていました。そのなかには、ローマ・カトリック（創設期から中世神秘主義を経て彼女の同時代のフランス自由主義ドミニコ会に至るまで）も含まれていました。プロテスタントとしての素地もまた広範にわたるもので、ドイツ歴史学派から清教徒〔ピューリタン〕、十七世紀の形而上派詩人から当時の説教書や教訓書に至るまでが網羅されていました。ウェスレー派〔メソジスト派〕の影響を受けたのは、彼女が若い頃に礼拝に出席して以来のものです。教会改革者ジョン・ウェスレー〔メソジスト派の創始者〕への尊敬は絶えることはありませんでした。

業績を読み解く鍵

ナイチンゲールの信仰は、彼女の業績を読み解く鍵です。彼女の確信によると、神は人間にこの世を変革するために働くことを求めておられ、悪条件がもたらす自然な成り行きから逃れようとして、祈ることを求めてはおられないのでした。彼女が通う教会の連禱〔司祭の祈りに会衆が唱和する祈禱〕には、信者が祈り求める項目の長い一覧がありましたが、そこには〝伝染病や流行病や飢饉〟に遭わないように求める祈りもありました。それは〝神への不敬〟であるとナイチンゲールが姉に語ったのは、一八五三年のことです。それよりも下水施設を清潔にすべきではないか、と彼女はこう述べます：「人が〝伝染病や流行病や飢饉〟に遭わないように祈っている間も、神は週ごと日ごとに声を強めて、悪疫を発生させる河川から十フィートに暮らす者は生命を失い、四十フィート離れて暮らす者は生き残る、と言われています。それでいて人は、神に神の計画の変更を求め、その一方、自分の計画を変えようとは決してしません。人が〝戦争や殺人や突然死〟に遭わないように祈っている間も、神は毎年のように、今のような教育の状態が続くならば、この英国では毎年九百九十九件もの殺人が起こるでしょう、と言いつづけられています。[3]」

父への書簡

一八五七年、クリミア戦争後まもなく、まだ彼女が社会改革に乗り出していない頃、ナイチンゲールは父に書簡を送っています。

お父様がもう、この世の下院議員を目指されないことを残念に思います。しかし私は、次の世には、もっと健全で公平な選挙法による議会があると確信しています。次の世界がこの世界より進化するものであれば、必ずそうなります。もし、そうでないのであれば、私たちはよりよい議会のために〝道を備える〟べく行動しなければなりません。お父様は、〝祈るのではなく行動せよ〟という神の御言葉を信じていらっしゃるでしょうか？　またお父様は、神が熱病〔伝染病〕を鎮めてくださるのは、決して〝伝染病や流行病や飢饉から我らを救いたまえ〟という祈りに応えてではなく、排水溝や下水管や洗濯場について神の御言葉と智恵を実現する、その実行に応えてであるということを信じていらっしゃるでしょうか。さらに、お父様は信じていらっしゃるでしょうか？　死や道徳や健康や教育というものは、神が与えられた何らかの条件の結果であるということを。そう信じられるのであれば、議会やまた同様の機構や機関は、教会などよりはるかに有益な存在であることを確信なさるべきです。少なくとも私たちが神のような存在にならないかぎり、それは、いかなる世界においても、教会などよりも有益な存在なのです。[4]

非婚の決意

ナイチンゲールが非婚を決意したのは、使命を果たそうとする彼女には合理的な帰結でした。当時は、有効な避妊の手段もなく、妻となった者の生死や健康は、自分では制御できない自然の成り行きに任せるしかありませんでした。妻は法的にも夫に従うこととされていましたし、夫婦間の権利も妻にはいちじるしく制限されていました。ナイチンゲールは、しかし、決して同性愛者ではなく、具体的な愛の対象となる夫を生涯持たなかったことには悔いを感じていたようです。彼女は子供をもうけなかったことに後悔はありませんでした。というよりも、むしろ、若い兵士たちや看護師たちの母親役に喜びを感じていました。

ナイチンゲールへの求婚者たち

ナイチンゲールに最もふさわしかった求婚者はリチャード・モンクトン・ミルズでした。彼は詩人であり、国会議員であり、慈善家であり、後にホウトン卿となる人でした。彼女は彼の申し込みを断りました。それは一八四九年のことでしたが、その後も二人の交友は続きました。ミルズは長年にわたってナイチンゲール基金委員会に貢献し、彼の死後は彼の息子が同基金委員会に貢献しました。伝記作家セシル・ウーダム＝スミスが書いたナイチンゲール伝によると、ベンジャミン・ジョウェットもナイチンゲールに結婚の申し込みをしています。これは別の伝記作家によるジョウェット伝では疑問視されています。しかし、二次資料ではありますが、その証拠の源は確かなものです。ジョウェットのかつての弟子であったコルネリア・ソラブジ〔インドの有名な社会改革家〕による『インドでの使命――コルネリア・ソラブジ回顧録』が、それです。[5] そのなかでソラブジは晩年、ジョウェットがナイチンゲールへの想いを自分だけに打ち明けたと述懐しています。三十歳の記述のなかでナイチンゲールは、自分への求婚者たちは誰もが結婚してしまったと認めています（後には、さらに二人以上も現われたようです）。年齢を重ねてからあらためて考えてみても、結婚しないと決心したことには何の悔いもない、とナイチンゲールは後に語っています。

結婚制度の問題点

ナイチンゲールは、結婚制度がはらむ問題は〝家族を基盤とする日常生活〟の閉鎖性にあると位置づけています。〝この世において神の仕事を実行する使命〟を担う女性は、男性にもまして、独身を堅持しなければならない、と彼女は言います。神は女性を〝協働者〟にすることはできません。それは、〝家族制度〟が明らかに女性に無駄な時間を過ごさせるように仕組まれており、いかなる神の偉大な計画へも参与できないからです。ナイチンゲールが著わした『思索への示唆』の一節には次のようにあります。「『喜びのために、人はこの世に生まれる』とイエス・キリストは言われます。喜びこそが人生の主題です。しかし女性は《家族》に生まれてこなければなりません。もし《この世》に生まれるのであれば、女性にも喜びがあるでしょう。しかし、あらゆる可能性のなかでも最も閉ざされた可能性のなかに生まれ落ちる女性に、どのような喜びがあるというのでしょうか？　おそらくは女性の才能のうち何一つとして活かされることはないでしょう。[6]」

姉の結婚

ナイチンゲールは、彼女の姉が結婚歴のある国会議員のハリー・ヴァーネイ卿と結婚した際、姉はよい選択をしたと思っていました。しかしそれは、釣り合いにおいてのことであり、結婚というものへの温かい支持とはとても言えるものではありませんでした。ハリー・ヴァーネイ卿について彼女は、「行動的で、自分の考えを持つ人であり、すでに四人の子持ちであり、姉にとっては願ってもない人です」と記しています(7)。

二、家事、友人、芸術

肩書は〝無職の資産家〟

ナイチンゲールは上流階級の貴婦人でした。すなわち彼女には、賃金を得るために働く必要もなければ、料理をしたり買出しに行ったり、掃除や洗濯をしたりする必要はまったくありませんでした。幼少の頃から専従の召使いがついていました。彼女の死亡証明書の職業欄には〝無職の資産家〔働かずに暮らせる資産家〕〟と記されています。一家は英国の大地主や貴族たちと交流があり、（多くの召使いたちとともに）旅に出た先々では、その国の大使や公爵〔君主〕などから歓待を受けました。ナイチンゲールは自身の階級にふさわしい装いをしていましたが、病身となった後年は、黒一色の絹のドレスに身を包み、きめの細かなレースで髪を覆っていました。彼女が社会に出て働くことを許されたときに、父から与えられた年金収入は、快適な生活とその〝仕事〟の遂行に充分な額でした。必要な書籍や資料の経費から、使い走りへの手間賃、移動のための交通費、出版の経費、さらにさまざまな社会活動への適額の寄付など、すべてを賄う(まかな)に充分でした。一八六六年に父が手配してくれた借家(しゃくや)の長期契約によって、彼女は一ヵ所に落ち着いて暮らすことができました。しかし彼女は、イエス・キリストと同じく、土地や建物を所有することはありませんでした。家を離れてから後は、生涯、借家で暮らしました。イエス・キリストと違うところは、ナイチンゲールは財産を相続し、それが投資されていたことです。それで彼女には、その遺言書によれば、三万六千ポンドもの遺産がありました。

サウス街の終(つい)の住処(すみか)

ナイチンゲールはロンドンのハイド・パーク〔公園〕に近いサウス街で快適に暮らしていましたが、彼女の部屋がある建物は大きくはなく、通りの向かいにパブ〔居酒屋〕があり、〝酔っ払いの女たち〟が〝泥にまみれて〟寝転がっている〝恥ずべき光景〟があったと記しています。(8) 窓から顔を出せば、ハイド・パークの一角が見渡せました（彼女はそこから政治集会やデモ行進などを見るのでした）。ナイチンゲールの借家の家主は大富豪のウェストミンスター公爵でした。彼は後にナイチンゲール基金委員会の委員となり、また彼女の看護改革の後援者にもなりました。家賃をお下げしましょうという公爵の〝気前のよい申し出〟を、彼女は辞退しました。(9) 公爵が、通りの向かいの薄汚いパブとの賃貸契約を更新しなかったら、ナイチンゲールを喜ばせたのですが、そうはなりませんでした。

ナイチンゲールは、手持ちの現金に窮(きゅう)することも何度かあったようです。やむなく〔資産運用を委任している〕顧問弁護士に用立ててもらったことがありました。一九〇〇年、彼女は自分の付添い看護師を解雇せざるをえなくなりました。彼女にとって辛いことでしたが、「私は切り詰めざるをえない」と記しています。

衣食住の具体的な姿

ナイチンゲールは、その仕事においては自己に厳しく禁欲を課して、病気や疲労にさいなまれても仕事に没頭しました。しかし仕事以外においては、彼女は自分の階級と年齢にふさわしい衣食住を楽しみました。そして、他人に対しても物惜しみをしませんでした。病に伏せった友人や仲間などに、彼女は味覚をそそる食べ物や飲み物を贈りました〔死期が近づいたある修道女には、新鮮な卵やゼリーや牛肉エキス〔beef juice〕の缶詰やポートワインやシャンパンなどを送り届けました〕。彼女の傍には常に、五、六人の〔仕事を手伝う〕助手役がいました。彼女の住居はどの部屋も家具や調度品がよく整えられており、彼女の部屋は信じられないほどに塵一つありませんでした。換気には周到に心を配ったナイチンゲールならではのこと、窓にはカーテンがありませんでした。部屋全体が明るくて快適であったと、訪問者や伝記作家たちが評しています。日常の食事や来客に供する食物も、同じように、その品質は良く、簡素でした。現存するメモ書きのなかには、ナイチンゲール直筆によるレシピ〔調理法〕もあります。

①5　FNの居住を示すプレート

ナイチンゲールは家事に関してことさら入念でした。部屋の清掃をもっと念入りにするよう誰かに頼んだメモ書きには：「残念ながら、床からのカビの臭いがいつも籠っています。私たちのせいなのかどうかは、何とも言えませんが……。何よりも、清々しくあってほしいのです」と記されています。ナイチンゲールは花に造詣が深く、花をこよなく愛でました。ロンドンの住居には、エムブリイ荘から絶え間なく草花が送られてきました。彼女はその多くを方々の病院へ寄贈しました。友人のウィリアム・ラスボーンは定期的に、彼女に花を咲かせる植物を贈りました。ナイチンゲールは、花には人を洗練させる効果があると考えており、病院や救貧院や看護師の宿舎などでの花の活用を勧めました。ベルファスト〔北アイルランドの都市〕の救貧院に石楠花の植木を寄贈したとき、彼女は〝花、樹木、籠で飼うカナリアもしくは囀る小鳥、小鳥を襲わない猫〟を勧めました。

花をこよなく愛でた

ナイチンゲールは適度な飲酒はよいことだと信じていました。兵士たちは控えめにすべきであるが、修道女たちはもう少し多く嗜んだほうがよいと考えていました。彼女は各地の女子修道院にワインを何本も贈り、病気の修道女には〝とびきり高価な年代物の高級ブランデー〟を送り届けました。彼女や来客の酒の量がどれほどであったかは定かではありません。しかし、彼女の家計簿から、日常のビールやブランデーの経費を窺い知ることができます。彼女は珈琲店〔喫茶店〕の利用を兵士たちに勧めました。そうすれば、酒類抜きで仲間付き合いを広める機会があることを啓発しようとしたのです。

適度な飲酒の勧め

ユーモアと気品を備えた才女

世間の人々がしばしば疑問に思うのは、ナイチンゲールのような道徳規範と献身的奉仕の権化のような人に対してどうして好感が抱けようか、ということです。つまり「彼女にどんなに敬服したとしても、彼女に心底から好感を抱くことはできない」ということです。確かに、ナイチンゲールは桁違いに非凡な才能の持ち主でした。英雄であり高い知性人であり猛烈に仕事をこなす完璧主義者でした。彼女は徹底的に使命に忠実であり、また卓越した著述家でもありました。しかし同時に、彼女は普通の人でもありました。気分屋でお茶目なユーモアに溢れ、また豊かな気品を備えていました。彼女には、普通一般の意味での友達仲間はきわめて少なかった、というより彼女にあっては、彼女と何らかの理想と目標を共有する仕事の同志こそが、彼女の友人でした。その同志たちこそが彼女の真の友人であり、彼女はこの人たちと書籍や資料はもちろん、信頼とユーモアを親密に交換し合いました。シドニー・ハーバートに、サザランド博士から提供されたある資料を送ったとき、「これはサザランド博士が失敬してきたものです。私が陸軍で目にした慣例〔盗み方〕を博士にお教えしたのです」と書き添えてありました。

知人・友人たちとの交流

挨拶、悔やみ、祈り、贈り物などが頻繁に交換されました。トルコタオル〔吸水性と速乾性に優れたタオル〕の贈り物に喜んだ彼女は、お返しに高級食肉〔キジやウズラの肉〕を贈りました。彼女の仕事仲間たちは、少なくとも居所に招き入れられる内輪の人々は、そこで仕事をしている間中、充分な食事を供されました。

その他の人々とは一定の距離が置かれました。慎重ながらも、しばしば愛情のこもった文通、さらには贈り物の交換もありました。しかし誰にでも面会を許すことはありませんでした。かつての教え子たちが、何年も後に総看護師長（マトロン）となって、助言や支援を求めて彼女を訪ねてくることもありました。ナイチンゲールは難事（なんじ）に直面した教え子たちへの精神的な支援や実際的な援助を惜（お）しむことなく、また食品の詰め合わせや花や本などを贈って元気づけるのでした。

目標の共有と支援

ナイチンゲールは、自分の理想と目標を支援してくれる友人たちに対しては、その友人たちの理想と目標も支援しました。現金や小切手を添えた多くの書簡が現存しています。通常は常識を超えない額で、励ましの言葉と、また、もっと多額を支援したくともできない旨（むね）が書き添えられています。例えば、ナイチンゲールはフェローズ夫人に一ギニー〔二十一シリングに相当する昔の英国の金貨〕を贈りました。それは聖トマス病院の病棟のリードオルガン購入に向けての寄付でしたが、本当はこの十倍も贈りたいところですが……と書き添えています。ゴードン少年の家〔恵まれない少年のための保護・教育施設〕には、書籍や雑誌の費用にと五ポンドを寄付しています。ナイチンゲールは病院の総看護師長（マトロン）たちにも現金を贈りましたが、それは、必要とする患者たちのためにと彼女たちに自由裁量で託（たく）されていました。但（ただ）し書（がき）があり、いかなる院内委員会にも諮問（しもん）しないこととあり、「あなたの判断で、もう長くない患者たちに、少しでも楽しみを与えてあげてください」と記されています。彼女はシドニー・ハーバートの追悼（ついとう）記念に建てられる回復期病棟のために三十ポンドを寄付したこともありましたが、その時は、同病棟の建築設計（モデル建築とされた）にも携わりました。深刻な災害、例えばインドの飢饉や普仏戦争〔一八七〇年から七一年の、プロイセンとフランスとの戦争〕下のパリ砲撃などの際には、寄付金募集のために努力し、かなり多額の寄付をしました。

FNが慈しんだ多くの人々

ナイチンゲールは旧い友人やリハースト荘の近辺の村人たちにも誠意を尽くしました。彼女は高齢になってからも、一八四〇年代の頃に村の製粉所の女工たちのための成人教室で教えたことのある女性に、食品や衣類を贈ったり、その治療のための手配をしたりし、一八八八年にはその死を悼んでいます。ナイチンゲールはかつての小作人や雇い人たちとも文通をしていますし、後には、時折、彼らをリハースト荘に招いて泊まらせたりもしています。義理の兄〔ヴァーネイ卿〕に宛てたある手紙には、クレイドン〔サフォーク州の村でヴァーネイ卿の領地〕滞在中には彼女の友人たちを招いてもよいとの申し出への返信として、ナイチンゲールは「リー村とホロウェイ村〔リハースト荘近辺の村〕の人々全員をお招きするのは無理でしょう」と書いています。ナイチンゲールに宛てられた手紙のかずかずに目を通すとき、そこに強く伝わってくるのは、膨大な数の人々に対する彼女の計り知れないほどの優しさといたわり〔care〕であり、それが、看護師、看護学生、総看護師長、元雇い人、近辺の村人、仕事仲間の友人、さらには〝浮浪児や孤児たち〟にまで及んでいることです。

オペラ好き

ナイチンゲールがその恵まれた幼少時代に受けた教育のなかには、芸術への入門も含まれていました。幼い頃から、彼女は音楽と絵画を習いました。彼女はたびたび音楽会にも行きましたし、西ヨーロッパの主な美術館には連れて行かれています。彼女は歌劇好きの〝音楽狂〟で、とりわけモーツァルトに魅了されていました。ナイチンゲールは一八四七年にロンドンでスウェーデンのソプラノ歌手ジェニー・リンドの歌唱を聴いた体験を「それにしてもリンドの素晴らしさを語るには新しい言語が必要です。彼女については、語るというものではなく、感じ取るべきです」と、ある友人に書いています[10]（このジェニー・リンドは後年、ナイチンゲール基金のために演奏会を開き、その収益二千ポンドを寄付しています）。

音楽への憧憬

カイゼルスヴェルト学園へ提出した経歴書を書いたとき、ナイチンゲールは、自分は〝音楽に強く惹かれている〟ことに気づきました。しかし、慈悲深き神は、慢性的な喉の痛みによって、自分から声を奪われたのだと悟りました。そうではなくて、もし自分が歌えていたならば、「歌う以外に満足を求めなかったでしょう。音楽は私の想像力と情熱を激しくかきたてるのです」と記しています。その著『看護覚え書』には、ナイチンゲールの観察によると、吹奏楽器や歌唱による音楽は病人を落ち着かせる効果があり、ピアノにはそれがないと記されています。ピアノに関しても造詣の深いナイチンゲールでしたが、病気の時のピアノ曲は、たとえメンデルスゾーンの曲であっても、神経に障ることを自ら体験したからです。

システィナ礼拝堂の絵画

ナイチンゲールは建築にも魅了されていました。彼女は荘厳な教会や宮殿や大修道院や寺院やモスク〔イスラム教の礼拝堂〕などを訪れました。システィナ礼拝堂でミケランジェロの絵画を鑑賞したとき、それは彼女の若かりし人生の絶頂でした。システィナ礼拝堂のフレスコ画法による壁画「最後の審判」の主題は暗くて陰鬱です。この主題はミケランジェロの選択によるものでは決してなかったでしょう（それは命令によるものでした）。それにナイチンゲールは業火も地獄も信じていませんでした。それでも彼女は、ローマで天井絵の版画を購入して、生涯、自分の部屋に飾っていました。

建築は神への捧げ物

建築とは、ナイチンゲールの見解によれば、人間による神への〝最上の捧げ物〟でした。なぜなら、言葉は〝あまりにも厳密で限定的〟であるし、〝絵画は模倣にすぎない〟し、彫刻は〝あまりにも知性的であり、音楽はあまりにも官能的〟だからでした。(11) ローマのサンピエトロ大聖堂の丸天井を念頭に置きながら彼女は、建築こそは「（現実の模倣からはこんなに遠く離れておりながら、私たちの理想にはこんなに近く達しているからには）恐らく人から神への最も価値ある貢物です」と記しています。(12)

幅広い読書家

病身で動けなくとも読書を続けることは可能ですが、ナイチンゲールもそのようでした。彼女が目を通すのは圧倒的に仕事関連のもの、すなわち公報や統計の類でしたが、同時に小説や詩も楽しみました。彼女は、医療や宗教関連の書籍と同様に文学作品も看護師たちに贈呈しました。ナイチンゲールは幅広い読書家であり、古典書（しばしばそれは原語による原典でした）をはじめ、誠実な宗教小説、大衆小説、胸躍る冒険物語、英国国教会の伝道冊子など、実にさまざまな読み物に親しみました。彼女は、かなり高齢になってからは、子供の頃に学んだ詩を楽しむようになりました。シェークスピアやミルトンや、またシェリーなどの詩を暗誦したり、フランス語やイタリア語の歌を口ずさんだりしました。

三、病気、そして仕事の作法

ブルセラ病に感染？

ナイチンゲールはもちろん、当時の人々の誰も、ブルセラ病という名前は知りませんでしたし、医学的な詳細も明らかではありませんでした。しかし現代の知識から推測すると、彼女はクリミアでブルセラ病に罹り、生命を落としかけました。そして英国に帰還して一年後、その慢性期症状が現われたと考えられます。[13] ブルセラ病は牛や羊や山羊などから感染することが多いのですが、スクタリではそのどれもが飼われていました。

ブルセラ病とは

ブルセラ病は頭痛、食欲不振、腰痛、衰弱、抑鬱などの症状をもたらしますが、これらすべての病状がナイチンゲールを襲っていました。患者によっては、時折、小康を得て楽になることもありますが、まさに彼女の容態もそうでした。この病気は一八八七年まで突き止められませんでした。発見者はオーストラリア生まれの微生物学者で英国陸軍医療部隊に所属するデヴィッド・ブルース卿でした。当時は治療法が知られておらず、アヘンなどを使って痛みを和らげるくらいしかできませんでした。現代に至ってもブルセラ病に効果のある予防ワクチンは開発されていません。もっとも、先進諸国においては滅多に発生しない病気となりました（獣医師や酪農家にとっては最も警戒を要する病気です）。抗生物質の投与が治療には有効ですが、この治療法は一九五〇年代になってようやく確立されたものです。病気と闘おうとしてナイチンゲールは、自分の体調を周囲に隠しながら、仕事に精一杯励む毎日を過ごしました。彼女は、自分が執筆できる状態にあるときは、時間を選ばず筆を執りました。人との面会は極力少なくし、なるべく一日に一人までとしました（やむなく二人以上になるときは、時間に間隔を置きました）。彼女の神経的緊張を避けるために、両親ですら、会うときには別々に来て会っていました。

終生の病弱者

クリミア戦争から帰還の直後こそ、しばらくの間は活発に行動できたものの、その後のナイチンゲールの毎日の生活はとても単調で、一八五七年以降は実質、終生の病弱者となりました。三十七歳の時でした。彼女は自分の居室を離れることなく、もっぱら気心の知れた協働者たちの訪問を受けて仕事を進めました。政府の青書〔公式な報告書〕やその他の公文書が彼女の手許に届けられ、また、あらゆる分野の専門家たちとの間に膨大な量の書簡が取り交わされました。さらに彼女は、書籍や公文書や雑誌など膨大な資料を手許に備えていました。彼女は、ロンドンから列車で二、三時間ほどの、両親と姉と仲のよい親族何人かが住む田舎の実家〔リハースト荘かエムブリイ荘〕に時々帰省する以外に、旅に出ることはありませんでした。彼女の（男性の）仕事仲間たちが、夏休みで一ヵ月ほど釣りや雷鳥狩りに出かけても、彼女はロンドンの居室にとどまって仕事に専念しました。もはや歌劇鑑賞や美術館に出かけることはありませんでした。

ナイチンゲールが田舎の実家に滞在するときは、余程のことがないかぎり、仕事もともに持ち込みました。彼女は、文書をやりとりする政府の各部局や、書簡をやりとりする人たちに、次回の文書や書簡の送付先を通知しました。また、その仕事仲間たちに臨時本部となる滞在先に来てくれるよう依頼もし、もちろん彼らはそれに従うのでした。

議会の動きに即応する生活

ナイチンゲールは下院議会が招集されている期間はロンドンから離れようとしませんでした。議会の動きに即応するためでした。ある時、彼女は、新任の首相が救貧法法案を十一月の閣議に提出する見込みとなったので今回はエムブリイ荘には行けない、と国会議員の義兄〔ヴァーネイ卿〕に書き送っています。彼女は、一八七五年の初頭にロンドンを離れたことを後悔していました。それは未亡人になった母を見舞うためでしたが、そのために彼女はインド省〔当時ロンドンに置かれたインド統治機関〕とインドの灌漑に関する微妙な点について折衝する機会を逃してしまったからでした。選挙運動には関与しませんでしたので、選挙期間中は休暇をとることができました。一八六五年、義兄に「やっと選挙休暇が終わりました」と書き送っています。

大事業は病室から

病身ゆえに、陸軍の衛生改革、訓練看護師の国内外への派遣、その他多くの社会運動など、ナイチンゲールが手掛けたかずかずの大事業は、一八六〇年頃以降、すべて彼女の病室から成し遂げられました。成功はしませんでしたが、伝染病予防法への反対運動も、ほとんどが書簡の往復によるものでした。さらに、リヴァプール市において、当時先駆的な地域看護を創設させた事業も、彼女の病室からの書簡の往復によるものでした。これは慈善家ウィリアム・ラスボーン氏が書簡で彼女に相談した計画がきっかけでした。また、訓練看護師による看護体制がリヴァプール救貧院病院に導入されたのも、病室からの彼女の働きかけによるものでした。これら二つの事業はいずれも、ラスボーン氏の草案に彼女が手を加えつつ、同氏の財政支援によって実現したものでした。

さらに訓練看護師による看護体制をロンドンの各救貧院病院にも展開することに成功しましたが、その経過は、クリミア戦争直後の目まぐるしさに通ずるものがありました。議会への質問書を起草したり、委員会を上手に説得したり、法案の通過を見届けたりしました。それらの作業も、最初の王立委員会にナイチンゲール自身が証言に赴いただけで、それ以外はすべて、彼女の病室で行なわれました。普仏戦争の時に陸軍の看護組織を立ち上げた桁外れの量の仕事もまた、彼女の居室からの書簡で行なわれました。多年にわたるインドについての研究調査や著作も同様です。ナイチンゲールはインドを訪ねたかったでしょうし、実際にその招請もありましたが、病気のために実現はかないませんでした。

一時的に公の場に

一八八〇年代初頭には一時的に症状が和らぎ、ナイチンゲールは公の場に姿を現わすことが何度かありました。一度だけでしたが、彼女は、自身が創設した看護学校とそれが設けられた聖トマス病院を訪問しました。一八八二年二月二十八日のことで、看護学生たちの学寮を視察し、また、ある病棟を訪ねました。一八八二年十一月、ナイチンゲールはヴィクトリア駅〔ロンドンの主要駅の一つ〕にエジプト戦役から帰還した近衛歩兵連隊を出迎えました。彼女は、その連隊の看護部門の設置に尽力していたのです。同年十二月、女王の来賓として、彼女は王立裁判所の落成記念式典に出席しました。

多くの社会運動に寄与

自らが指揮する主要な事業に加えて、ナイチンゲールは、ほかの多くの社会運動にも寄与しました。友人の要請を受けて、出版編集者に本の紹介や書簡を送ることも頻繁にありました。例えば、一八七六年にタイムズ紙〔一七八五年創刊の英国最古の新聞〕に、ボスニア〔東欧バルカン半島西部の地域〕の難民について書簡を送っています。時には、有意義な計画に手をつけながら、とても持ち堪えられないほどの抵抗に遇って、途中で断念することもありました。例えば、労働者階級に、貯蓄を奨励し、家や土地の所有を推進する事業計画がそうでした。彼女は何年か尽力しましたが、自分の影響力が無に等しいことを悟り、身を引きました。

七十代後半まで活動

ナイチンゲールは七十歳代後半まで、旺盛に活動を続けました。例えば、アイルランドの救貧院病院における看護について助言指導しています。また、この年齢に至ってもなお、インド統治の政策に関して厳しくも貴重な意見書を書いていま

①6　60歳代のナイチンゲール

す。彼女が聖トマス病院の看護指導者たちの最後の訪問を受けたのは、一八九八年、七十八歳の時でした。

大衆の声を強い味方に

ナイチンゲールは、思考においても実践においても、公私を絶妙に使い分けています。一方において彼女は、公共の利益のための貢献に尽くしましたが、それは、国家や地方やさらには小さな地域などさまざまなレベルにおいて、自分には公共に対する大きな使命があると信じていたからです。民主主義（もっとも当時は男性の納税者に限られていましたが）を背景に育った彼女は、自分の計画を成し遂げるには幅広い支持層が必要であることを、よくよく心得ていました。クリミア戦争で果たした彼女の使命も、その後の衛生改革も、強い大衆の声を味方につけずしての成功はありえませんでしたが、それらはそもそも新聞や雑誌などマスメディアが種を播き、大きく育てたものでした。その現実をよく見極めていたナイチンゲールは、自分の計画や企画については常にメディア戦略に気を配りました。彼女は自分が志す社会運動について、巧妙かつ機敏に、大衆に広めていきました。下院議会での議員質問についても手抜かりなく、そのこつを心得ており、議会への報告書の提出にあたっては、何人もの専門家や評論家たちの賛同意見を添え、また影響力の強い政治家たちはおろか主要な報道機関にまで、あらかじめその報告書が手許に届くよう手配するのでした。

自分の名前は出さない

大衆の支持を勝ち取ることに徹底していた彼女は、その一方、私人としての自分を表に出さないことにも徹底していました。社会運動のために報道機関を利用することはあっても、私的にそれを利用することはありませんでした。ナイチンゲールは、世のための事業や運動を匿名で数多く行なっていますが、その事業推進に有利に働くのでないかぎり、自分の名前を出すことはありませんでした。彼女を讃えるために彼女の住居の前の街路に、ナイチンゲールに因んだ名をつけようという提案があったときには、彼女は強固にこれを拒み、そんなことになるのなら「ただちに退去してほかの街へ移らざるをえません」と言いました。彼女が人生に充実感を覚えるのは、問題を解決するときであり、それも、もっと正確に言えば、社会科学の法則に即して問題に取り組むときでした。彼女は公益への貢献に尽くしましたが、自身を神の召使いとみなしており、それゆえに、自身の使命の帰するところは神へであり、何らかの公共集団へではありませんでした。神は〝最高司令官〟でした。ある病院の看護監督に対してナイチンゲールは、「私たちは決して病院の理事会に仕えているのではなく、主なる神に仕えているのです」と明言しています。このことを如実に物語るかのように、彼女が取り組んださまざまな事業において、自身が主導者であったことが多いにもかかわらず、滅多なことで自分の名前を出そうとはしていません。しばしば多くの事業や運動に同時に駆り立てられることがありましたが、優先順位が高いと判断したものから重点的に取り組んでいきました。そのうえでナイチンゲールは、それぞれに必要な専門家や専門知識を得て、その仕事を進めています。

四、仲間の動物たちと自然への慈しみ

キャプテンとアテナ

ナイチンゲールは日頃から動物を慈しみました。とりわけ小鳥たちに愛着がありました。そして傍にはいつもペットがいました。少女の頃、彼女の最初の〝患者〟となったのは〝キャプテン〟という名の牧羊犬でした。怪我した傷口に包帯で手当てをするとき、処置に使う水を煮沸してからという慎重さでした。パルテノン神殿〔ギリシャにある女神アテナの神殿〕では、梟を救けてやり、〝アテナ〟と名づけました。この〝アテナ〟は、ナイチンゲールがクリミアの戦地へ赴く直前、何かを予言するかのように死んでしまいました。

猫好きだったナイチンゲール

ナイチンゲールは、生涯を通して、いつも猫を何匹か飼っていました。それら猫の名前は、時代ごとに彼女の関心事を反映しています。マフ（Muff）という名前は陸軍省の〝役立たず（へぼ）〟に由来し、〝ミスター・ビスマルク（Mr. Bismarck）〟というのはプロイセンの宰相に由来しました（アルファベットの綴りまでが正確に反映されていました）。オスのペルシャ猫は、血統にふさわしく〔ア

①7　梟のアテナ

ケメネス朝ペルシャ王の名に由来する〕ダリウスと名づけました。また病院に因んで名づけられた猫がいました。トム（聖トマス病院）とバーツ（聖バーソロミュー病院）です。ナイチンゲールは姉が書いた小説『Avonhoe〔姉パースィノープが四十八歳になる一八六七年に出版：題名はドイツ系の人名〕』のなかで、姉がなぜ猫を死なせてしまったのか理解に苦しみました。ナイチンゲールは姉の作品を〝真の文学の響きがある〟と評価する一方、〝なぜいたいけなクイック〔作品中の猫の名〕を死なせてしまったりしたのですか？　私だったら可哀そうなビスマルクを死なせたりなど決してしません〟と嘆いています。現存するナイチンゲールの書簡のなかには、彼女の飼い猫にまつわる記述も多くあります。列車で迷子になった猫についてユーストン駅〔ロンドンの主要駅の一つ〕の駅長に宛てた書簡、生まれた仔猫の里親探しについての書簡、田園地帯でオス猫が遭う危難についての書簡、などがあります。

北極で活躍した犬のボブ

犬を自分から家族に迎え入れたことはありませんでしたが、ナイチンゲールは、犬の勇気ある行動には賛嘆を送りました。そして特に際立った功績のあった一匹の犬を自宅に招待したことがあります。それはボブという犬です。

ボブは〔母方の〕従兄弟で北極探検家のベンジャミン・リー・スミスに連れられて行き、行方不明となっていたフランクリン探検隊の捜索で活躍しました。ナイチンゲールが名づけ親となった姉の娘ルース・ヴァーネイに語ったところによると、〝草一本生えない、雪と氷の北極海〟で、ボブは船の乗組員全員の生命を救ったのです。

一行は進みつづけましたが、やがてエアラ号（彼らの乗船）は運悪く氷に挟まれて一時間十五分ほどで沈んでしまいました。それでもベン叔父さんは、二十五名の隊員と一匹の犬と一匹の猫とオルゴール一個とを無事に、海岸ならぬ氷岸に降ろしました。そこで一行は、暗い暗い冬を生き延びたのです。

ボブがどうやって、一行の食糧となる獲物を捕ってきたのか、想像がつくでしょう。ベン叔父さんは「ボブは紳士のように傍に戻ってきて、私の膝に頭をすりつけ、そして足元で伏せをしていた」と語っていました。私はお皿にミルクを入れてボブにやりましたが、呑みませんでした。ボブは食事の時間以外は絶対に食べませんでしたし、またボブは、隊員たちのために捕ってきた獲物でさえ、自分に与えられた分しか食べなかったのです。[14]

祖父も動物愛護者

晩年の書簡には、動物の扱われ方の酷さに対する気遣いが見られます。〝野獣のようで無知な獣医師による動物の扱い〟などと書かれた箇所もあります。ナイチンゲールは王立動物虐待阻止協会に、野鳥保護に関する法律の制定について質問状を送り、狩猟による大虐殺のせいで、もとは何百羽といた野鳥がたった一羽しか残っていない場所もあると、強く非難しました。ナイチンゲールがこの件を追及しつづけたという証拠はありませんが、ただ確かなことは、彼女の〔母方の〕祖父ウィリアム・スミスは、四十六年間、国会議員として在職中、動物愛護を一貫して支援していましたし、さらに、彼女とその当時に交友のあった人物のなかには、動物の生体解剖(かいぼう)に反対する協会の会長シャフツベリー卿や、王立動物虐待防止協会理事長のジョン・スチュアート・ミルがいました。

小鳥たちに感じる喜び

ロンドンの住居では、ナイチンゲールは窓から小鳥たちに餌(えさ)を与えていました。ある書簡では、小鳥たちに感じる喜びの大きさを、「小鳥たちの囀(さえず)りほど私の心をわくわくさせるものはありません。……まるで天使たちが歌声で私たちに呼びかけているようです」と記しています。小鳥たちは、本当に、人々とともに祈ったのでした。その証拠に〝北東の風〔健康に悪い風〕が吹くときは――小鳥たちは朝のお祈りを囀(さえず)らない〟のでした。エジプトでの戦争が終わったとき、彼女は、こんなに喜ばしいことがほかにあるだろうかと、「戦況が最悪の事態におちいったかもしれなかったことを思うにつけ……。まるで小鳥たちがみな、この大きな恵みを讃えて歌っているようです」と叫ぶかのように書いています。[15] あるアメリカのローマ・カトリックの司教は、このナイチンゲールの心性を〝聖フランチェスコ〟のそれになぞらえています。アッシジの聖フランチェスコとして知られるこの聖人は、鳥たちに伝道したことで知られており、今では環境保護論者の守護聖人ともなっています。

石鹸の泡に神の御心が

一八九〇年、彼女はハリー・ヴァーネイ卿にこう書き送っています：

「手を洗いながら石鹸(せっけん)の泡を見るといつも、水を創造され、我らに石鹸を発明せしめられた、神の心優しさと巧妙さを想います。神は私たちのためを思って、私たちが、眼にも楽しく喜ばしく手を洗えるように考えてくださったのです。ですから、石鹸の泡の一つ一つは、この世でいちばん美しい色に見えるのです。そして石鹸の泡は、神の御心の一つの象徴なのです。私たちがそのなかに手を突き込もうとして手荒に扱うと、泡はたちまち破れて散って消えてしまいます。ですから私は、世の事物のなかに自分の手を突き込むようなことは、なるべく避けるように努めています。(16)」

さらに続けて、ナイチンゲールは、「あるスコットランドの医師が、樹の芽や小鳥たちについて私たちができることは、ただ待つことであって、あとは神に任せるべきものである、と言っています。まさにそのとおりです。私も、可愛い小鳥を見かけるといつも、それが私に、神にすべてを委ねよと教えていると感じています」と書き添えています。(17)

五、最期の日々、遺言と死

死の床にある人たちへの手紙

ヴィクトリア朝の時代〔正確にはヴィクトリア女王統治の、一八三七年から一九〇一年の間〕には、死は隠されることなく公表されて語り合われるものであり、死期が近づくと、人々は互いに別れを告げ合うものでした。死が迫った人々に宛てたナイチンゲールの何通かの手紙には、感銘深いものがあります。死の病を抱えた友人たちや看護の仲間たちへの彼女の心配りには、並々ならぬものがありました。その容態を尋ねたり、祈りを捧げたりするのでしたが、彼女にあっては、死とは決して、あってはならないものではありませんでしたが、しかし、死による別れが悲しいのでした。死の床にある人たちへの手紙では、その人の人生の業績を正しく評価し、かつて協力して闘った思い出を語りました。また、衰えていく食欲の回復にと、美味や飲み物を送り届けました。癌の末期のある看護師には、（少量のゼリーとともに）香りのよい小さな花束を届けました。「この花は、苦しみに喘ぐ人にも喜びの一時を与えるでしょう。この美しい花々を創造されたとき、神がいかに病に苦しむ人のことを想っておられたかが分かります」と、言葉が添えてありました。

近親者の死への想い

ナイチンゲールは一八五三年に祖母ショアの葬儀に参列して以来、ほかの葬儀に列席することはほとんどありませんでした。滅多に外出ができなかった病身の彼女は、近親者の死を別の方法で悼みました。彼女は花輪に手書きの弔辞を添えて、故人の近親者や親友などに送りましたが、時には、故人の使用人や主治医に送ることもありました。自分の両親の葬儀の時には、追悼状の文案に苦心し、墓石の碑文（引用の詩文）の選定にも心を砕きました。毎年、復活祭には、欠かすことなく両親の墓に花を届け、姉が亡くなった後は、姉の墓にもそうしました。

死とは、故郷に帰ること

ナイチンゲールの理解によれば、死とは〝故郷に帰ること〟でした。そして彼女は、死とは新たな奉仕の時期に入ることであり、完成の過程に入ることである、と繰り返し述べています。従兄弟ウィリアム・ショア・スミスの母（ナイチンゲールの父方の叔母メイ）が他界したとき、彼に宛てた書簡には、「メイ叔母さんのように、一生が向上そのものであったような人が、何らかの意味で、何かに吸収されてしまうような不完全で虚しい結末で終わるとは、私には絶対に信じられません」と記しました。そして、神の御計画は「ご自分の拡大にあり、ご自分への吸収ではありません」と付け加えています。

ナイチンゲールは、ルース・オーウェン看護師に死が迫ったとき、彼女の世話に誰があたっているのか知りたいと書簡を書き、彼女が若くして他界した後は、葬儀はどうなっているのか、自分に何かできることはないか、と問い合わせています。後に送った書簡には二ポンドが添えてありましたが、オーウェンの墓石のための寄贈でした。友人で英国国教会の修道女メアリー・ジョーンズの葬儀の際の連禱文の写しを送ってもらったことへの感謝の書簡もあります。看護師たちがきちんと埋葬されるかどうかを、そしてきちんと葬儀が営まれるかどうかを、彼女が気にかけていたことは、多くの書簡のあちらこちらにはっきりと読み取れます。オーウェン看護師の死の際の、彼女への花輪や墓石にまつわる書簡は、四通残っています。

①8　聖マーガレット教会

故人を記念する事業

ナイチンゲールは親交の厚かった友人や協働者たちの命日を忘れなかったようで、その後の書簡や自分の覚え書に、故人の年忌日に関する記述が見受けられます。彼女は、これら故人の記憶のために自発的に、故人への賛辞文や小伝記を書いて出版したり、故人の名を記念する事業に貢献したりしました。シドニー・ハーバートを記念する〔ロンドンの〕ウルリッチ街のハーバート病院、チャールズ・ゴードン将軍に因んだゴードン少年の家〔恵まれない少年のための保護・教育施設〕がその典型例です。シドニー・ハーバートが他界した後、彼女は新聞の購読をやめた時期がありました。彼に関する記事を読むことに精神的に耐えられなかったからです。ベンジャミン・ジョウェットが他界したときには、どんな碑文がふさわしいかを巡っての、かなりの数の書簡を交わしています。

ディーコネスの訪問

最晩年の頃、家族以外の訪問者の一人に、カイゼルスヴェルト学園のディーコネス〔新教徒派の修道女〕がいました。一九〇四年のことでした。二人は自分たちの奉仕の人生の思い出を語り合いました。「他の人々のために生きることができる人生こそが祝福された人生です」とその訪問者にナイチンゲールは語っています。ナイチンゲールが疲れてきた様子に、修道女は暇乞いをしようとしましたが、ナイチンゲールは彼女を引き留めてお祈りをしてくれるよう頼みました。修道女は〔カイゼルスヴェルト学園の習慣に従って〕ひざまずき、主なる神から二人が受けた恵みのすべてに感謝を込めて祈りました。それに続いてナイチンゲールは「アーメン」と唱え、また「主を讃えます」と加えました。それによって修道女はその祈りを〝敬虔なるウェスレー派の信徒として——祈りと賛美で心を満たしつつ〟結ぶことができました。[18]

何回も書かれた遺言状

ナイチンゲールは生前に多くの遺言状を書き、何回も、自分の死後についての指示を残しています。一八六一年、彼女が早世を予感していた頃、亡骸は献体して科学の発展に利用してもらうと決心しましたが、冗談めかして「ビン詰の妖精となって後世に生きつづけます」と友人に書いています。彼女は自分の書き物や書類を整理して、いくつかは破棄しました。一八六二年には、自分が書いて出版した『思索への示唆』の残部を廃棄する手配をしました。

聖トマス病院への入院を希望

病状が再び重くなった一八六四年、ナイチンゲールは、その最期の数日を聖トマス病院の一般病棟に入院して過ごせるように、ブレースブリッジ夫人（彼女がいないときにはサザーランド夫人）に依頼してほしい旨の指示を出しました。しかし実際には、入院する必要はまったくありませんでした。しかし、その指示には別の意図がありました。彼女は、誰もが質の高い看護を受けられるべきであると信じ、資産を持つ人々が特別扱いで受ける看護を嫌ったのです（聖トマス病院は、無料で入院できる救貧院病院ではなく、有料の病院ではありましたが、彼女のような上流階級の貴婦人が入るような施設ではありませんでした）。彼女は、一八八七年にも、別の遺言書を書いています。

一八九六年の遺言書では、ナイチンゲールは、インド関連のうちの指定したものを除いて、自分の論文を廃棄するよう指示しています。翌年の遺言書の補足書では、それら論文は従兄弟ヘンリー・ボナム・カーターに託されました。彼はナイチンゲール基金を管理するナイチンゲール基金委員会の事務長でした。彼女のさまざまな所有物や資産などについては、家族や友人たちに分配されるよう、詳細にわたる指示がありました。

メリット勲位授章

一八九六年に、ナイチンゲール家はエムブリイ荘を手放しましたが、ナイチンゲールはロンドンの居所から離れませんでした。彼女がバッキンガムシャー州のクレイドン・ハウスと呼ばれる邸宅にヴァーネイ卿一家を最後に訪ねたのは、一八九五年でした。最後の十年間、彼女はほとんど何も書き遺していません。その筆跡は急速に乱れていきました。彼女は一九〇一年には事実上盲目の状態となりました。記憶も衰え、訪問者については、その人の特徴や逸話などをあらかじめ聞いておかないかぎり、それが誰かを識別できなくなりました。一九〇一年、周囲から説き伏せられて、秘書を一人置いて世話を受けました。一九〇六年、政府インド省は報告書送付の中止を求める申し出を受けています。一九〇七年、ナイチンゲールはメリット勲位〔一九〇二年に英国に制定された、文武の功労に与えられる名誉勲位〕に叙せられました。女性としては初めての栄誉でしたが、叙勲を拒否するか受け容れるかどうかの意思を本人に確かめるには遅過ぎました（彼女は通常ならば賞や栄誉を拒否しました）。一九〇八年には、女性として二番目のロンドン栄誉市民となりました。ナイチンゲールが、与えられれば他の栄誉も受け容れたかどうかは知る由もありません。おそらくは受け容れなかったでしょう。しかし、注目すべきは、彼女の協働者であった男性たちの多くは、王立協会の会員や国王諮問委員になったり、爵位を受けたり貴族になったり、当然のことながら、多くが名誉博士号を授与されている、ということです。

死の訪れ

ナイチンゲールは就眠中に息を引き取りました。一九一〇年八月十三日午後二時のことでした。死亡証明書には「老衰」および「心不全」と記されています。彼女は両親の眠る墓地に埋葬されました。イースト・ウェロー村のはずれにある一家の教区教会の墓地です。彼女の棺は六名の陸軍下士官に担がれて墓所まで運ばれました（彼女が生前に手配しておいた人数よりも四名も増えていました）。特別な墓誌はなく、一家の四面の墓石の一面、ナイチンゲールの銘が刻まれている面には、彼女の生前の指示に従って、ただ「F. N. Born 12 May 1820. Died 13 August 1910.」とのみ記されています〔F. N. はフロレンス・ナイチンゲールのイニシャルで、「一八二〇年五月十二日生誕、一九一〇年八月十三日死去」を意味しています〕。

①9　ナイチンゲールの墓碑

＊本書で引用したナイチンゲールの著作の原典は、すべて『フロレンス・ナイチンゲール著作集成〔The Collected Works of Florence Nightingale〕（英文：全十六巻）』（Lynn McDonald 編：Waterloo, ON: Wilfrid Laurier University Press 2001）に収録されています。

＊原註は、同著作集成もしくは他の文献からの出典箇所を明示しています。同著作集成からの引用のばあいは、例えば、1:11は、第一巻の十一ページを示します。

【第Ⅰ章の原註（出典箇所）】

（1） Nightingale's letters from Egypt are reported in Gerard Vallee, ed., Mysticism and Eastern Religions, vol. 4.

（2） Nightingale's recollection of conversion is in a letter of 1895 to Maude Verney, 8:927; Jacob Abbott, The Corner-stone, or, a Familiar Illustration of the Principles of Christian Truth（London: T. Ward 1834).

（3） 'You pray against' from a letter to her sister, 1:317.

（4） 'I am sorry' letter 20 March 1857, 1:242.

（5） On Jowett proposing marriage to Nightingale see Geoffrey Faber, Jowett: A Portrait with Background（London: Faber & Faber 1957）352, and Cornelia Sorabji, India Calling: The Memories of Cornelia Sorabji（London: Nisbet 1934）32; discussed in 1:24–25.

（6） 'For joy' in 11:318.

（7） 'active, has a will' 1:26.

（8） 'disgraceful scenes' in a letter to Sir Harry Verney 3 January 1885, Wellcome Library（Claydon copy）Ms 9010/53.

（9） 'munificent offer' 1:592–93.

(10) Jenny Lind is discussed in 1:550.

(11) 'fittest homage' 7:100.

(12) 'perhaps the worthiest' 7:278.

(13) On Nightingale's illness see D. A. B. Young, 'Florence Nightingale's fever', British Medical Journal 311 (23–30 December 1995) : 1697–1700; Mark Bostridge, Florence Nightingale: The Making of a Legend (London: Farrer, Straus, Giroux 2008) 281–2.

(14) 'Arctic seas' 1:724.

(15) 'There is nothing' 1:434.

(16) 'I never see' 5:819.

(17) 'Some Scotch doctor' 5:820.

(18) 'a blessed' 2:562.

第二章　社会改革家ナイチンゲール

一、科学、法則、そして確率

神は、神自らの法則をもって統治されますが、
人間は、それら神の法則を見出したときに初めて統治が可能となります。
だからこそ人間は、未来に向けて、過去から多くを学びうるのです。[1]

ナイチンゲールの世界観

ナイチンゲールの哲学の基盤は、自然界であれ人間社会であれ、この世界はすべて神の法則によって創造され、その法則によって営まれているとする世界観にあります。社会改革および公衆衛生改革を提唱する彼女の著述のすべては、この世界観に貫かれています。この世界観は、素朴にではありますが、すでに一八四九年から五〇年にかけての『エジプトからの手紙』に窺(うかが)えます。その後さらに、一八五二年から六〇年にかけて書かれた『思索(しさく)への示唆(しさ)（Suggestions for Thought）』で熟成(じゅくせい)します。この

世界観は、彼女が書き遺したかずかずの手記や随筆にも散見されますが、それら手記や随筆のほとんどは公刊されていません。

着想の源流はケトレー

ナイチンゲールが築き上げた実践的な応用社会科学は、その着想の源流をたどると、L・A・J・ケトレーの著『社会物理学（Physique Sociale)』に行き着きます。彼女は同書を長文にわたって書き写し、それに評釈を書き加えたり、自分なりの表現に言い換えたりしています。ケトレーは、アイザック・ニュートンと同様、奥行きの深い研究心の持ち主でありながら、研究成果の提示において謙虚でした。ニュートンの言葉に木霊するかのように、ケトレーも、「統計という広大な海岸に立って、やっと小石を三つ四つ拾い上げたにすぎない」と述べています。(2) しかし、ナイチンゲールにとってケトレーは、〃世界で最も有用な科学〔統計学〕の創始者〃であり、「統計学〔統計論〕こそ、政治や社会や教育など、およそ経験に基づく制度や組織のすべてにとって不可欠な、科学的な拠り所」なのでした。例えば、統計学や統計論を持たない政治や統治は、いわば「単なる《当てずっぽう》か、あるいはドイツ人的表現を借りれば《直観》にほかならない」と彼女はとらえていました。(3)

神の法則の真随

端的に言えば、神の法則は、神との協働者たちに、すべての事物にどのように介入するかを教えるものです。すなわち、どのように問題の根源を修正するのか、またそれによって〃まったくの自由意志〃による人間の行動をどのように修正するのかを教えるものです。神は神の法則によって統治しますが、人間は、神の法則を発見したとき初めて、神と同様、統治する者となります。ナイチンゲールにあっては、ケトレーも同じですが、およそ人間の自由意志〔自由放任〕などということは論外のことであって、それを議論することは、時間と労力の無駄であると、忌避していました。神の法則は人間を縛るものではなく、その正反対であり、人間を行動に導くものである、と、この二人は理解していました。神の法則はあくまでも《限定的》なものであり、その発見は、発見というより法則の〝提示〟と呼ぶほうがふさわしく、また神の法則は、神の模範的な政治計画に人間を服従させようとするものではありませんでした。

発見された法則は、ただ蓋然性〔確率〕を示すのみです。ケトレーを、確率理論の専門家としてナイチンゲールが高く評価し厚く信頼を寄せていたのは、〝彼は、確率と真理とを混同することのないよう、常に慎重だったから〟です。

神の法則がすべての事象を支配

一八七三年の論文のなかで、ナイチンゲールは、「森羅万象は、その最小の微細に至るまで、神の法則によって支配されており、それは結果として表われる。また、ほんの些細な行為やほんのわずかな感情の動きさえ、それは偶然ではありえない」と自分の考えを述べています。そのように、何ごとも偶然に起こることは決してないのですが、にもかかわらず、〝意図せぬ結果〟(4)を招くことは多く、それが惨状を招くことも多くあります。ナイチンゲールは、しばしば実例として、見捨てられた子供たちを収容する孤児院（そこは死亡率が高かった）の設置、あるいは、物乞いへの施し（それはかえって貧困を助長した）、を引き合いに出しています。これらは決して、政治経済学者たちが唱える不介入（何もせずに放置すること）を是認するものではありません。より発展的で効果的な介入を模索しようとするために引き合いに出した実例なのです。

実証主義と理想主義

ナイチンゲールが、科学的探究の拠り所とした哲学は、実証主義の流れを汲むものでした。すなわち、あくまでも現実の世界を探究することによる知識の獲得を求め、直感や内省や既存の権威への依存などを排する哲学でした。ただし彼女は、オーギュスト・コント（フランスの社会学者・数学者・実証主義哲学者）に代表される無神論や〝人類の宗教〟論を提唱するような実証主義者には、同調しませんでした。彼女は、強力な実証方法を備えた実証主義と、それと目標を同じくする理想主義との統合を模索しました。彼女の立場からは、理想主義と実証主義とが〝対立する哲学〟ではありえませんでした。むしろ両者は、〝互いに一方が他方を必要とし、互いに先導し合い、基盤を一にする〟のでした。ナイチンゲールは問いかけています。「両者（理想主義と実証主義）は同一ではないとでもいうのでしょうか？……【しかし】実証主義は、精神的なものも物質的なものも、すべては法則の支配下にあることを自明の理としているではないですか……」。実証主義は、理想主義が掲げるさまざまな目標を達成する手段であり、〝人間が事象を変更したり改善したりしようと働きかけるならば、この手段によるしかない〟のでした。

実証主義は、どのようなばあいに、どのような介入をすれば善が実現されるかを判定する手段を、理想主義に与えました。〝神は完全無欠であり、神の意志が変わることはありえない〟のです。そのように、実証主義は、神の意志はすなわち普遍の法則であり、決して変わることがないとしますが、理想主義は〝神は、意志を変えることもできる神であり、完全無欠な神であろうとはしない〟とします。

統計学会初の女性会員

ナイチンゲールは、社会科学に対する自身の見解において首尾一貫しており、社会科学を推進する各種の組織や団体への支援を惜（お）しみませんでした。長年にわたって彼女は、一八五七年設立の英国社会科学推進学会の学術集会にかずかずの論文を寄稿しています。彼女は病院建築に関する二編の論文を、一八五八年に開催されたこの学会の最初の学術集会に寄稿し、その後も定期的に寄稿しつづけました。医師でもあり優（すぐ）れた統計学者であったウィリアム・ファーは一八五八年、ナイチンゲールに頼み込んで、彼女をロンドン統計学会（後の王立統計学会）の会員に迎えました。彼女は同学会初の女性会員でした。

英国流の経験主義を哲学的基盤に置くナイチンゲールは、ジョン・ロックやフランシス・ベーコンなどの哲学者には共感を抱いていたでしょうし、それとは相容（あいい）れない〝直観論〟で競（せ）り合うドイツの理想主義学派には否定的であったでしょう。彼女にとってベーコンは偉大な帰納（きのう）主義の哲学者であり、〝ミルよりもずっと偉大〟でした。

研究手法

今になって振り返ってみると、彼女の研究の進め方は、ナイチンゲール手法（彼女は決してそのような命名をしていません）とでも呼べるような研究手法に集約することができます。この研究手法は今日においても卓越した見識です。

・可能なかぎり最良質の情報を手に入れること。
・政府が公表した報告書や統計類をできるかぎりすべて利用すること。
・それぞれの領域の専門書を読み込み、さらにその領域の専門家たちに面接取材すること。
・手に入る情報が不充分なばあいは、自分の手で情報を収集すること。
・そのために調査票を作成すること。
・調査票作成に関して、調査の専門家に相談して意見を求めること。
・本調査の前に予備調査を行なうこと。
・研究調査の結果は、草稿（そうこう）または校正刷りの段階で専門家の精査（せいさ）を受けたあとに、公表や印刷を行なうこと。

ヘルスケア確立に向けて

ナイチンゲールは、終始一貫して、信仰を活力の源として、探究や改革を遂行（すいこう）していきました。彼女はヘルスケアを一つの統合された系統（システム）としてとらえましたが、それは彼女の信仰に依拠（いきょ）するところが大きいのです。すなわち、彼女にとって神とは、善を全（まっと）うする創造主であり、この世界はすべて神の法則によって統合支配されており、その神の法則は探究することによって発見可能となるものでした。彼女の、ヘルスケア領域や社会改革へ打ち込んだ仕事のすべては、この神によるお召しから始まっています。ナイチンゲールは、自分は神の小間使いにすぎないと謙遜することもありましたが、自分は神の協働者であるという確信を表明することもありました。

『ある疑問に関する覚え書』

ナイチンゲールから見れば、自然科学でいう法則も社会科学でいう法則も、根源は同一のものなのです。どちらの法則も神の業によるものであり、両者とも人間による発見の道は開かれているのです。それらの法則の発見は、研究の積み重ねからの帰納によって可能なものなのです。彼女は、さらに踏み込んで、社会の法則と自然界の法則という二種類の法則は、互いに反応し合い影響を及ぼし合っている、と考えていました。唯一かつ決定的な違いは、人間には太陽系に変更を加えることはかなわないが、社会の仕組みには修正を加えることができる、というところにあります。人間にとって日蝕は予測できるのみですが、社会の出来事なら、予測だけではなく、それに影響を及ぼすこともできます。ナイチンゲールは一八七三年の論稿『ある疑問に関する覚え書——一九九九年における我々の宗教は何か？（A sub "note of interrogation" What will be our religion in 1999?）』[5] のなかで、この二種類の予測を比較しています。

ダーウィン批判

ナイチンゲールが受けた教育科目のなかには、自然科学分野が入っていませんでした。それで彼女は、少しでも数学教育を加えてほしいと願ったのでしたが、受け容れてはもらえませんでした。数学は女性に必要なものとはされていませんでしたし、彼女の父が受けた伝統的な教育の科目のなかにも、数学は含まれていなかったのでしょう。その父が、彼女を、英国科学振興学会の学術集会に連れて行ったことがあります。一八四七年にオックスフォード大学でその学術集会が開催されたのは、海王星が発見されて間もない頃で、出席者のなかにいた、海王星発見者の二人の学者に注目が集まっていました。ナイチンゲールは科学史にも関心があり、素人ながらも当時の先端科学の議論にもついていけるほどの一角の知識と理解がありました。彼女は、未刊行の手記や覚え書のなかで、頻繁に科学者について論及しており、とりわけ物理学者のアイザック・ニュートンとマイケル・ファラデーを取り上げています。彼女は、一八五九年に『種の起原』を発表したチャールズ・ダーウィンを認めませんでしたが、それは進化論に対する因習に偏った反対によるものではなく、ダーウィンが《事実》とする事例への疑問によるものでした。「ダーウィンは、真の意味での原理あるいは原則を持っていません。彼は一つの正確な事例を示すのに百の不正確な事例を提示しています[6]」と述べています。

世界誕生はいつ？

ナイチンゲールの前半生の時代、この世界は約六千年前に誕生したとされるのが常識でした。この推定の根拠は、ジェームズ・アッシャー〔アイルランドの大司教〕による旧約聖書に登場する族長たちの存命期間の算定にありました。これについては、『思索への示唆』のなかにも二ヵ所の言及が見られます。ただし、同書の別の一ヵ所には、人類の存続期間はずっと長いとして「（数値は窺いしれませんが）きわめて長い年数です」と記されています。この点に関しては、六千年説、あるいはそれより短い年数説も、彼女の後の著述には出てきません。ナイチンゲールは、後半生には、友人や学童たちに進化論〔ダーウィニズム〕の書籍を贈呈しています。彼女はこれを、〝ダーウィニアンイズム〔ダーウィン信奉者説〕〟とも呼んでいました。明らかに、彼女の思考は、進化説や自然淘汰説を受け容れる方向に傾いていたのです。

社会進化論とは一線を画す

当然ながら、ナイチンゲールは《社会進化論》には同調しませんでした。それは〝適者生存〟説を人間の社会組織にも適用しようとするものであり、自由放任主義政策や社会への不介入を謳う政治経済学者の主張を正当化するからです。ミルとの議論において彼女は、ダーウィン説は決して綿密な観察に基づくものではないと断じています。だからと言って、彼女は拒絶しているのではありません。ダーウィン説は「精霊に対する罪〔神への冒瀆〕」ではなく、また人類の希望に対する罪ではないからです。その罪は、不作為という過去の過ちへの言い訳に用いられるところにあり、端的には、政治経済学者の学説や見解への言い訳に用いられるところにありました(7)。

先駆的研究を高く評価

ナイチンゲールは、自然科学に強い関心を持ち、知識は善の実現のために適用が可能であるという楽観論的な確信を抱いていました。そこまでの確信を持つ彼女ですから、一八六〇年代にロバート・アンガス・スミスによって成し遂げられた酸性雨に関する先駆的な研究を高く評価しました。一八六五年、インドの水利問題についてスミスと議論を闘わせつつも、彼女は、アルカリ規制法〔一八六三年英国で成立〕のもとでなされた彼女の最初の報告書に賛辞を贈りました。アルカリ規制法は、おそらくは世界で最初の環境汚染規制の法令です。「私は、貴方に、そしてこの英国に、心からおめでとうを申し上げます。貴方がまとめられた、アルカリ産業による大気汚染に関する最初の報告書に賛辞を贈ります。……貴方は、このように科学産業に科学者を起用することが、いかに有用であるかを明白にしてくださいました。やがては、貴方のような方のお力によって、この国からあらゆる有害物は除去されるでしょう[8]」と記しています。

二、社会階級、政府、政治

富の格差に心を痛める

ナイチンゲールは、人生の早い段階から、自分の家族が属する富裕階層と大多数の人々が属する低階層との間の、あまりにも大きな富の格差に、深く心を痛めてきました。その当時、国民の大多数は何の資産も持たず、ほとんど何の楽しみも持たず、そして総人口の三分の一は極貧のどん底で喘いでいました。彼女は貧困者へのそれなりの慈善の施しは欠かしませんでしたが、それがいかに不充分であるかには気づいていました。彼女のうちに、いつしか当時の社会一般の常識や分別を超えるものが芽生え、彼女は貧困者や病人や受刑者たちのうちに〝神の顔〟を見るようになってきました。福音ということ、これこそが彼女を行動へと駆り立てる源泉でした。「私たち人間一人ひとりをつないでいる絆は、私たちと神とをつないでいる絆と同じだということに思い至るべきです。老いて認知機能が低下した老女や汚れて不潔な子供たちを無視したり、虐待したりすることは、とりもなおさず全能者に対する不敬行為であり、神への冒瀆にほかなりません(9)」と記しています。

下層階級の人々への配慮

生涯を通してナイチンゲールは、下層階級の人々を絶えず苛む屈辱感に対して、深い思いやりと、きめの細かい気配りをしました。グラスゴー王立救貧院の経営委員会の委員長は靴職人でしたが、彼への手紙を書いていた彼女の叔父に「どうか充分に敬意を込めて書いてください」と忠告しています。彼女の仕事の協働者の一人、ロバート・ローリンソンは、兵卒〔下層階級出身者〕の息子で〝クイーンズ・イングリッシュ〔上流階級の英語〕殺し〟の異名〔を持つほど言葉の荒い男〕で知られていましたが、彼が仕事のためにリハースト荘に滞在するとき（彼はナイチンゲールの懇請によって、衛生改善の仕事の助手をしていた）、彼が使用人たちと一緒に食事をさせられるのではないかと心配しました。「あの人は、私たちと同等の紳士なのです」と記しています。

階級格差に敏感

このように、ナイチンゲールは階級格差に敏感であり、自分の家族が裕福であることに違和感を覚えていましたが、それは幼少の頃からで、それがゆえに、自分の家庭で感じる生きづらさに苦しんでいました。家族ぐるみで親交のあったある友人によると、若い頃のナイチンゲールは、社会階級格差の〝痛々しい〟現実と〝贅沢な暮らしが裕福な人間を陥れる罠〟とに思い悩みつづけていたと言います。その友人はある時、ナイチンゲールと彼女の父との会話を聞いていて、「あまりにも対照的な……」と笑いを覚えたことがありましたが、後日、それこそがナイチンゲールが抱いた使命感の兆候であったことに気づきます。

貧民たちとの一体感

彼女の心は、エムブリイ荘周辺のナイチンゲール家の領地に住む貧民たちとともにありました。「私は無知と貧困に同情します。私を惹きつけることは、あの人たちをも惹きつけます。私たちは皆共通して、生活にはほとんど期待できませんが、神には大いに期待できるのです(10)」と記しています。この、庶民との一体感は、彼女の仕事人生においても同様でした。クリミア戦争では、彼女は、一般の兵士たち〔下層階級の出身者〕の生命を救うことと彼らの待遇改善とに尽力しました。彼女は、クリミア戦争の時のように〔陸軍当局の〕怠慢と無策によって多くの生命が奪われるようなことを二度と起こさせないと心に誓っていましたが、それはクリミア戦争における若い兵士たちの惨状が心底にあったからです。彼女の衛生改革への取り組みには、常に階級格差問題への配慮がありました。彼女は、貧民たちには新鮮な空気や良質の水の確保が富裕層のようにままならないこと、また、だからこそ《公共》による対策を手がけなければならないことを、熟知していました。彼女は、回復期の貧困層の患者を病院から海辺に移すことを奨めています。「富裕層にあっては、回復期の転地療養の有用性は、さらにはその必要性は、疑いの余地もありません。まして貧困層には、その《十倍以上》も回復期の転地療養が必要なのです」と記しています。さらに彼女は、〝貧困者のための回復期施設を海辺や田園地帯に設ける構想〟を、ウィリアム・ラスボーンの著書『看護の組織化』の序文に書いています(11)。

まずは淑女たちを！

ナイチンゲールは、看護問題に取り組むとき、常に能力主義を貫き（つらぬ）ました。〝淑女（レディー）〔上流階級の女性〕〟は、他の階級の女性に比べて高い教育を受け、幅広い教養を備えているので、上位の管理職に就く（つ）のに必要な適性があると考えていました。それでも彼女は淑女たちに、徹底した看護訓練を要求しました。すなわち、出身階級の違いによって例外的に扱ったり、訓練期間を短縮したりすることなど、例外は絶対に認めなかったのです。淑女といえども、駆け（か）出しの新人として看護の仕事の初歩から学ばなければならないのでした。病院や施設の看護部門の長に、新たに〝淑女監督（Lady superintendent）〟という職名が付けられました。この職名を用いる病院や施設もありましたが、従前（じゅうぜん）どおり〝総師長（マトロン）（matron）〟と呼ぶ病院や施設もありました。ナイチンゲールが創設した看護師訓練学校では、訓練生の採用にあたって、まず〝淑女〟を求めました。その理由は、一つには、看護により高い社会的地位を獲得させたかったこと、また一つには、総師長になれる人材育成の必要に迫られていたからでした。

中流階級の女性に門戸を開く

ナイチンゲールは中流階級の女性にも看護専門職への道を開いたとされますし、実際そうであったのです。しかしながら、労働者階級の女性には、最も適した職業として看護への道を開こうとは、あまり考えませんでした。救貧院で育った〔最下層階級の〕少女たちを看護の職に就か（つ）せる構想を持ったことはありましたが、そのまま訓練課程に入れるには若すぎるので、中間段階として病院で〔看護助手として〕雇用（こよう）することを提案しました。

その時代、専門職業学校の入学許可条件に学歴を求めるようなことはありませんでした。看護師訓練学校で訓練を受ける学生たちは、〝見習い生〟と呼ばれ、寄宿舎の部屋も食事も無償(むしょう)で提供され、少ないながらも給与が支払われました。

看護を掃除婦から切り離す

実際のところ、ナイチンゲールが活躍する以前の英国では、労働者階級の女性が看護の職に就(つ)くことはありませんでした。というよりも、労働者階級の女性たちが病院で《掃除婦》として雇用されることが多くありましたが、その女性たちを〝看護師〟と呼んでいたのです。そして、そうした女性たちが夜勤の時には、彼女たちは患者の〝見張り役〟となったのでした。ナイチンゲールの看護改革は、掃除婦の仕事を、患者の身の回りの世話から分離して、後者を〝看護師〟という職名のもとにその存続を図(はか)りました。看護を、より質が高くて報酬の高い仕事にし、出身階級ではなく能力に応じて就(つ)ける職業へと改革しようとしたのです。

ナイチンゲールの肩書

一八七一年の国勢調査の時、ナイチンゲールは係官に、自分の職業をどう記載すればよいか尋(たず)ねたところ、〝無職、淑女(レディー)〟とするよう指示されました。

彼女は冗談めかして、〝無職〟などと書けば〝虚偽(きょぎ)記載〟として罰金刑に処せられるから、少なくとも「野戦病院の総看護師長(マトロン)、もしくは病気のために現役を引退した病院総看護師長と記すべきでしょう」[12]と述べています。

実際には、ナイチンゲールは、国勢調査の職業欄にはいつも、「ナイチンゲール基金代表・看護師訓練学校校長」と回答しています。もっとも、その職に対して報酬が支払われたことは一度もなく（彼女は有給の職を持ったことがありませんでした）、彼女は常に私財で生計を立てていました。

インド問題

インド〔当時は英国植民地〕を統治する英国政府の政策に関しても、ナイチンゲールは、何十年にもわたって取り組みました。この仕事においても彼女は、インド国民の大多数である貧困層に一体感を持って働きました。彼女は常に英国政府を厳しく批判しましたが、それは、裕福な地主層には有利に働き、貧困にあえぐ農民層にはますます不利に働く政策への批判でした。彼女は、リヨット〔ryot〕と呼ばれるインドの小作農民こそ世界中で最も勤勉な労働者であり、彼らは自らの労働による所産の分配をもっと多く受けるべきである、と繰り返し指摘しました。例えば、彼女は、塩税法〔塩の消費に対する税法〕に反対しました。その税法は、食料保存に不可欠な塩に関して、家の総収入に対する塩税の拠出割合が、富裕層より貧困層のほうが割高になるという、逆累進の不合理な政策だったからです。彼女は、インドにおける土地所有改革や高金利の抑制にも働きかけました。彼女がインド政府の諸部門に送った多くの書簡や論文には、核心を衝いた分析とともに、ひとかたならぬ熱意が込められていました。

労働条件改善への訴え

ナイチンゲールは、労働組合については、当時の彼女と同階級に共通の見解と同じく、圧制的であり、過剰な要求によってかえって労働者から仕事を奪っている、と見ていました。しかし彼女は、多くの局面において労働者支持の立場をとりました。一八六九年公刊の論文〔『救貧覚え書』〕のなかで彼女は、労賃や給料の改善を支持する論を展開しています。「労働への対価は常に安価であるが、安価な労働は、結局、かえって高くつくことになる」[13]と述べています。これと同様の理由から、労働者には、とりわけ縫製業のような重労働に従事する女性労働者には、適宜な休暇を与えるべきであることを提唱し、彼女はその論拠を裏づける例証をしています。

救貧対策の方向軸

働くことが《できる》にもかかわらず施しや保護に頼る貧困者を、ナイチンゲールは嫌いました。一八六九年の論文〔『救貧覚え書』〕は、救貧法に基づく救済に必要とする年間支出の提示から書きはじめ、結局「救貧法は直接的にも間接的にも、救済を求める貧困者の数を増やしているだけである」と結論づけています。解決策は、病人や働けない人々を救貧院から移して、それぞれに適切なケアや治療を施すことでした。救貧院に残った人々をどう扱うかについては、あまり具体的には述べていませんが、彼女は、仕事がありさえすれば労働を厭う人間などいるはずがないと考えていました。また「例外的な災害時でもないかぎり、国家が割に合う労働を供給できない事態におちいる」ことなど、彼女には想定もできませんでした。ここに、J・M・ケインズ〔二十世紀における経済学者の代表的存在〕が提唱する反循環的支出論の萌芽を読み取ることができます。[14]ナイチンゲールはこの問題をさらに研究したいと思い、漏れなく文献を入手して、友人のサザランド博士に編集と出版を依頼しようと図りましたが、実現しませんでした。

終生一貫した主張

急進的な理論家にあっては、多くのばあい、各自の思想に時の流れとともに柔軟性が加わるものですが、ナイチンゲールには当てはまりませんでした。人生も晩期(ばんき)を迎えた一八九一年、彼女はある手紙に、ハイド・パークやトラファルガー広場で暴動を起こした人々の処遇に触れていますが、「身の毛もよだつような卑劣(ひれつ)な光景でした。政府は浮浪者や失業者に対して、権力による暴力でもって街路から街路へと追い払う以外に何もできません。戦争よりもはるかに悲惨な光景でした」と記しています。ナイチンゲールは、ヘルスケアについての最後の出版物のなかで、王室の看護師にさえ優(すぐ)れた看護師はほとんどいないと指摘し、「しかし、王室ならばそれを自前で手配もできるでしょうが、貧困者にはそれが不可能なのです」と述べています。彼女は医療業務について、常にその向上を望みました。中流階級の女性が産後の回復に一ヵ月もベッドで過ごせるのであれば、労働者階級や貧困層の女性も同じであるべきなのでした。

犯罪者への処遇

ある時期、ナイチンゲールは犯罪の問題、とりわけ少年犯罪の問題に取り組んだことがありました。これは明らかに、ケトレーの著書(しょぐう)『社会物理学』に見られる犯罪学に関する初期の研究に触発(しょくはつ)されたものです。彼女は犯罪者の処遇に関する小論や書簡をいくつか書いていますが、そこではとりわけ、窃盗犯(せっとうはん)には不当利益〔盗んだ金〕の返還(へんかん)を義務づけるべきことを強く主張しています。

右翼保守派を嫌悪

ナイチンゲールは、当時支配的であった、現代ならば右翼保守派と呼ばれるような、自由放任主義を標榜する自由主義を忌み嫌いました。政治経済学者のトマス・マルサスやデイビッド・リカードなどによって形づくられたこの主義は、二十世紀後半のミルトン・フリードマンによるシカゴ学派の先駆けであり、後にはマーガレット・サッチャーやロナルド・レーガンに影響を与えることとなります。「政治経済における法則は、それが正しく把握できたばあいは、自然界における法則と同一であることは当然です。しかし現時点において、例えば救貧院の開設がさらに多くの貧困者を生み出したように、さまざまな浪費を含めて、多くの浪費について政治経済学がその責任追及を免れることはほとんどできません。需要と供給の関係は、いかなる状況、いかなる国においても互いにバランスを保ち合うという理論ですが、まさにその需要と供給の関係こそが、オリッサ〔インド東部ベンガル湾に面する州〕の飢饉を英国の〝賢明な統治〟のもとで起こしたのです[15]」と記しています。

的確な政治科学を希求

ナイチンゲールは決して社会主義者ではありませんでしたが、どちらかと言えば（その生涯を通して）進歩主義傾向のある実用主義者であり、また自由主義者でした。彼女ならば、経済の運営の大半を民間に委ねるでしょう。その点は、《自由放任主義》の原則に同調します。しかし、放任や放置では対処しえない大きな社会問題については、その解決に政府の力を活用すべきなのです。政府を介入させるかどうか、また、政治権力のどの水準で対処するかという問題には、思考を重ねたうえでの判断が必要となります。

「何よりもまず、国民の生命を最終的に左右するのは政府です。それを、最も重要で最も基本の前提として、政治科学がつくられ、それを科学と呼んでよいのであれば、政治科学をより《的確な》科学に高めていくことではないでしょうか?」と記しています。

常に実践を重んじ、効率〔費用対効果〕を重んじるナイチンゲールは、政府の政策や企画はすべて査定にかけるよう提唱しています。「いかなる政府も、法律の改正、特に予算がからむ法の改正をする際には、注意深く資料〔文献や記録〕を収集して、将来その改正によって得られる結果が期待にそうものとなることを立証すべきです。法律があまりにも軽挙に制定されたり廃止されたりしているので、その効果を分析することがたいていは不可能になっている」[16]からでした。

上級官僚教育の場を確保

確率論と優生学の専門家、フランシス・ゴルトンに向かって、ナイチンゲールは、政府は〝素晴らしい〟統計資料を収集していながら、それは誰にも利用されていない、と嘆いています。こうしたことも一つの理由となって、彼女は人生の最後の企画の一つとして、オックスフォード大学に創設された〝社会物理学〔ケトレーの用語に因む〕〟講座の教授あるいは准教授の座を〔彼女の関係者のものとして〕確保するべく働きかけました。この講座は上級官僚の教育を担う最高の場でした。そうなれば、ケトレーの方法論を、それを最も必要とする人たちが、つまり、社会的な政策企画を実際に管理運営する人たちが学ぶことになるからでした。

国会議員の役割

ナイチンゲールの構想による政府運営においては、国会議員に重要な裁量権が与えられていましたので、彼女にあっては、国会議員は特に重要な（むしろ《神聖な》とでも言うべき）役割を担う存在でした。議員たちは〝崇高な使命〟を帯びていましたが、それは彼らが我々の生きる環境を変えることができるからです、と彼女はケトレーについて書いた随筆のなかで解説しています。政治とは、神の世界の運営であり、〝国家の特定の時と場所において、神の政府を天上から地上に〟降ろすことです。もし政治の指導者たちが、〝神を満足させながらにして、内閣や陸軍省や救貧法委員会などを満足させるようであれば〟、どんなに政治は楽でしょうか。ところが、「我々の統治を満足させようとすると、神のご機嫌を損ねなければならなくなります。国会は、神のお好みのものをまったく好まない！　ああ、『主（神）』が『国王』であったならば、せめて皇太子でいてくださったならば[17]」と彼女は憤りをあらわにして嘆いています。

国家の運営

ナイチンゲールにとって遺憾なことに、人々は、神は、大きな国家の運営の舵取りなどにはまったく不向きであると信じ込んでいるのでした。「人間の国家は、神の意志にそって運営すると木っ端微塵に壊れてしまうと考えられていますが、確かにそのとおりでしょう。今私たちが神の意志と認識している了見で国家を運営したならば……です。ですから私たちは、内閣や国会や政治や政治経済から神を追い出して、日曜日を神の日と定めて他の曜日は私たち人間の日としたり、『月曜日と木曜日』は『政府の夜』として国会を開催し、神の夕べはその他の日の夕刻としたりするのです[18]」と記しています。

ナイチンゲール家は自由党

自由党の支持派であるナイチンゲール家にあっては、保守党は軽くあしらわれました。ベンジャミン・ディズレーリ〔保守党の政治家で首相経験者〕などは、家族や友人間の書信のなかでは「ディズィ〔Dizzy＝ディズレーリの名の略称であると同時に〝目まいがする〟や〝愚かな〟の意の英語〕」と書かれています。ずっと後年、超保守主義者のランドルフ・チャーチル卿〔英国国会議員、ウィンストン・チャーチルの父〕は〝本物の厄介者〟だと、ナイチンゲールは自分の家族に語っています。彼女は冗談混じりに、「悪魔と私／我ら相容れず」という賛美歌を「ランドルフ卿と私／我ら相容れず」ともじっています[19]。

神は自由主義者

ナイチンゲールは、社会改革家として活動するためには、どの政党であれ、その時々の政権についた政党と力を合わせて仕事をせざるをえませんでした。もちろん、彼女は自由党支持でしたので、とりわけ高齢期に入ってからは、自由党国会議員である義兄ハリー・ヴァーネイ卿と緊密に連携をとって活動しました。社会主義者も保守党主義者もそろって仰天したでしょうが、何と、ナイチンゲールは、神は〝自由主義の支持派である〟と主張して譲らなかったのです[20]。ヴァーネイ卿の息子エドムンド（当時、父の後を継いで国会議員となるために選挙に出ていた）の妻にナイチンゲールはこう語っています。「エドムンドを応援することは、永遠なるもののために働き、自由主義の基盤を高めることになるのです。自由主義は

《まさに》人類の心と身体と魂の『救済』であり、神との協働にほかなりません。……神は『自由主義者』なのです。そう公言しても不敬（ふけい）にはあたりません[21]」。

（一）フランスの政情

ナポレオン嫌い

フランスの政情については、ナイチンゲール家の皆が関心を持っていましたが、とりわけナイチンゲールは関心を強く持っていました。エジプトへ向かう旅の途中の一八四九年、彼女を乗せた船はコルシカ島〔地中海にあるフランス領の島〕近くを通過しましたが、「そこで夕暮れ近くになり、大悪魔サタン〔ナポレオン〕が生まれた土地、アジャクシオ〔コルシカ島西岸の港町〕の町の明かりを見ることもできたでしょうが、私はあえてその土地を見に甲板（デッキ）には出ませんでした。あの土地は呪（のろ）われています[22]」と記しています。

皮肉なことに、一八三七年から三八年にかけてナイチンゲール家がパリに逗留（とうりゅう）したとき、一家はヴァンドーム広場地区の高級住宅街に貸部屋を借りたのですが、そこにはナポレオンの大きな記念碑が聳（そび）えていました。ナポレオンの彫像が高い塔のような円柱の上に立っているのですが、その円柱は、アウステルリッツ〔チェコ南東部の町〕の戦いでロシア・オーストリア連合軍を破ったときの戦利品の大砲を溶かした鉄で造られたものでした。

スウェーデン人女性と文通

ナイチンゲールは、ベニスで若いスウェーデン人女性のセルマ・ベネディックスと知り合い、その後もずっと文通していました。それらの手紙は、若きナイチンゲール（その頃まだ十代の少女）の熱狂ぶりや、その頃の彼女のフランスの社会や政治や宗教についての見解を窺い知ることができる貴重な資料です。次に引用する手紙（引用二−二）は、躍進する当時のイタリア情勢を伝えています。一家はパリでイタリアからの亡命者たちにも会っていたからです。ナイチンゲールによると、オーストリア皇帝が約束していた〝あてにならない恩赦〟は、ほんの一握りの人々にしか適用されませんでした。オーストリア皇帝による全員帰国許可の約束にもかかわらず、実際には、恣意的に許可したり拒絶したりできる仕組みになっていました。一八五〇年のヨーロッパ旅行の途中、オーストリアを通過したとき、ナイチンゲールとその友人たちはシュピールベルク〔現在はチェコ共和国領内〕刑務所の傍を通過しました。そこには地下抵抗運動の指導者コンファロニエリ伯爵が収監されており、死刑から懲役十五年に減刑され、かろうじて生き残っていました。

【引用二−二】
パリからスウェーデンの友人への手紙(23)

ヴァンドーム広場
十一月二十八日〔一八四八年〕

私たち一家はルイ十四世様式建築〔バロック様式建築〕のとても快適な家具つきの貸部屋に住んでいます。この建物は、パリの最高級住宅街の一つヴァンドーム広場地区にあります。近くには、アウステルリッツの戦いの戦利品である大砲から造られた、あの塔のように立派な円柱があります。ナポレオンの彫像がその上に立っているのですが、詳しい説明はいりませんね、貴女はパリをよくご存知なのですから。でも、私はパリが好きにはなれません。騒音は酷いし、煙のような雲がいつも垂れこめていて、晴れ上がることがありません。テュイルリー宮殿やその一角にあるルーブル美術館は、複合体としてとてもみごとな建築ですし、ギリシャの諸神殿を再現したマドレーヌ広場の取引所や教会は、ロンドンのものよりも立派です。でもパリは、あの美しく洗練されたイタリアを知る者にとっては、とても退屈なのです。ルーブル美術館の絵画もかなり質が落ちるし、それにパリはとっても寒い……。

フランス人は、イタリア人に比べて、自惚れが強いと思いませんか？　私たちの周囲には顔なじみの人がたくさんいますが、フランス人の知り合いはあまりいません。私たちと親交のあるフランス人はまだパリには来ていないからなのですが、特にこの冬はそうで、主にイタリア人や英国人と交流しています。何人か、とても感じのいいフランス人紳士がよく訪ねてきて、政治の話題や楽しい話題で私たちを楽しませてくれます。フランス人は話術が巧みですね……。

気の毒なことに、私たちの友人のウゴニやポルロ〔コモ湖〔イタリア北部の避暑地〕湖畔の美しい別荘の所有者〉は再入国の許可がもらえませんでした。でも、皇帝が直接に下(くだ)したとされるドイツ語の通告によると、彼らが品行方正に振る舞うならば、将来いつか許可されるだろう、とのことです。品行方正に振る舞う、ですよ！

何て卑劣(ひれつ)で欺瞞(ぎまん)に満ちた恩赦(おんしゃ)なのでしょう！　これらはすべてメッテルニヒ〈オーストリア出身の政治家〉をはじめとするミラノの権力者たちによる仕業(しわざ)のようで、皇帝は文字どおりの恩赦の実施を願っていて、何とかして誰にも許可が下りるように働きかけているようなのです。皇帝は心優しい人なのですが、でも周囲の面々に完全に支配されているのです……。メッテルニヒはどうやら追放者たちの帰国を、なるべく不名誉で汚(けが)らわしい印象にしたい、そんな魂胆(こんたん)のようです。

パリで最高の楽しみは、貴女も言われたように、イタリア歌劇(オペラ)です。私たちは週に一度、歌劇を観(み)に出かけますが、見終わるとすぐに次の週の歌劇が待ちきれなくなります。ここの歌劇には今、世界最高の歌手たちがそろっています。

フランスの政変

フランスでは、ナイチンゲールの生涯のうちに、王国から帝国さらに共和国へと、何度も政変がありました。ルイ＝フィリップ国王〈〔ブルジョワ階級によって〕選出された王族出身の国王〉体制は、ルイ＝ナポレオン〈ナポレオン・ボナパルトの甥(おい)とされるが、真偽(しんぎ)は不明〉によって倒されましたが、ナイチンゲールには、それが民衆のためになるとは考えられませんでした。

彼女は、この政変を、ブルータスがカエサルを暗殺したクーデターになぞらえました。カエサルがあまりにも強大な権力を手に入れたので、それを恐れたブルータスの行動でしたが、次に政権を継承したアウグストゥスは絶対的な独裁者となり、自身が皇帝となり神格化までしてしまいました。「ブルータスは次に何者が来るかを考えていなかったのです。だから、カエサルの後は輪をかけて酷い権力者が継いだのです。これと同じで、フランス国民もルイ＝フィリップ政権は有害であることをよく知っており、だから大した騒動もなく国民は政権を覆したのですが、彼らもその後に誰が取って代わるのかを考えていなかったので、ルイ＝フィリップよりも酷い権力者が現われたということです。これは何も、ルイ＝フィリップが有害ではないから彼をそのままに政権に座らせておくべきだと言っているのではありません。そうではなく、誰に交代させるのかを熟慮しておくべきであったと言っているのです」と彼女は書いています。[24]

ルイ＝ナポレオン批評

さらにナイチンゲールは、一八五一年に権力を手にし、後にナポレオン三世と名乗ったルイ＝ナポレオンに対しても、否定的な見方をしています。「ご覧なさい、フランスを。あんなに圧制的な支配者に服従するなんて、何をか況やではありませんか？　このおぞましい病気から惨憺たるフランスを回復させる手立てや契機はもはやありません。それにしてもルイ＝ナポレオンの器量たるや、クーデターがあたかも芝居か絵物語のようでした。彼は狂信者なのかならず者なのか、あくどい手口を使う善人なのか合法的手段を使う悪人なのか、私たちがそれを見定めることです。[25]」

ナポレオン三世の結婚

ナイチンゲールがパリに滞在していた一八五三年、ナポレオン三世の華々しい結婚式が行なわれ、契(ちぎ)りを交わした女性は皇后ウージェニーとなりました。この結婚式は、豪華なウェディング・ドレスを流行させるきっかけとなりました（それまでは、花嫁はきちんとはしていますが質素なドレス姿でした）。ウージェニーは〝婦人服意匠(デザイン)の才能を持って生まれ〟ながら、皇后の座を手にするために〝ヨーロッパで最も邪悪(じゃあく)な男〟と結婚した、とナイチンゲールは皮肉っています。[26]ノートルダム大聖堂へと向かう結婚の行列を見物しようと押し寄せる群衆のなかに、ナイチンゲールの姿はありませんでした。

（二）　イタリアの政情と教皇

イタリアが好き

ナイチンゲールの政治意識を理解するばあい、フランス人とのつながりと同様、イタリア人とのつながりも念頭に入れておくとよいでしょう。彼女は、出生地であるフィレンツェ市〔英名フローレンス〕に絶えず一体感を抱いていただけでなく、特にダンテをはじめ偉大な作家たちのさまざまな作品から影響を受けました。彼女は、友人たちや親族への手紙にイタリア語を交えることがよくありました。例えば、混乱は scompiglio、闘いは baruffa、乱闘は garbuglio、といった具合でした。それは、彼女が高齢に至っても変わらず〔イタリア語を忘れることなく〕、一八八〇年には、ヴァーネイ卿家に鉄道駅から家までの乗り物の手配を依頼する短信を、おどけてイタリア語で書き送ることができたほどです。

サボナローラに惹かれる

ナイチンゲールは、サボナローラの〝神の都市〔新エルサレム〕〟構想に強く惹かれました。サボナローラはフィレンツェの修道士で、一四九八年に火刑に処された人です。フィレンツェ市〔神の都市の一つとされる〕は、彼の影響を強く受けて、かなり民主的に運営され、また他の面では宗教的に厳格でした。試練の四年間〔彼がフィレンツェで神権政治を布いた期間〕には、〝異端的な〟絵画はすべて焼却されました〔華美なものはすべて贅沢品として焼かれ、〝虚栄の焼却〟と呼ばれています〕。ナイチンゲールがサボナローラの詩から抜粋した次の箇所には、彼女が彼の殉教に自己を重ね合わせていることが読み取れます（太字は彼女による強調）。「何にもまして、全身全霊をもって神を愛しなさい。自分の魂の救いを求める以上に、神の栄誉を求めなさい……。主よ、貴方の慈悲をもって、私を床の上で死なせないでください。貴方が私のために血を流してくださったように、私も血を流すことができるよう慈悲をお与えください」(27) とあります。これは、ナイチンゲールが死をも厭わず自己犠牲を受け容れる意志の表明であり、その希求であり、そこに、クリミア戦争における彼女の活動に通じる背景が読み取れます。

独立運動への関心

リソルジメント〔十九世紀イタリアの国家統一運動〕は、ナイチンゲールにとって、独立運動の原点となりました。彼女の情熱は、まだ十代の少女だった頃の旅行で目覚めたものであり、捕えられた独立運動の戦士たちの獄中手記を読むほどまでに高まりました。さらに、サルデーニャ人は、イタリアに当時新しく興った独立国〔サルデーニャ王国。一七二〇年から一八六一年までイタリアのピエモンテとサルデーニャ島、そしてニースとフランスのサボアを主な領土とした王国〕の人々でしたが、クリミア戦争では英仏連合軍に加わったので、さらにイタリア人とのつながりが広がりました。

教皇ピウス九世

ローマに滞在していた一八四七年から四八年の頃、ナイチンゲールは、熱狂的かつ肯定的に、教皇ピウス九世を評価していました。しかしこの教皇は、選出されたばかりの頃は進歩主義者〔改革派〕だと思われていましたが、実際にはすぐにオーストリアに迎合し、イタリアの解放勢力に対抗しました。この動きは、ヴァチカン〔教皇領〕が、その広大な領土（当時はイタリアの三分の一を占めていた）を、新しく興ろうとしている政教分離の国家に明け渡さねばならなかったかもしれない事態であったことを勘案すれば、理解できなくもありません〔一八六一年のイタリア王国成立とともに、教皇領は接収されました〕。さらに、この教皇が一八五四年に表明した聖母マリアの無原罪懐胎説と、一八七〇年に表明した教皇不可謬説〔自由主義や自然主義など市民革命の背景となった近代主義を誤りと批判する文書〕は、自由主義者であるナイチンゲールを憤慨させました。

未出版の随筆のなかで、ナイチンゲールはこのことを冷やかして、「教皇は、本人がそう言うのですから、不可謬の〔まったく誤りのない〕人です。私たちは、自分で自分を不可謬だと言う人については、そう信じるよりほかありません（ピウス九世以前の教皇は誰もそんなことを言ったことがありませんし、これからの教皇も、もちろん教皇制が存続するならばのことですが、そんなことを言う人は現われないでしょう）」[28]と記しています。

ピウス九世に謁見

しかし、ローマ滞在の頃のナイチンゲールの手紙からは、ピウス九世への熱狂的支持が読み取れます。彼女は、一緒に旅をしていた友人たちとともに、ピウス九世に招待され、私的に親しく謁見を受けています。その拝謁の時、教皇が政局の緊急対応のために遅刻することになり、予定の時刻が変更されました。そのためにナイチンゲールと彼女の一行は、教皇の私用の居住区で待たされましたが、そのお蔭で一行は、教皇の私生活の一端を垣間見ることができました。ナイチンゲールは、教皇の寝室をそっと覗きました（【引用二-二】を参照）。

ナイチンゲールによると、ピウス九世は、「誠実な宗教者であり、信仰告白を週に一回行ないます」。しかし彼の告白とは、「奉られた聖人の偶像」に告白を聞かせることで、彼がご利益を求めようとするものである、と評していました。教会に対する敬意は「驚くほどに失墜」していました。かつては枢機卿とすれ違う際には「ひざまずいていた人々が、今ではそっぽを向いています」。その間にも、政教分離した新しい政府機関が、教会や聖職者による権力の乱用や虐待の事実を次々と暴露しつつありました。

【引用二―二】
ローマから家族宛の手紙(29)

一月一七日［一八四八年］
サン・アントニオにて

拝啓、家族の皆様
この恥さらしが――などと私を責めないでください。私は今、ピウス九世の敵に囲まれています。このうえ、私の家族のなかにまで敵をつくらなければならないのでしょうか？　ピウス教皇は、すべてに確信が持てるまでは、行動を起こさないで待つべきなのでしょうか？　もしそうなら、彼は決して行動を起こすことができないでしょう？　どんな理由で私たちは、これまで歴代の教皇を譴責してきたのでしょう？　それは、彼らが誰の声にも耳を傾けなかったからであり、愚昧で野蛮で邪悪な道を独善的にずかずかと突き進んだからです。それなのに今度は、人々の意見に耳を傾け、それに従って行動しているピウス教皇を、それを理由として強く非難しています。以前からずっと私たちが抱いてきた切望の一貫性はもはや吹き飛び、ずっと繰り返し反芻してきた切望とともに、どん底に落ちてしまった、と私は思います。
ピウス教皇は、ナポレオンほどの判断力の持ち主ではありません。私はそれをよく知っています。しかし、人が人として一貫性を保つためには、人以上であるか人以下であるか、どちらかであるしかないのです。そして今のピウス教皇については、例えば彼にはまったく関心がない人々がおり、そのことが彼のありのままの姿を映し出しています。

彼の第一の念願は人々の幸福です。これが彼の《本当》の熱烈な《追求》であることを皆が認知すべきです。ただし、一つ前提条件があります。何だと思いますか？　それは、英国で英国人が実現しているように、彼がここでプロテスタントに転向するようなことは、まず望めないということです。そうでしょう？

皆様にサント・パードレ（聖なる父〔のイタリア語で、ここではローマ教皇を指す〕）の〔教皇庁内私邸の〕祈禱室の様子を紹介しましょう。初めて私たちが謁見を受けに行ったとき、教皇は、何やら騒動があったようで、急に外出しなければならなくなりました。私たちは、すでになかに入っていたわけですから、退出するまでの間、何かをして時間を過ごさなければならないと思いました。そこで私は、祈禱室を見せてくださるようお願いしました。ここは教皇がいつでも自由に出入りなさる部屋ですから、こんな機会でもないかぎり見ることはできなかったからです。祈禱室は、それは最高に素敵で快適な小さな部屋でした。——中央に教皇の小さな椅子が一つあって——すべてがまだ後片付けされていず、教皇が部屋を出られたときのままでした。一つの椅子には本が積み重ねられていて、そのうちの二冊は手垢がついていて、あちこちのページの隅が折れてよれよれの、黒い背表紙の分厚い聖書でした。そしてほかに二、三冊の本、祈禱書、さらにギリシャ語の聖書と思われる薄い小さな本がありました。それらの見かけや匂いからは、いつもここに人が住んでいる気配が感じられました。

大きな明るい窓が二つ、祭壇はきわめて質素で造花や飾り付けなど一切なく、背後にグイド・レーニ作の大きな受胎告知画がありました——もう一方の壁には聖母が描かれ、彼女は布を縫っており、縫い方を習おうと覗き込む両脇の天使たち——天使たちはそれを習い覚えて聖母を手伝おうと、じっと見入っています。丸天井にはパードレ・エテルノ〔永遠の父（＝神）の意のイタリア語〕、見上げる天使たちの光輪、乙女が祈り、族長や予言者たちが片隅に。これらはすべてグイド・レーニの最高傑作でした。

フラミンゴのような真っ赤な服装のカメリエーレ〔教皇付きの侍従〕が私たちを迎え入れてくれたのですが、彼は私たちをつかみ出さんばかりの恐ろしい形相でした。なぜなら、そこに教皇の私室に通じる扉があったからです。にもかかわらず私は、祈禱室に入るなり、教皇の私室を覗いてじっくりと観察しました。明らかに、教皇がついさっきまでそこにおられた気配でした。この部屋こそ、彼が自己の良心との葛藤（五十五歳にして彼が半白髪の老人なのは、これが原因です）や猜疑心や難題のかずかず（野生の馬二頭で、この誠実な人を股裂きにするようなものです）から避難できる場所なのです。教皇は誠実そのものなので、良心に欠けたあの二人のナポレオンのように〝平然として〟はいられないのです。

この部屋で、教皇は光明を祈り、この部屋で、あの受胎告知画の美しい天使が彼を見下ろすのです。彼が謙虚で希望に満ちた聖母マリアの御言葉を忘れないでいるかぎり、すべての疑いが払拭されると感じる日が来るのです。恐れも躊躇も消え去るのです。私は確信していますが。教皇が唱えられたように「見よ、主の僕よ」と真心から唱えることができる者は、「貴方の御言葉のとおりになりますように」と唱えられるようになり、あらゆる不安がその〝言葉〟のとおりに取り除かれ、神の御意志は私たちに何を求めているのかを見極められずに、結局は自分の本来の意志に従っていないのではないかと感じてしまう、そのような恐怖がすべて取り除かれます。ピウス教皇の知性をもっと賞賛してもよいと思います。彼が不安に苛まれていないのであれば、彼への同情は半分もいらないでしょうが。でも私は、天使が彼にも平安をもたらすことを信じます。私は教皇の小さな祈禱室を拝見できて、とてもよかったと思います。

聖スピリト病院視察

ナイチンゲールは、ピウス九世がサン・スピリト病院〔ヴァチカン近郊にある七二七年創設のヨーロッパ最古の病院〕を抜き打ちで視察し、その病院運営に改善を命じたことを高く評価しています。教皇は、病院当局がずっと改善に努めてこなかったことを知りました。ある看護職員に至っては、経費節減のために、薬や食物を医師からの指示量の半分も患者に与えていなかったことを認めました。ナイチンゲールはその病院をエリザベス・ハーバートとともに訪れたことがありました。その病院での実地の看護体験は許可されませんでしたが、淑女としての公式な病院訪問と、案内者つきの見学は許可されました。彼女は、自分の高貴な身分の特典と、自分が女性であることの特典とを、最大限に利用しました。

地質学者に会う

ナイチンゲールは、穏健派政党の指導者でローマ・ラ・サピエンツァ大学〔ローマ大学サピエンツァ校〕の教授であるオリオーリと会ったときの感想を伝えています。その時、教授は地質学の講義をしていましたが、「このローマで、あえて地質学に取り組む最初の人」と書いています。彼は〝賢明にも〟、講義の冒頭で、〝慎重に始めて大胆に続ける〟という聖アウグスティヌスの言葉を引用しました(30)。

システィナ礼拝堂を見学

ローマで、ナイチンゲールは、ブレースブリッジ夫人とともに、システィナ礼拝堂を自分たち二人だけの貸し切りで参観見学するという滅多にない待遇を受けて、ある日の午後を過ごしたことがありました。ナイチンゲールは何度も礼拝堂を訪れ、狂喜の報告を家族に送っています。その天井壁画はまさに天空の囲い込みの第一級作品で、〝超自然の極限〟に立ち、理性ではとらえることのできないものでした。それは、創造主による天地創造にまつわる、創造主の精励と奮闘を再現しようとする、一つの再現芸術なのでした。

カヴール首相を評価

ナイチンゲールは生涯、イタリアの政情を興味深く見つめつづけました。

彼女は、一八五二年に新興のイタリアの国家〔サルデーニャ王国〕の首相〔後にはイタリアを統一してイタリア王国の初代首相〕となったカヴール伯爵を高く評価していました。「カヴールはイタリアに二千六百万人の王国を築いた真の創建者です。一八五九年、オーストリアによる支配が撤退するや否や（この時、カヴールはルイ＝ナポレオン三世と手を結び、オーストリアに対抗した）イタリア各地の狭量な独裁政権のすべては、それぞれの国民の憤りの前に倒れたのです。カヴールはピエモンテ〔イタリア北西部の州〕をイタリアの政治改革のモデルとし、それを基盤に、政治的自由解放の拠点に築き上げたのです(31)」と評しています。一八六一年六月にカヴールが死んだとき、ナイチンゲールにその報を電報で伝えたのは、彼女の友人シドニー・ハーバートでした。その電文には、「これこそ私が生きたかった人生。これこそ私が死にたい死です」と、ハーバート自身による所懐が書き加えられていました。この所懐を引用して、彼女は仕事仲間の一人に、ハーバートがこのような願望を持っていたことを伝えています。――シドニー・ハーバートは、この所懐の後、たった七週間で亡くなったのです。ナイチンゲールは父に、カヴールの死は「まさに英雄的な死です。その栄光と成功の絶頂での死であり、最期の時まで仕事に励んでいたのです」と、その想いを語っています。さらに彼女は、カヴールが受けていた医療は酷いものであったことを指摘しています。義理の兄〔ヴァーネイ卿〕には、カヴールの死は〝ヨーロッパで最も価値ある生命〟の喪失、と言っています。彼の生命は、山腹の岩石をつなぎ止める綱でした。今や、その綱は切断されました。その後を継ぐ者は誰もいない……、のでした(32)。

革命家ガリバルディ

一方、ガリバルディ〔同時代のイタリアの革命家〕についての彼女の評価は、あまり芳しくなく、善人ではあるが単純で騙されやすい、というものでした。彼が率いた義勇軍は、正規軍に対してまともに戦えませんでした。「ガリバルディが集めた志願兵は、ゲリラ戦ではよく戦いましたが、正規戦では、正規軍のなかでも最も弱い正規軍にさえ歯が立ちませんでした」[33]。彼は裏切り者たちの手中で泳がされていました。「彼に何ができたでしょう？」。ガリバルディはCœur d'or vraie tête d'écolier［金の心なれども小学生の頭］の持ち主でした[34]。

ガリバルディの訪問

ナイチンゲールが、ガリバルディの訪問を承諾したことがあります。一八六四年、彼は意気揚々とロンドンを訪れたのです。彼女が念を押したのは、その訪問は絶対に前もって発表されないこと、そしてお忍びで来ることでしたが、どこからか情報が漏れた結果、彼女のもとに〝三百通の手紙〟が押し寄せました。訪問の前日、彼は蒸気機関の製造工場を見学していたので、蒸気機関への言及が以下の手紙のなかに見られます。ガリバルディとの面会の準備にあたって、ナイチンゲールは、〝将軍様の叔母さんとして〟どんな話ができそうかをフランス語で書き留めました。「まあ！　貴方は、たった五年でイタリアを統一されたのですね。まず五百年はかかる仕事でしょうに。貴方は奇跡を達成されたのです。しかし、将軍様、たとえ貴方でも五分で蒸気機関を組み立てることはできません。ところがイタリアは今、昨日ベッドフォード〔英国中部の都市〕で見てこられた蒸気機関の組み立てのような強固な統合を必要としているのです」[35]と書き留めています。

革命家マッツィーニ

マッツィーニ〔同時代のイタリアの革命家〕については、一八七二年、ナイチンゲールは次のように論評しています。「彼の〔国民への〕影響力が、

> どれほど残っているかは別として、彼の懸命の努力が、結局、国家の真の利益を損なうものであったことは確かです。［彼の人生は］無目的なのです。少なくとも目的とは《手段と結果とに合致するものである》とするならば……です。彼の二十年に及ぶ活動は、何一つ産み出しませんでした。一八四八年から四九年にかけて、彼はイタリア人の成功と統一をかえって制止してしまいました。完璧な社会組織という理想の形式に拘泥するあまり、現実の進路を見失ったのです。薬を与えないうちに回復してしまった患者に対して憤慨する医師のような、これが、イタリアとマッツィーニとの関係なのです」と評しています。[36]

マルクス・アウレリウス

まだ少女の頃から、ナイチンゲールは壮大なローマの古典に強い刺激を受け、なかでも、皇帝マルクス・アウレリウス・アントニヌスの著作に感銘を受けました。彼女はとりわけ、彼の著書『自省録』のフランス語訳に惹かれていましたが、同書から引用して、彼とガリバルディとを比較しています。

> 私が思いますに、マルクス・アウレリウスは、純粋性においてガリバルディと並ぶ人ですが、それに加えて行政手腕（ガリバルディにはそれが欠けています）を持ち、さらに加えて、

押し寄せてくる波濤を自分の頭上に躱すような柔軟性を備えた、そのような人物です。そして、その柔軟性こそ、自分の理想を政治に実現しようと闘う思想家や哲学者たちの誰もが、常に運命として受け容れなければならないものなのです。マルクス・アウレリウスは、その個人教師ルスティクスに〝《純粋に》思索的なものから〟自分を救い出してくれたことに感謝しています。彼は〝自分の言葉のすべてが壮大な真実を語る〟よう、自分に言い聞かせました。彼は（自分自身に向かって）言っています。「汝、朝の起床の辛きときは、汝自身に言い聞かせよ、『我は起床して人たるの責務に服さんとす。汝、汝の（さらに上なる）自然〔造物主〕の求めを喜ばざれば、汝自身を愛するにあらず。腕よき職人においてなお、己が仕事に寝食を忘るることあり。己が身の苦楽、何ぞ公共の利害に勝ることあらんや？』と」(37)。

人生極致の思考

ナイチンゲールはさらに、こうしたマルクス・アウレリウスの箴言と、〝自己愛〟を打破して自身を〝憎む〟ことを命じるキリスト教的訓戒とを比較しています。彼女には、この（異教徒である）ローマ人の、より自己肯定的な考えのほうが受容できました。すなわち、人間は《人間の救済のためにこの世に送り込まれてきた》のです。これこそが、ナイチンゲールにとって〝人生の極致〟なのでした。すなわち、「『自分の内なる神に《人間としての自分》を差し出せ。神の命あらば即座に、市民、皇帝、兵士とを問わず、それぞれ自分の職分に応じて自分を差し出せ』とあります。職業や職分は神から与えられたもの。人間にとって、自分の職業や職分以上に人生の真実たるものがありうるでしょうか？」と考えていたのです。

思想を行動に

マルクス・アウレリウスは、思想を行動に移さない哲学者たちを〝子供たち〟と呼びました。そして「プラトンの『国家（Republic）』に希望を抱くなかれ。汝、何ごとかにおいて幾許かの進歩をもたらすことにこそ満足を求めよ」と記していますが、これはナイチンゲールが生涯、自身の活動の拠り所とした格言でもありました。もっとも彼女は、ガリバルディを説き伏せて、このようなありふれた改善に着手させることはできませんでした。ガリバルディは亡命者として英国で数年過ごしており、英国の政治制度に理想を見ていました。ナイチンゲールには彼の気持ちがよく理解できました。一八八〇年の総選挙の期間でしたが、彼女は義理の兄〔ヴァーネイ卿〕に「私は、ガリバルディと同様、国会議事堂の前を涙なしには通れません」と語っています。[38]

三、女性論と家庭論

女性の自立と看護職

ナイチンゲールは、女性も、男性と同じように、持って生まれた能力を伸ばす権利を持っていると考えていました。それはつまり、完全を目指して自己の持てる能力を高める権利ということでした。彼女は、同時代の女性たちとは違って、女性には女性に課せられた役割があるという伝統的な考え方をよしとしませんでした。それでいて、女性たちには、医師になるよりも看護師になることを勧めた彼女でしたが、それには現実的な理由がありました。当時の女性たちは医学校に入学できるほどの基礎教育は受けていませんでしたし、また当時の医学界に見られた女性に対する偏見は手に負えそうにないほど根強かったからです。西欧社会において医学部に入学する女性が多く見られるようになるまでには、まだ一世紀も早かったのです。それに、当時の医学はまだまだ未熟で、その治療法といっても、かなり限られていました。それよりも、看護専門職というまったく新しい道を拓くことによって、自立を目指す女性たちに、収入のよい職をもたらすことができると考えたのでした。

性基準は男女平等

ナイチンゲールは、当時の社会に広く浸透していた性についての二重基準〔性行動について男性より女性に厳しい基準を設けることなど〕に対して頭から否定的でした。彼女が受け容れ難かったのは、男性と女性とはその性的衝動において根本的に異なる存在であり、それゆえに、妻と離れて暮らす男性は誰かほかの女性を求めざるをえない、という社会通念でした。これなど、陸軍が売春を大目に見る恰好の口実でした。男性も女性も、性の誠実を尽くすことにおいて平等であり、品行の本質において男女差はない、と彼女は確信していました。

一方で厳しい女性批判

このようなナイチンゲールでしたが、一方では、女性に対する厳しい批判も多くありました。女性は、目前に置かれた機会、とりわけ看護という職能については、その機会を何一つ活かそうとはせず、みすみす逃してきた、と彼女は感じていました。彼女は、クリミア戦争からの帰還後、志ある男性たちの集団と仕事をともにしましたが、女性と組んで仕事をすることはありませんでした。ナイチンゲールは、女性たちは政府各省の大臣の名前にも疎く、陸軍の軍人階級についても無知で、どの教会に主教がいるかさえ知らない、そうした、年鑑をちょっと開けばわかるような知識すら持っていないと嘆いています。ナイチンゲールは、愛を渇望するような女性、すなわち寵愛されたい欲求はあるが他人への《思いやり》には欠けるような女性に、非難を向けました。

周辺の女性たち

ナイチンゲールは一八六一年に自分は学校の一つも残せなかったし、自分の仕事に女性たちの支持を得ることもできなかった、と嘆いています。それは一面の真理であったにしても、あまりにも時期尚早な自己評価でした。当時、彼女と好誼があった女性たちは、いずれも世に優れた女性たちでしたが、彼女たちといえども、医師のサザランド博士や、ファー博士や、上下水道技術者のロバート・ローリンソンや、公衆衛生の専門家のエドウィン・チャドウィックなどの男性たちのように、彼女の仕事の協働者にはなりえませんでした。女性の友人や親戚たちは、ナイチンゲールに深く共感し、彼女をよく援けましたが、その彼女たちにでさえ、協力し合って組織的に彼女の仕事の支援に当たるという動きはありませんでした。例えば、家族ぐるみの友人セリナ・ブレースブリッジ、メアリー・クラーク・モール〔パリに社交サロンを設けた英国社交界の名士：マダム・モールあるいは〝クラーキー〟という呼び名で知られています」、ローマで彼女に助言を授けたサンタ・コロンバ尼院長のロール、従妹で画家のヒラリー・ボナム・カーター、友人で仕事仲間だったエリザベス・ブラックウェル博士〔米国史上初の女性の医師〕、クリミア戦争で看護活動をともにした修道院長のメアリー・クレア・ムーア、そして作家ハリエット・マーティノー〔女性初の社会学者としても知られています〕、などの顔ぶれです。しかしやがて、ナイチンゲールの周囲から、彼女が尊敬を惜しまないほどの女性たち、彼女と緊密に連携しつつ仕事に取り組む女性たち、とりわけ看護界の指導者となる女性たちが世に送り出されることになります。彼女はずっと、看護を女性が主導する職業として想い描いてきました。

サザランド博士夫人との親交

ナイチンゲールは、仕事のうえで、サザランド博士に対して激昂することもありました。それは、二人の間の交信文書のかずかずによって窺い知ることができます。しかし、あまり知られていない事実ですが、ナイチンゲールとサザランド博士夫人との間には、親密で深い交流がありました。彼女は同夫人を〝私の親しい夫人たちのなかでも最高の夫人〟と讃えており、サザランド博士夫人もまた、晩年に、ナイチンゲールとの交流を回顧して「貴女の愛と優しさを、貴女に出会ってから片時も途切れることなく、心の底でどれほどに強く感じていたことでしょう。神が、いつも貴女を祝福し、貴女の愛と思いやりを何千倍にもして、祝福を受けるべき者の祝福として、貴女の身に注がれますように」と記しています。この私信は「貴女への親愛と感謝とを永遠に」と結ばれています。

共感し支持した女性たち

ナイチンゲールは、普仏戦争〔一八七〇年から七一年の、プロイセンとフランスとの戦争〕におけるキャロリーヌ・ヴェルクナーによる救済事業に深く共感しました（後にナイチンゲールは、遺言により、遺産の一部を彼女に託しました）。エジプトや南アフリカで紛争が繰り返された一八八〇年代、エミー・ホーソンはさまざまな不正を糾弾する報告書を提示しましたが、ホーソンの強い正義感にナイチンゲールは勇気づけられました。後に、アリス・ストップフォード・グリーンがケンブリッジ大学ガートン校の学長候補となった際にも、そこには友人として助言をするナイチンゲールの姿がありました。また、ナイチンゲールはアンヌ・ジェミマ・クロフの事業を支援しました。それは女子教育振興の事業であり、後のケンブリッジ大学ニューナム校の創設につながりました。さらに彼女は、ジェーン（ナッサウ夫人）・シニアが女性として最初の救貧法査察官に任命されたとき、シニアを支援しました。シニアはナイチンゲールと思想を共有する社会改革家でしたが、思想においては、夫で政治経済学者のナッサウ・シニアとは真っ向から対立していました。

ナイチンゲールはまた、アデリーヌ・ポーリナ・アービィと交友を保ちながらも、彼女に対して不満と焦燥を感じていましたが、それはアービィには事実を軽視する傾向が強かったからです。にもかかわらずナイチンゲールは、アービィが組織的なボスニア救済事業を起こした勇気を絶賛していました（ナイチンゲール自身もこの救済事業に貢献し、後に遺言によりアービィに遺産の一部を託しました）。さらにナイチンゲールは慈善事業家オクタビア・ヒルを高く評価しています。ヒルの事業により、貧民の住宅改善が推進されました。

活躍する親族の女性たち

ナイチンゲールは若い頃から、自分の親族のなかに、せっかくの才能を持ち腐れさせている人たちを見てきました（とりわけ従妹のヒラリー・ボナム・カーターの画家としての才能がそうでした）。しかし後には、親族の女性たちの才能が開花します。普仏戦争におけるエミリー・ヴァーネイ〔彼女の姪〕の活躍をはじめ、田園地方の衛生改革におけるマーガレット・ヴァーネイ〔彼女の姪〕の活躍、ケンブリッジ大学ガートン校を出て、夫とともに男女共同参画運動に携わったロザリンド・ショア・スミス〔彼女の甥の子〕の活躍などです。ナイチンゲールは、きわめて広範に、多くの女性たちと交流を持ちましたが、その絆は心情面のみにとどまらず、実際的な事業や運動への連携に至るものでした。彼女は二世代にわたって、看護師たちの指導者かつよき友人であり続けました。それは母国のみならず、アメリカやカナダや全ヨーロッパなどにも及びました。長年にわたり彼女は、看護師たちと交わす書信から、より多くの情報を収集していました。それでいてナイチンゲールは、看護師たちが精神の拠り所とした揺るぎなき指導者であり、彼女たちは、艱難辛苦に遭遇した折には彼女の助言と励ましを求めたのでした。

女性の医師への道

ナイチンゲールは、女性が医師になることの賛否について、微妙な立場にありました。一八五九年、彼女は、エリザベス・ブラックウェルのために、ある著名な医師との面談を仲介しました。ブラックウェルに、医師としての生涯活動に関して助言を受けさせるためでした。後年、ナイチンゲールは、女性が医師になることを公然と支持しました。しかし彼女は、エリザベス・ブラックウェルの妹エミリー・ブラックウェルが英国で初めての女性医師になろうとすることに慎重でした。女性として最初ということが、その初志を貫徹（かんてつ）するためには、いかなる重圧に耐えなければならないのか、いかなる犠牲を払わなければならないのか、ナイチンゲールには身に滲（し）みてわかっていたからです。一八七七年、ナイチンゲールはロンドン大学の医学部長に宛（あ）てて、女性の入学を支持する書簡を送りました。それでもなお、彼女は、女性の医師には、助産の領域や女性や子供たち専門の病院での診療を主とする、特別な研修が望ましいと考えていました。

新女性病院の開設

ナイチンゲール看護学校は、新女性病院の開設にあたって、総看護師長（マトロン）エリザベス・ギャレット・アンダーソンのもとに数名の訓練看護師をつけて派遣（はけん）しました。ナイチンゲール自らは、五十ポンドを設立基金に寄付しました。ギャレット・アンダーソンが亡くなったとき、その病院は彼女の栄誉を称（たた）えて〝エリザベス・ギャレット・アンダーソン病院〟と名称を変えました。

インドでは女性医師が必要

ナイチンゲールは、とりわけインドには女性の医師が必要であることを強く感じていました。インドの因習には、女性が男性の医師の診察を受けることを禁じる掟（おきて）があったからです。女性は重病になっても、この掟を破るくらいならば、死を選んだのでした。ナイチンゲールは、インドの女性たちのために女性の医療助手をインドに送り込む運動を支援しました。後に〝ダフリン卿夫人基金〟として知られるようになる〝インドの女性のための医療支援王立協会〟を通じての支援でした。ヴィクトリア女王が自ら、インド総督夫人であるダフリン卿夫人に委託して、この事業を推進していました。

ナイチンゲールは、英国人として初めてインドで臨床医療に従事した女性医師のメアリー・シャーリーブ博士による事業の発起人となりました。同医師は、最初は（夫とともに過ごした）マドラス（現チェンナイ）〔インド南東部タミル＝ナドゥ州の州都〕で訓練を受け、後にロンドンやウィーンで教育を受けていました。

ナイチンゲールの最期を看取った医師メイ・ソーン博士も女性でした。ナイチンゲールの死亡証明書に署名したのは別の女性医師ルイーザ・ギャレット・アンダーソンでしたが、彼女はエリザベス・ギャレット・アンダーソンの娘でした。

売春の背景を重視

売春や売春婦についてのナイチンゲールの見解は、当時にあっても今日においても、一風変わっています。彼女もまた、売春は不道徳であるととらえ、売春婦を保護する〝救済事業〟を支持してはいました。しかしナイチンゲールは、売春という性的不道徳そのものを重い罪とは見ませんでした（それよりむしろ、上級行政官たちの無能と無関心のほうがはるかに重い罪なのでした）。彼女が問題にしたのは、女性を売春へと追いやる要因であり、そのなかには、家庭内での女性への暴力と経済的締め付けという要因も含まれています。長年にわたってナイチンゲールは、売春婦に対する強制検査と強制治療に異議を唱え、そして売春斡旋業者の追及のほうこそ先決課題であると唱えつづけました。

性病対策

彼女は、遅くとも一八六〇年には、梅毒の蔓延により陸軍が相当数の兵士を失っていることに気づいていました。一八六二年、彼女は、陸軍当局に、売春の疑いがある女性たちに検査と強制治療を課す法律を作ろうとする動きがあることを知りました。彼女はいち早く、政治の裏舞台で、その法案の成立を阻止しようと働きかけました。しかし法案は成立し、伝染病条例として一八六四年に施行され、後には適用範囲が拡大されるに至りました[39]。ナイチンゲールは、作家ハリエット・マーティノーを説得して、この法律に反対する論説を発表させました。これは自由主義派の新聞デイリー・ニューズ紙に掲載されましたが、それは、保守派のタイムズ紙の同法支持の報道に反論を加えるものでした。請願書が一八六九年十二月三十一日付のデイリー・ニューズ紙に発表されたのが契機となり、同法案の廃止運動が起こりました。ナイチンゲールとマーティノーの署名に続いてジョセフィン・バトラーが署名しています。やがてバトラーはこの廃止運動の指導者となった女性です。この運動は一八八六年にようやく成功に至ります。ナイチンゲールはこの間の年月も（目立たないように配慮しながらも）支援活動を続け、国際的な運動をも呼び起こして同法の廃絶に結び付けました。

四、『思索への示唆』について

そもそも神とはいかなる存在でしょうか！
弱い立場に立たされている人間の、
その罪を常にとがめ、常に追及してやまない……、
誰がいったい、このような神を
希求するでしょうか？
我々人間が絶えず神を称(たた)えていさえすれば、
神は満足なさると言うのであれば(40)……、
神は、何と退屈な日々を
お過ごしなのでしょう(41)？

読者を魅了

ナイチンゲールが著わした三巻本『思索(しさく)への示唆(しさ)』は、世紀を超(こ)えて読者を魅了(みりょう)してきました。それは、彼女が生存中で限られた人々しか読めなかった時代から、同書の一部抜粋(ばっすい)が公刊されて多くの人々が読めるようになった時代にまで至っています。執筆の始まりは一八五二年にまでさかのぼりますが、この時は彼女の人生において希望の見えない日々

の只中であり、彼女はまだ職業に就くことを許されておらず、一八三七年に〝神のお召し〟を受けながらも、それに応じることがかなわない年月を重ねていた頃です。その後、一八五八年から六〇年にかけて同書を書き終えた彼女が、分厚い三巻の本として私家出版したのは、一八六〇年のことでした。

四つの主題

この『思索への示唆』は、四つの主題について、それぞれのその詳細な展開から成っています。第一の主題としてナイチンゲールは、完全で公正で聡明でかつ慈悲に溢れる神の本質を、理路整然と描き出しています。しかしそれは、彼女が属する教派をはじめ、キリスト教の各教派の多くが、決まって描く神の典型とは、真っ向から対立する神でした。すなわち、報復と怒りと懲罰に満ちた神、ゆえに不公平で、完全からは程遠い神、そのような神ではありませんでした。英国の労働者階級の大半がキリスト教の教会を見捨てて、神の存在を信じなくなってしまったのは、教会によるこの種の神のとらえ方に起因すると、ナイチンゲールは考えていました。神がいかに公正で敬愛されるべき存在かを啓発することによってのみ、労働者階級は信仰を取り戻せるであろうと、彼女は確信していました。彼女が読者層として想定していたのは、優れた技術を持つ労働者階級であり、「アルチザン（〝腕のいい職人〟を意味するフランス語由来の語）」と彼女が呼ぶ人々でした。読者層として彼らを想定していたことは、同書の正式な題名からも明らかであり、それは『英国のアルチザンで真理を探究する人々に捧げる思索への示唆』でした。政治哲学者ジョン・スチュアート・ミルの進言により、この題名は第二巻および第三巻では『信仰の真理を探究する人々に捧げる思索への示唆』と改題され、〝アルチザン〟は外（はず）されました。

提示する神

ナイチンゲールが指摘するとおり、国勢調査の結果からも、これら労働者たちのほとんどが教会に足を運んでいないことは明らかでした。なかにはオーギュスト・コント流の〝人類教〟に関心を向ける人たちもいましたが、ナイチンゲールはこれに否定的でした。もっとも、コントが唱（とな）える社会科学における実証主義には彼女も賛同していました。彼女が考えた解決策は、心から敬（うやま）うことのできる魅力ある神を提示することであり、迷信や奇跡や復讐の神ではなく、互いに協力し合ってよりよい社会を創造するように人類を導く、慈愛の神を明示することでした。

第二の主題

第二の主題は、ローマ・カトリック教会と彼女自身が所属する英国国教会との比較であり、完全に前者に心を寄せるものでした。ローマ・カトリック教会は信者に対して、最小限ではあっても、信者としてのあり方を厳（きび）しく求めていましたが、英国国教会にはそれがまるでありませんでした。おそらくはそれゆえに、ローマ・カトリック教会は、英国国教会に幻滅（げんめつ）した信者たちの改宗に成功しており、現に、ナイチンゲールの友人や知人のなかからも改宗者が出ていました。とは言うものの、ローマ・カトリック教会にも欠陥（けっかん）がありました。それは、教義に対して無批判かつ絶対服従を要求しており、しかもそれは理性を根拠としたものではなく、権威による押し付けなのでした。どちらの教会も神の奇跡を説きましたが、ナイチンゲールの目には、どれもこれも完全な作り話でした。ローマ・カトリック教会に至っては、例えば、イタリアのロレートの町の聖堂となっている建物は、ナザレ〔イスラエル北部の町〕からイエス・キリストが暮らした住処が空中を飛翔してきたものである、などという類の奇跡話をかずかずと作り出す有り様でした。さらに、ローマ・カトリック教会に対する批判は、自己卑下や自己否定や禁欲といった戒律にも向けられ、とりわけ修道会における過剰なまでの戒律の強制に向けられました。ナイチンゲールを愕然とさせたのは、大半の教会が説く、洗礼を受けていない幼児は、彼らは生まれたくて生まれてきたわけではないのに、永遠の業火に焼かれる、という教義でした。

第三の主題

第三の重要な主題は、ナイチンゲールと同階級の女性たちの抑圧された状況についてでした。英国の特権階級として教育を受けた女性たちが、それぞれの才知を活かすことを許されたならば、どんなにか人類社会の向上に大きく寄与できたことでしょう。にもかかわらず、これら女性たちは、華麗で贅沢ではあっても、退屈きわまりない日常に閉じ込められ、家族や限られた知人たちとの間でしか交流が許されませんでした。結婚は、家庭にある娘たちにとって唯一の逃げ道ではありましたが、危険な賭けでもありました。というのは、女性には結婚の自由はありませんでしたし、有望な夫に巡り合おうにも可能な選択の幅が限られていたからです。『思索への示唆』の何ヵ所かで、この息の詰まる生活が詳述されていますが、とりわけ『娘の理論について』と題した小論、それに『カサンドラ』〔ギリシャ神話に因んだ表題〕と題した怒りの噴出の一章がよく知られています。

この憤怒のこもった著述では、女性の大多数を占める一般の女性たちや、労働者階級の女性たちについては触れられてはいません。もちろん後には、これら一般の女性たちが置かれた状態の改善について、ナイチンゲールが多大な時間を割いて思いを巡らせることとなるのですが……。いわば、この『思索への示唆』は、多分に、ナイチンゲールの私的な色彩が強い作品なのです。

第四の主題

第四の主題は、先行する三つの主題から導かれるものであり、人は誰もが、神に召されており、よりよい世界を築いていくために神とともに働くように運命づけられている、という強い主張です。この確信に、ナイチンゲールの心底からの天性の民主主義が現われています。神は、社会階級や教育の有無にかかわらず、いかなる人をも招き入れるからです。人は誰も、互いに協力してよりよい社会を創造しうる存在です。彼女の言葉で表現すると、〝聖徒〟に満ちた世を地上にもたらすのです。人々の大半が絶望的で不幸な日常を生きていることを、ナイチンゲールはよく認識していました。

それゆえに、〔神の定めと向き合うために〕自由な永遠の生命を信奉する彼女には、信仰の支えとなる哲学思想が自己の内に芽生えました。この世の窮状や惨状は、公正なる神の予定によるものであるはずがないからです。将来に向けて成長と変革と幸福への可能性を追求することにおいてのみ、世の大多数の人々の実生活における惨状は、神の公正と調和するのです。

平等主義を反映

ナイチンゲールは過剰なまでの平等主義者でした。その熱い思いが彼女の後半生における医療改革〔ヘルスケア改革〕に反映されることになります。本書第五章で論じますが、彼女が目指した医療制度とは、すなわち〝貧民階級の病人〟にも上流階級の病人とまったく同じ質の高い医療が施される医療制度でした。彼女はその目標の一環として、悲惨な救貧院を、貧民層の高齢者や慢性病者を懲らしめるための施設ではなく、彼らに医療ケアが施される施設に変えようと改革を推進しました。ここにも彼女の平等主義思想が反映されており、『思索への示唆』においても、その理論づけが随所に見られます。

二点の草稿の存在

活字となって印刷された『思索への示唆』は、重々しい哲学論を第三者の立場から展開していますが、初期の草稿ではまったく違った手法が用いられていました。遺されている二点の小説の草稿は、彼女と同階級の女性の窮状を題材にした物語ですが、女性主人公の理想は保持されつつも、どちらも書き直しの跡が見られ、対話や登場人物の名前などが削除されています。この物語小説はどちらも、完全とは言えず、無駄な会話が多過ぎ、言い回しがくどいところや、形容が過剰なところも多く、ナイチンゲールが愛読した冒険物語からは程遠いものです。しかし、文学による思想表現への批判はさまざまであるにしても、そこにこめられた死に物狂いとも言うべき気迫は力強く伝わってきます。

草稿の主人公たち

物語小説の草稿の一つでは、主人公は三人のまじめな娘たちで、あたかもナイチンゲール家のように、有閑で裕福な暮らしを営んでいました。その三姉妹はそれぞれ、互いに相容れない神についての概念を持っており、名前も役柄にふさわしく、ポーシャ、コルンバ、フルゲンティアと名づけられていました〔名は、女性弁護士・鳩・光を暗示〕。もう一方の物語の草稿はこれよりも短く、登場人物は二人です。それは、悲運の女性ノファリアリと、彼女の兄ファリセオ〔名は、パリサイ人を暗示〕で、三十歳で死んでしまうノファリアリの話をファリセオが語るという仕立てになっています。後者は『カサンドラ』の原型となる物語であり、『思索への示唆』のなかでも最もよく知られている部分です。

この物語の草稿には、果てしない空想、美しい少女たち、魔法使いたちや一人の魔女、幽霊なども登場します。ロマン主義調〔形式よりも内容重視〕で、イタリア風の背景設定が用いられるのは、おそらくは彼女自身のイタリア滞在旅行が影響していると思われます。作風の基調にルネサンス芸術があり、看護師、統計学者、社会改革者、行政官といった無味乾燥な印象とは違った側面のナイチンゲールをここに垣間見ることができます。

草稿とまったく
違う活字版

どちらの物語も、草稿にはあった会話調や美辞麗句の類が、活字になる際には、削除されてしまいました。また多くの引用符や登場人物の名前などが消されてしまい、「ポーシャが言った……」、「親愛なるフルゲンティア、貴女がおっしゃるには……」などが、ただ「……と言われている」というふうに変わっています。草稿では見られた絢爛豪華な背景設定が、活字版の『思索への示唆』ではまったく見られません。〝カサンドラ〟という名前ですら、もともと家庭小説の体裁であったときには〝カサンドラ叔母さん〟であったのが、活字版では本文脇の小見出しと表題に見られるのみで、本文からは消えてしまいました。

原稿では、ナイチンゲールは、自分の神の概念を表出するにあたっても、対話形式を用いていました。ところが活字版は物語の体裁ではなく、登場人物は実在の人物でした。ただし、話の内容は完全に創作です。登場人物は、ジェイコブ・アボット（福音教会派プロテスタント）、イグナティウス・デ・ロヨラ（ローマ・カトリック）、そしてハリエット・マーティノー（不可知論者、ただし元ユニテリアン派）です。わずかながらも、詩人パーシー・ビッシュ・シェリー（より正確には彼の〝哲学的な詩の女王マッブ〟）やプロテスタント改革指導者ジャン・カルヴァンも登場します。オーギュスト・コントは登場人物にはなっていませんが、彼の視点は『思索への示唆』の随所に引用されています。そして、対話形式での主な論者は〝M. S.〟としか記されていませんが、これはおそらくナイチンゲールの叔母メアリー・スミス（メイ叔母）のことであり、この叔母はナイチンゲールの執筆協力者でもありました。その結果、どこまでがナイチンゲール自身の神学論なのか、かなりの異端論者であった叔母のものとの区別がつかなくなってしまっています。もちろん、ナイチンゲールは後には、M. S. が断言していた多くの理念からは抜け出していますが、それは理性が心を支配しているナイチンゲールならば当然の成り行きです。後になってナイチンゲールが、神について看護師たちに語った内容の大半は、『思索への示唆』を執筆当時の彼女なら、強く否定していたことでしょう。

（一）　神を弁護するナイチンゲール

復讐に燃える神

ナイチンゲールに言わせれば、キリスト教会はその教義の核心において、神を、不公正で復讐（ふくしゅう）に燃える神に仕立て上げているのでした。すなわち教会は、「絶対真理の一つとして、神の計画は無数の人間を創造し、彼らの意志の有無にかかわらずこの世に召し出し、彼らの運命として大多数を……果てしなき苦悩へと追いやり、ごく限られた少数者のみに永遠の幸福を与える」ところにある、と定めているのです。

人間の苦悩の意味

人間がこの地上で過ごす時間は、来世において天国に昇るか地獄に堕（お）ちるかを決定するための試練の時間などではなく、また、単に死後に神に統合されるための時間でもない、と彼女は考えます。「人間をして悩み苦しませ、そして再び神に統合する、ただそれだけの目的で、神が人間をこの世に送り出すなどということが考えられるだろうか？　およそ説得力に欠ける推論である。神はなぜ人間をこの世に遣（つか）わすのか？　いかなる目的で人間は苦悩するのか？」と彼女は問い質（ただ）します。神の目的は、人間が、現在においても未来においても、人間としての完全を全（まっと）うさせるところにある。さもなくば、人間の苦悩には何の意味もないではないか。「神の意志と定めとにより、人間は誰しも、人間としての完全を目指す道程にある」と彼女は考えるのでした。

永遠の刑罰を生み出すのは〝復讐〟だけであり、決して〝正義〟からは生み出されない、ゆえにそれは公正な神の意志でありえない、とナイチンゲールは確信していました。「我々が完全と奉ずる神の定めを、どう解釈してみても、それが人間に何の利益ももたらさず、ただ永遠の苦悩を運命づけるだけの定めであるはずがないではないか。何と奇妙なことであろう」と彼女は記しています。

神の意志

完全なる神は、そんな無益（むやく）な存在ではありえない。そもそも神への〝崇拝（すうはい）〟は、〝東方（オリエント）の国々〔古代エジプトやメソポタミアの国々〕の独裁支配〟の時代にさかのぼる、とナイチンゲールは指摘します。人間は、神への崇拝ではなく、神への奉仕の道を探るべきであり、それも、〝共感と理解による奉仕であって、盲従（もうじゅう）による奉仕であってはならない〟のでした。人間は〝神の前に平伏（ひれふ）す、奴隷（どれい）のように卑屈（ひくつ）な服従者〟であってはなりません。「人間が絶（た）えず神を称（たた）えていれば、それだけで神は喜ばれる……、神がそんな存在でありえましょうか。神は何と善に満ち、神は何と偉大なるか……と、唱えつづける人間の声を耳にしていれば、それがただのお世辞であっても、それで神はご満悦（まんえつ）でありえましょうか？」。

奇跡信仰を非難

ナイチンゲールは『思索への示唆』のなかの多くの箇所で、奇跡（きせき）信仰を非難しています。それは、奇跡の証拠に疑問を感じるからではなく、そもそも人間を納得させるような証拠と言える証拠もないからです。奇跡を信じることで神を見つけられると考える人々もいました。しかし〝我々が奇跡を行なう神に神を見たとき、我々は神を見失う〟

のです。イタリアのロレートの町の〝夜中に家や建物を移動させる〟奇跡や、リミニの町に近年起こった〝彫像の目を開けたり閉じたりさせる〟奇跡など、そんな奇跡を行なうような神に、どうして〝共感〟や〝敬意〟を覚えたりできるでしょうか。

必然として、ナイチンゲールは、人々は何かを求めて神に祈るべきではない、という考えに至ります。なぜなら、神は人々が何を必要とするかを知る存在だからです。彼女は、「例えば、もし全能の神への私の祈りが通じて、私がアメリカへ無事渡航できたというのであれば、もはや私は、全能の神を崇拝すべきではない」と述べます。そして、ある草稿に彼女は、「人間の提案や期待に関係なく、神は常に賢明な道を選ばれます」と記しています。

(二)　ローマ・カトリックとプロテスタント

禁欲の実践を嫌う

ナイチンゲールは、ローマ・カトリックの修道会をたいへん高く評価していました。聖書の福音の教えの実践に真摯（しんし）に取り組んでいたからです。しかし、それが禁欲の実践に重きを置くことには批判的でした。「邪悪（じゃあく）を避（さ）けることよりも、善を感じ取り、善を思索し、善を行動に移すことに重きを置くべき」であり、「人間が『禁欲』〈自分に課す苦行〉を考えているとき、人間は自分自身を考えています。自分自身の放念を求めるべきでありながら、禁欲はその本質において自分探しの一手段にほかならないのです」と彼女は記しています。そして、「神と人類に共通の任務をなすことこそ、最も尊い任務なのです」と記しています。

ローマ・カトリックの修道会では、厳しい戒律によって、修道士や修道女は、すべての人々に〝平等の愛〟を注ぐべきことはもちろん、〝自分自身の意見は捨て、他者の意見に対する評価もせず、もっぱら愚者と思われる人間であるよう努めなくてはならない〟のでした。しかし彼女は、人間はそれぞれの能力を現実に即して見定めるほうがよいと考えていました。

告解のあり方

告解〔罪を告白する宗教行為〕のあり方に関して、この頃のナイチンゲールは、――後にはそうでなくなりましたが――、ローマ・カトリックに賛同するところが多くありました。彼女が所属する英国国教会の告解の仕方は、いかに〝ジョン・ブル〔英国を擬人化した名：または典型的な英国人を指す名〕らしく、きわめて事務的で、簡単明瞭にしてかつ味気のない〟ものでした。すなわち英国国教会での告解は、「汝はここに掲げたる罪状のいずれかを犯せしや？」と問いかけられ、「ならばここに罪を悔いよ。さらば汝は赦さるべし。教会はその経緯や詳細の糾問は行なわず」と告げられる……それだけで終わりましたが、ローマ・カトリック教会では、人々〝それぞれから〟それぞれの告解を聞き取るのでした。「英国人は、それぞれの財力に飽かせて多くを得たがります。つまり彼らは、礼拝を疲れるほどに長引かせたがります。それは、彼らが催す音楽会のように律儀で誤魔化しや省略は一切なく、家に帰り着けばあくびが出るほど退屈です。しかし、それぞれの財力に応じて得るものは得るでしょう。だから、彼らの告解たるや、すべての罪業を『十把一絡げ』にした告解であり、それに続く連禱に至っては、およそ思い浮かぶかぎりのすべてを神に求め、最後に『人類すべてにお慈悲を……』で結ばれます。そこまで彼らは抜かりなく、神に対していささかの選択や裁量の余地をも与えない」のでした[42]。

知性的な服従を

そもそも、服従のための服従は、ナイチンゲールにとっては屈辱でしたが、大きな事業の成功を担保するためには――あるいは同志たちの生き残りを保証するためにも――多かれ少なかれ、服従はやむをえないことも、彼女は心得ていました。しかし、修道会で求められる類の服従は、およそ人間固有の性に反し、人間の本質に逆行するものです。看護の実践場面において、看護師が医師の指示に忠実に従うべきことについては、ナイチンゲールは、〝知性的な服従〟という概念を導入しており、それは、盲目的な服従とはまったく異質の概念でした。

ローマ・カトリックであれ英国国教会であれ、修道会は概して「一人の逞しい知性の者が頂点に立ち、そしておびただしい数の稚拙な者たちが彼（または彼女）に支配されます」。その服従者集団のなかに他の逞しい知性の者が入ってくると、彼は、「追い出されるか、追い出すか、あるいは感覚麻痺におちいるか、そのいずれかの結果に終わります」。だから修道会には進歩がないのです。「優れた知性の人が修道会を創設すると、稚拙者たちは修道会から飛び出してしまいます。歴史において、ある修道会が堅い結束のもとに確立されてしまうと、その後、そこから、発見者、発明者、天才、あるいは人類への貢献者などが輩出されたという例は、ほとんどない」のでした。

物語の架空論争を通しての主張

ナイチンゲールが著わした、ある物語のなかのある架空論争で、聖イグナティウス・デ・ロヨラがローマ・カトリック教会の権威を正当化し、それに対してM.S.が、人間の理性と、人間と神との直接のつながりを主張する場面があります。(43) そこでは、聖イグナティウスは、はたして人間は、その理性と心情と良心とのみによって真実を知りうるであろうかと尋ねます。それに対してM.S.は、しぶしぶながら、私たちは目を病むと物事を見誤る、だからこそ「私たちは情報の根源をいつも健全に保つよう心がけなければなりません」と認めます。しかしそれでは納得できずに、聖イグナティウスは「ならば、あなた方は霊感やキリストの贖罪や救世主としてのキリストをまったく信じないのですか?」と鋭く尋ねます。そこでM.S.は贖罪の教義についてまったく違った観点から返答します。「キリストは、確かに罪人を救済するためにこの世に来臨されて、自らの血によって罪人を清められました。人を罪とその結果から救い出し、人の内に天の国を興し、神を以て人を償わせる、これらは確かにキリストの使命でしたし、キリストはほかにも地上における多くの使命を果たされました。これら使命は今後も果たされていくでしょうし、キリストなしには達成できなかったでしょう」。

人はすべて神聖

プロテスタントのジェイコブ・アボットは、M.S.に、貴女(M.S.)はユニテリアン派なのかと質問を投げます。M.S.は、「ユニテリアン信者は、人は誰も神聖ではなく、誰も神の人間化ではないと言いますが、三位一体論の人たちは、ただ一人だけ、そのような人がいたと言います」と返答します。彼女は、「人はすべて神聖であり」それはつまり「人はすべて神の人間であり、神から霊感を授かっているからです」と主張します。よって、三位一体論者の観点はユニテリアン派よりも「より真実に近い教義」であった、と言うのでした。(44)

権威づけのない信仰に生きる

聖イグナティウスは、M. S. の教会権威の否定に対して「何と、貴女がたが、権威づけのない信仰に生きているとは……！　私はとてもそんな状態では生きてはいけません。いかなる世界にいようとも……」と反発します。M. S. は、ローマ・カトリック信者の人々にとっては権威づけなしでいることは〝空恐ろしい〟ことなのでしょう、とただ同意します。「しかし、私たちも権威づけされています。貴方は神ご自身を権威と呼ぶでしょう？　私たちは容器にしかすぎませんが、神はこの容器を満たしておられます。容器である私たちには、自身を汚すことなく清純に維持する義務があるのです」とM. S. は続けます。この論争はまだまだ続き、聖イグナティウスは人々へのよき方向づけとしての教会の必要性を主張しつづけ、M. S. はそれにことごとく反論します。

本来のキリスト者のあり方

ナイチンゲールは、ローマ・カトリック教会による権威の押し付けを公然と非難しました。それは、人間は誰も自分の理性によって判断することが正しいという思いからでした。しかし彼女は、自由主義者が一般に擁護する〝個人の裁定〟には固く反対しました。〝個人の裁定〟などは、人々の大半がいかに的外れの宗教観を持っているかを示していました。「それは、誰にでも、それぞれ自分勝手に北から南まで鉄道を敷くことを許可するよりも、もっと酷いことである」と、彼女は苛立ちを隠しませんでした。しかし、現代の（いわゆる）「自由の時代には、寛容（何と見当外れな言葉であろうか！）が奨励され、誰もがそれぞれ好き勝手に地上から天国までの道を拓いてよい、というのです」[45]。

ナイチンゲールは、英国国教会の裕福な主教たちの特権階級意識に、とりわけ強い軽蔑の念を抱いていました。イエス・キリストの使徒たちは「物乞いをして各地を巡り、善を施しました」し、〔祈りと瞑想の宗教的生活をした初期キリスト教の〕隠修士たちは「岩山の洞窟で暮らし、俗世に関わらなかった」のに、彼女の教会の主教たちは「紫の揃いの服の従者たちを従えて、馬車で運ばれる。こんな光景は、まるでキリスト教ではありえない」のでした[46]。

科学の根源としての神に従う

ナイチンゲールにとって痛いことに、ローマ・カトリック教会は奇跡について誤った解釈（彼女の見方からすればきわめて誤った解釈）を持ちながらも、彼女をここまで熱心に信仰に駆り立てたのも、ほかならぬローマ・カトリック教会であったということです。彼女の、自然の法則の根源としての神への熱烈な信仰は、揺るぎないものでした。まるで科学書のように、彼女の神は〝秩序と美と善そのものであり、およそ感情にとらわれることのない神〟なのでした。それに比べて、聖テレサ〔十六世紀スペインの修道女〕の神は〝不公正と混沌そのものの神〟でしたが、それでいて〝彼女は恍惚として神に包まれていた〟のでした。「法則の神は、片時も途切れることなく私たちに語りかけています。常に叡智と善を語って止みません。その一方で、聖テレサの神は、折に触れて彼女に語りかけるだけだったし、話の内容は、締まりがなくて不善であることが多かったのです。興味深いことに、科学の神はいささかも感情を露にされませんが、聖テレサの神はとても興奮されています」と彼女は記しています(47)。

(三)　教養ある女性たちへの抑圧

偽善を強制されている女性たち

『思索への示唆』のなかでナイチンゲールは、女性たちは偽善を強制されていると論じます。彼女からすれば、〝苦難を強いられること〟は〝無関心で放置されること〟よりも幸いであり、《痛み》は《麻痺》よりも幸いなのでした。新天地を求めて波浪に呑まれ、もがいて死ぬことのほうが、ただ浜辺に無為に立ち尽くしているよりも、はるかにましです。にもかかわらず、ナイチンゲールのような上流階級の女性たちは、その現実生活において「〝高い理想や寛い慈悲心〟を実現させるために日々を費やすことはなく、晩餐会の話や、家具のあれこれ、庭園の品定めや、貧民たちにスープを届ける類の慈善行為など、そうした話題を巡って、共感の確かめ合いに明け暮れるだけでした。彼女は、「次に現われるキリスト〔救世主〕は、女性であるかもしれませんが」と書いて、畳みかけるように、しかも大袈裟に「その時、我々女性は、はたして、その目の前の女性がキリストであると気づけるでしょうか。いやそれどころか、その女性がキリスト来臨に備えて、人々の心の準備者として遣わされた『キリスト再臨の預言者』ではないかと思うことさえないのではないでしょうか」と、問いかけていきます。

女性と結婚・相続

結婚するか、それとも何か仕事に打ち込んで独身を通すか、という女性にとっての機縁ということは、『カサンドラ』に限らず『思索への示唆』全体を通じて重要な主題となっています。財産相続についても、物語のなかでそれとなく語られており、(ちょうどナイチンゲールを思わせる登場人物である)フルゲンティアという名の娘が、両親が死んでからの相続では、すでに五十歳から六十歳になってしまうので、それまで待たせないでほしいと願っています。実際、ナイチンゲールの父が彼女に定額年金の支給を始めたのは、彼女が三十三歳になる一八五三年のことでした(この草稿を書き終えたあとでした)。父が亡くなったとき彼女は五十歳を超えていましたし、母が亡くなったときには六十歳に近かったのです。なお、同書の活字版(私家版)には、彼女の家族はまったく登場しません。

初めての公刊は一九二八年

ナイチンゲールが『思索への示唆』を私家版にとどめて公刊しなかったことに理由があるとすれば、彼女の苦悩の叫びともいえる『カサンドラ』を公刊しなかった理由はもっと強いでしょう。同書が初めて公刊の出版物に転載されたのは一九二八年のことで、レイ・ストレチーの著による英国参政権運動史の古典『その根源：英国の女性運動小史』（'The Cause': A Short History of the Women's Movement in Great Britain)」のなかの補遺の一編としてでした。(48)

現存する草稿だけからでは、物語の筋はほとんど読み取れません（どれほどの草稿が破棄されたり、散逸したりしたかは、誰にもわかりません）。遺された草稿の最終部分では、ローマ・カトリック教と修道会の擁護者であったコロンバが、ローマ・カトリック教に改宗するだけでなく、〝慈善修道女会〟の修道尼になる決心をしますが、この修道女会は、ナイチンゲールがかつてパリ滞在中に訪問逗留したこともある修道女会でした。この異国風の物語は、ノファリアリの死で終わりますが、これは活字版でも同じ結末になっています。

現存する貴重な草稿

現存の草稿と活字版との違いが比較できるよう、二組の抜粋文を引用しておきます。【引用二―三】は『ある英国人家族の物語』からであり、【引用二―四】は異国風物語の『カサンドラ』の元の結末部分からです。

【引用二―三】ある英国人家族の物語

【未公刊の草稿】

わが娘と私は、一緒に歩いていた。上空には南風が勢いよく吹き、雲一つない大空には太陽がギラギラと輝いて暑かったが、しかし大気は霧のような塵に包まれ、塵を巻き上げる旋風が絶え間なく吹き荒み、苦悩が絶えることのない運命を暗示するかのようであった――少なくともそのようなことを哀れで愚かな私の娘が語っていた。塵が渦を巻いて吹き降り、青々とした草原の、そこに開きかけた黄色い花々の蕾を白く染めていた。「私の人生そのものです」と娘が言った。「風が私の拠り所も希望も計画もすべて吹き倒し、そこに積もった塵で干上がってしまいました。それでもなお、上空には太陽が輝き、爽やかな風が吹いていたのです」と彼女は続けた。

「いったい幾度、私たちの救世主が受けられた試み〔イエス・キリストが悪魔から受けた荒野の試み〕について、私は思いを巡らせたことでしょう」と彼女は回顧し、さらに「それはあらゆる人間の人生の縮図、そして紛れもなく救世主ご自身の人生の縮図なのです。自ら〔悪魔からの〕試みを受けることによって、人生のあり方を使徒たちにお示しになったのです。しかし、高貴で脾弱な精神の人にあっては、救世主の体験を共有することはほとんど不可能に違いありません」と語った。[49]

【活字版】

「イエス・キリストが受けられた試み〔イエス・キリストが悪魔から受けた荒野の試み〕は、あらゆる人間の人生の縮図で、そして紛れもなく救世主ご自身の人生の縮図なのです。自ら〔悪魔からの〕試みを受けることによって、人生のあり方を使徒たちに示されたのです。しかし高貴で脾弱な精神の人にあっては、どのような形であっても、それを話題にすることにさえ、ほとんど耐えられないに違いありません。」

【未公刊の草稿】

これまでに三度、私は人生の大飛躍に挑戦しようと思ったことがあります。最初は、それは十四年前のことでしたが、私は、どうしても大学で男性と同じ教育を受けたいと思い、男装してケンブリッジ大学へ通うことを真剣に考えたのです。その次は七年前で、私は、病院に勤めてそこで専門技術を学び、さらに、そこで学んだことをより発展させて後進に伝える、そのような道に進みたいと強く願ったのです。そして次に、何ごともかなわぬ失意のなか、私の計画はことごとく打ち砕かれたので、私が意を決したのは、よき男性と結婚することでした。

「ではなぜお前は、一つたりとも飛翔へと踏み出さなかったのか?」と私は自らに問うた。

「最初の飛躍へは、私自身に勇気がなかったからです。二度目は、もちろん貴方がたを苦しめないようにと――だから私は諦めたのではありませんか! それで私は一生を犠牲にしてしまったのです……。人生が情熱と活力と生命力にあるならば……、私は六歳の頃からそのことを考えてきました。私は〔貧しい人々のために〕病院をいくつも造った、あの(ジョン)ハワードでありえたかもしれません。このことは、私は思うのですが、何も子供じみた虚栄心から言っているのではありません。ただ私が信じるところによれば、職業というものが、それで喜びに満たされたならば、それは私を浮揚させる天使の翼となり、私は石に足を砕かれることはなかったでしょう。ああ、私がそれを実行していたならば、私は違った人間であったでしょうに。でも、貴方がたにはおわかりにならないでしょう。それを咎めたりなどいたしません。」

【活字版】

女性たちは、時に大飛躍をしようとすることがある。男性と同じ大学教育を受けることを切望し、男装してケンブリッジ大学に通おうかと考えることすらある。女性たちは病院などの施設に勤めて、社会に貢献できる職能を習得し、そこで学んだことをより発展させて後進に伝えたいとも強く望む。それでも、何の「職業」にも就くことがかなわないならば、よき男性と結婚をしようとする。しかし、その男性はたぶん自分を愛してはくれるであろうが、この社会の女性としてのお決まりの人生を女性に始めさせるだけである。

こうした失望はしばしば、女性の一生を犠牲にしてしまう。なぜなら、人生は、情熱と活力と生命力にあるからである。職業というものが、それで喜びに満たされたならば、確実に女性を浮揚させる天使の手となり、女性は石に足を砕かれることはない[50]。

結末の死の場面において、物語形式の草稿と活字版となった『カサンドラ』とでは、大きく違っています。語り手である主人公の兄によると、主人公は〝人生に疲れて〟死んだのです。草稿でも活字版でも、直接の死因には触れていませんが、草稿のほうがより詳細（しょうさい）で、ノファリアリとファリセオの人物背景が詳しく描かれています。

【引用二―四】
草稿による『カサンドラ』の結末[51]

【未公刊の草稿】
この先を続ける前に、〝私〟が誰なのかを語らねばなるまい。私の名はファリセオ。私はいわゆる当世の冷笑家（シニック）〔人間を利己心の塊（かたまり）とする皮肉屋〕の一人であり、利己心の塊である自分を公然と告白し、この時代性の貧困なることに同意し、このような告白者に対する受容を説き勧（すす）める。これは何も、悲哀心（ひあいしん）からでも鍛（きた）え抜かれた忍従心からでもなく、ただそれに羞恥（しゅうち）や苦痛を感じないというだけであり、何のわだかまりもない私の健全な精神の所産である。私は、哀れなノファリアリの兄であり、彼女が私に語ったとおりを伝えている。それはある日のこと、私は彼女が人生における幸せをまだ見つけていないことを咎（とが）めたのであった。私も彼女の同世代人も皆それぞれに幸せを見つけているのだが、彼女からすると、私が彼女の人生がいかなるものであったのかを知らないのだと言った。彼女は自分の人生においては、幸せを見つけることもできたし、幸せを別の幸せに換(か)えることも可能であった、と答えた。私は彼女との対話のいくつかを記録に残したが、それは、その対話が、彼女に死が訪れる少し前のものだったからである。何と哀れな私の妹よ！ 彼女は三十歳で死んでしまった。人生に疲れ果てていた。人生において何することもならず、肉体に死が訪れるずっと以前から知的興味への追求を閉ざしていた。死の床にある彼女を見て私は、思わず涙を流し叫んだが、それに答えて彼女は言った。

死に行く女性より、哀悼(あいとう)者の方々へ申し上げたい。「ああ、私にとってこの人生を去ることがどんなに嬉しいことか、この世で私に訪れたいかなる機会よりもこの機会を得たことで勇気が湧(わ)いてくることか、それを貴方がたが知ったなら、貴方がたは追悼など述べず、私のために結婚式の晴れ着を着てくれることでしょう！」。「しかし……」と私は言葉を返した。「貴女の卓越(たくえつ)した才能と多彩な能力とによって、どんなにか大きな善が成し遂げられたことでしょう！」。

「この世は、私の死によって、時間が少し戻るでしょう」と彼女は言った。「貴方がおっしゃるとおり、私の力は貴方が評価なさる程度にはありますが、しかしその力は数年前に私のなかで起こった死によって消滅したのであり、今まさに起ころうとしている死によって消滅するのではありません。ですから同様に、人が皆、それぞれの才能の進展を因習の犠牲にせざるをえないのであれば、その一人一人の死の分だけ世界は遅れることになるのです！（人の才能の進展とは、利己的な満足のためにではなく、この因習に満ちた世界の改善のためであることを意味するのです）」……。

彼女はしばらく黙ったまま横たわっていた。そして、急に立ち上がり、何ヵ月ぶりかにまっすぐに立って、両腕を差し出し、「自由よ、自由よ、おお、神聖なる自由よ、ついに汝は来たれりや？　ようこそ、美しき死よ！」と叫んだ。そして、彼女は前のめりに倒れ、死んだ。彼女の今際の願いの一つは、彼女の墓碑には、その名前も日付も刻まないでほしい、ましてや追悼や賞賛などの碑文などは刻まず、ただ「私は神を信じます」とのみ記してほしい、というものであった。

【活字版】

［本文脇の小見出し］カサンドラは、人生に幸せを見つけることも、人生を改変することもなく、死す。

死に行く女性より、哀悼者の方々へ申し上げたい。「ああ、私がどんなに喜びをもってこの人生と別れようとしているか、この世で私に訪れた他のいかなる機会よりも、この死への機会を手にしたことで、どんなに私に勇気が湧いてくることか、それを貴方がたが知ったならば、貴方がたは、私への追悼などしないで、結婚式の晴れ着を私のために着てくださることでしょう！」。「しかし」と貴方がたは言うでしょう。「卓越した才能と多彩な能力に恵まれた貴女は、どんなにか大きな善を成し遂げられたでしょうに……！」

カサンドラは死んだ。「自由よ、自由よ、おお、神聖なる自由よ、汝ついに来たれりや？ようこそ、美しき死よ！」。

彼女の今際の願いは、彼女の墓碑には、名前も日付も刻まず、ましてや哀悼や賞賛なども刻まず、ただ「私は神を信じます」とのみ記してほしいというものだった。

（四） 神は人類と分かち合う

神の属性は人間にも

最後に、第四の主題についてですが、ナイチンゲールは、神は神の聖なる属性を人間と分かち合う存在であると、堅く信じていました。つまり神は、神の属性を神だけのものとして留保する存在ではない、ということです。「神はすべてを分かち合う存在である。この善意〔慈悲心〕こそが、とりも直さず、神の完全ということではないだろうか。そうでないとすれば、神の力と叡智には限界があることになるのではないか」。この見解こそが、彼女に、人間の努力は善をもたらすという高い理念をもたらしたのです。

理想は神政政治

ナイチンゲールの理想は〝神政政治〟であったと聞けば、ちょっと驚きますが、神が人間を先導してよりよい世界を創造していくという概念が、彼女の理想の構成要素の一つでした。〝王や大統領による統治ではなく、神による統治〟こそが、ユダヤ人の〝崇高な理想〟なのでした。もし英国で、内閣の選任の目的が〝神の目的の発見と実行、そして神の定め〔法則〕の政治における実現〟であったならば、英国は大いに変革されるだろうに、と彼女は考えました。(52)

ところが明らかに、人々が思い描いている神とは、〝大きな国家の運営にはそぐわない神〟でした。「もし神の意志などにそって政治を行なったりすれば国家は粉々になってしまう、と人々が考えるのも無理はありません。それは人々が、《この時世》によって植え付けられた神の意志や目的と《称する》ものに惑わされているからです。人々が内閣や政治から神を排除しようとするのも無理はないのです」とナイチンゲールは考えていました。

政治的立場

ナイチンゲールは、おかしなことに、神についての彼女の見解のために、〝知的設計〟を主唱する右翼原理主義者と誤認されています。もちろん彼女は、万物の創造は、知に満ちてまさに完全で公正にして慈悲に溢れる設計者たる神の業であると信じていました。しかし、彼女には反科学的なところはいささかもなく、彼女は、徹底した科学の信奉者であり、科学こそが地上に神の倫理に基づく政治を実現する手段であると信じていました。ナイチンゲールの政治的立場は、常に左翼中道の自由主義でした。

結婚観

結婚というものを機能としてとらえれば、その理想は、よりよき新たな道程への契機であり、それは〝二人が一つに、そして、一つになった二人が神と結ばれる〟ところにあります。『思索への示唆』のなかでは、結婚が女性にもたらす災厄の指摘に多くのページが割かれていますが、神の召命を共有した二人の結婚、すなわちよりよい世界の実現のために神とともに協働する結婚は、肯定的にとらえられています。それはすなわち〝二人が一つとなり、一つになった二人がすべてと結ばれ、すべてとなった二人が神と結ばれる〟のです。しかし、結婚には歓びがある一方、神が非婚者の心を飢餓のままに捨て置かれることはありません。心の飢餓を癒す糧はすべて、愛、共感、慈悲、真理の探究、忍耐、信頼など、およそ人間の才能の正しい行使のすべてに見出すことができます。結婚は女性の幸福に不可欠なものではない、とナイチンゲールは見極めていました。そのうえ、ナイチンゲールの模範は、イエス・キリストでした。イエスは、結婚することもなく、結婚の必要も感じることなく、充実した生涯を全うした人でした。

【第二章の原註（出典箇所）】

（1）Epigraph, 'Essay in Memoriam' 5:60.
（2）'These are only' 5:113.
（3）'The founder' 5:39.
（4）'everything down' from 'A Sub "note of interrogation" what will be our religion in 1999?' 3:29.
（5）In Theology, 3:12–46.
（6）'Darwin' Note, Add Mss 45785 f36.
（7）'sin against' 5:653.

(8) 'I cannot forbear' 5:652
(9) 'We should consider' 6:432.
(10) 'I feel my sympathies' 3:349.
(11) 'For the rich' 13:260.
(12) 'none, gentlewoman' 5:103.
(13) 'it is always cheaper' 5:153.
(14) 'at least in exceptional' 5:403.
(15) 'The laws' from 'Politics and public administration' 5:284.
(16) 'A government' 5:21.
(17) Notes on the psalms, 3:553.
(18) 'A nation' 1:63.
(19) 'Lord Randolph' 1:373.
(20) 'is on the Liberal side' 1:63;
(21) 'working for eternity' 5:653–4.
(22) 'towards dusk' 4:134.
(23) Figure 2.1, Letter to Selma Benedicks, 7:48–50.
(24) 'He had not' 11:432.
(25) 'Look at' 7:758–59.
(26) 'the wickedest man' 8:845.

(27) ‘Above all’ 3:641.
(28) ‘The pope’ 3:94.
(29) Figure 2.2, Letter to her family from Rome, 7:198–200.
(30) ‘the first man’ 7:201.
(31) ‘Cavour’ 7:338–39.
(32) ‘most valuable life’ 7:330.
(33) ‘Garibaldi’s volunteers’ 7:553.
(34) ‘cœur d’or’ 7:333–34.
(35) ‘Eh bien’ note in French, 7:336, also published in The Times 11 April 1864.
(36) ‘Whatever influence’ 7:338.
(37) ‘Marcus Aurelius’ 5:735.
(38) ‘I, like Garibaldi’ 7:332.
(39) Nightingale’s work on the Contagious Diseases Acts is in 8:411–509.
(40) Epigraph 1, 11:329.
(41) Epigraph 2, 11:114–15.
(42) ‘John Bull’ 11:372–3.
(43) The debate with St Ignatius, in 11:98.
(44) ‘the Unitarians’ 11:96.
(45) ‘Far be it’ 11:256.

(46) 'went about' 11:257.

(47) 'The God of law' 11:499.

(48) Ray Strachey, 'The Cause': A Short History of the Women's Movement in Great Britain (London: C. Bell 1928) 90.

(49) Unpublished in 8:113.

(50) Unpublished and printed in 11:422–3.

(51) Figure 2.4, 11:591–2.

(52) 'sublime idea' 11:513.

第三章　戦　争

まさかの名声

ナイチンゲールは、まさか自分が戦場の看護師として名声を得ることになろうとは、思ってもいませんでした。その後の人生で、陸軍の医療改革に膨大な時間を投じるようになった経緯（いきさつ）についても同様です。彼女が受けた〃神のお召し〃は人々の生命の救済にあり、家族の許しさえ得られれば、彼女は民間病院での看護の仕事から手をつけたでしょう。何の巡り（めぐ）合わせか、クリミア戦争が勃発（ぼっぱつ）し、戦場で看護に携わる機会がふいに訪れましたが、彼女はその機会を逃（のが）しませんでした。やがて国民的な英雄（ヒロイン）となった彼女は、自身の名声を活かしてさまざまな社会改革に乗り出すのですが、なかでも〃貧困階級の病人〃対策の改善がよく知られています。だからこそ彼女は、一般兵士に対する看護の向上に取り組みつづけました。傷病を負った兵士たちはまさに〃貧困階級の病人〃にほかならないからでした（当時の英国で

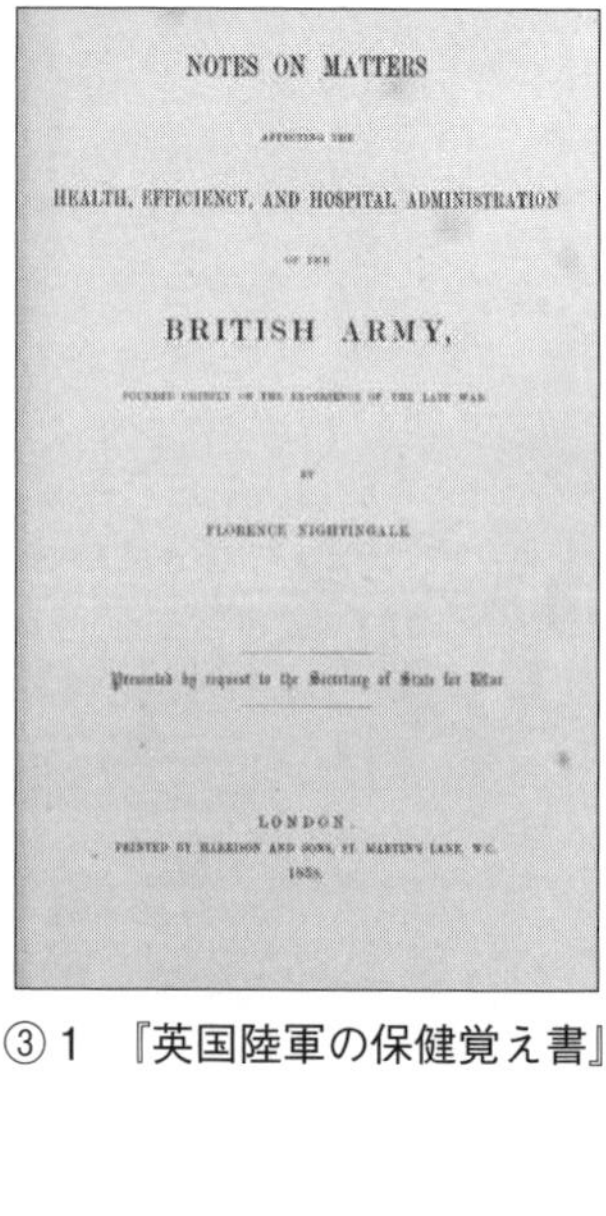
NOTES ON MATTERS

AFFECTING THE

HEALTH, EFFICIENCY, AND HOSPITAL ADMINISTRATION

OF THE

BRITISH ARMY,

FOUNDED CHIEFLY ON THE EXPERIENCE OF THE LATE WAR.

BY

FLORENCE NIGHTINGALE.

Presented by request to the Secretary of State for War

LONDON.

PRINTED BY HARRISON AND SONS, ST. MARTIN'S LANE, W.C.

1858.

③1　『英国陸軍の保健覚え書』

は、同じ軍人でも、将校たちは貴族階級の出身者であったのに対して、兵士たちは最貧困階級の出身者でした」。

本章の主題

ナイチンゲールは冗談めかして、自分は陸軍省に長年勤務している、と語ることがありました。しかし彼女は、早い段階から、戦争の悲惨さを身に沁みるほどよく知っていました。本章では、まずクリミア戦争における彼女の業績を主題として取り上げます。さらに、クリミア戦争後もたびたび戦争が起こる現実に心を悩ませ、軍備拡張主義の誘因や戦争が起こる原因を突き止めようとした彼女の奮闘に焦点をあてます。

一、クリミア戦争

> ナイチンゲール到着以前の兵舎病院‥
> ベッドはほとんどなく、兵士たちは惨(みじ)めにも
> 着衣は背中が擦(す)り切れた状態で、
> ぼろ切れのようなものをまとい、
> 藁床(わらどこ)に横たえられていました。
> 兵士たちの着衣、というよりも着衣の残骸(ざんがい)には、
> ノミやシラミが溢(あふ)れていました。

③2　クリミア戦勝記念碑

洗濯など病院で行なわれたことはなく、
床は六週間も清掃されずに放置され、
リネン類も洗濯されることはありませんでした。
病衣の支給はおろか、食物も調理されず、
いかなる気晴らしや楽しみもありませんでした。
総じて病院は悪疫や接触伝染病の巣窟で、
屋外便所などには誰も近づこうとしない……
そのような状態でした。[1]

英国軍の勝因

クリミア戦争[2]は、その原因と結果を振り返ってみると、まことに愚かな戦争でした。もっとも、兵士の英雄的奮闘や勇敢さに焦点をあてれば、確かに栄誉ある戦争ではありました。しかし、英国とフランスとトルコ〔オスマン帝国〕の連合軍がどうにか勝利をおさめられたのは、連合軍の将軍たちよりロシア軍の将軍たちのほうが、より多く重大な失策を犯したからにほかなりません。例えば、無謀な作戦として知られる一八五四年十月二十五日の〝軽騎兵旅団〔カーディガン伯爵指揮の六百七十三名の旅団〕の突撃〟では、英国軍は、一旅団をほぼ丸ごと失いましたが、この戦闘に英国軍が勝利できたのは、英国軍がかずかずの失態を犯したにもかかわらず、ロシア軍がこれらの好機を自軍の優勢へと導けなかったからなのです。

戦争の争点

英国本島は、黒海のクリミア半島からはるか遠方に位置しています。戦争の争点は、表向きには、イスラム教支配下のトルコに在住する東方正教会派〔キリスト教正教会派〕の信者たちの身分保障と、聖地エルサレムにあった東方正教会派のいくつかの教会の管理権とにありました。しかし、その底流にあったのは、拡大膨張主義にあったロシアの、バルカン半島に勢力を広げようとする赤裸々な野心でした。一八五三年には、ロシアは、ドナウ川〔ドイツ南西部から黒海に注ぐ欧州第二の国際河川〕南部のかなりの地域を占領し、さらに西方および南方に拡張を続けそうな気配でした。英国とフランスは、この勢いを軍事的に食い止めないかぎり、ロシアがコンスタンチノープル〔トルコのイスタンブールの旧称〕にまで手を伸ばしかねないと危惧しました。事実、英国軍とフランス軍がブルガリアに展開した結果、ロシアはドナウ川北部から撤退しました。

ロシアの暴政

ロシアは当時、絶対専制君主国家でした。国民の大半は農奴の身分であり、英国市民が享受していたような個人の権利と自由はおろか、英国ほどではないまでも、他のヨーロッパ諸国でもかなり認められていた市民の権利と自由など、この国には微塵も見られませんでした。ナイチンゲールの友人ハリエット・マーティノーは、ロシアの暴政を根拠に英国の参戦を正当視していましたが、この暴政という言葉はナイチンゲールも使っていました。しかし、民主政治がないことにおいては、トルコもロシア同然で、またトルコにも奴隷制度がありました。ナイチンゲール自身は、クリミア戦争が正当な戦争であると述べたことは一度もありませんし、そもそも戦争の正当性などという概念に行き当たった様子も見られません。またいかなる戦争に対してもそのような概念を適用したことはありません。しかし戦争は、どのような戦争であっても、生命に関わる現実の惨劇(さんげき)であり、戦争が生み出す負傷者や病人は、誰かが保護し世話しなければならないのでした。

英国参戦の動機

晩年の手紙のなかでナイチンゲールは、クリミア戦争は「ハンガリー支配を狙(ねら)ったロシアのハンガリー進駐(一八四八年)」に起因すると記しています。このロシア軍の進駐が英国民には腹立たしく、それが一八五四年の英国の参戦につながりました。つまりクリミア戦争への英国参戦の動機は、〝聖地〟の管理権云々(うんぬん)などという表向きの大義などにはなく、ただ「ロシア憎(にく)しという英国の国民感情にあった」のでした。それでも、このような戦争も振り返ってみれば、邪悪(じゃあく)のなかからも善は生まれたのでした。つまり、憎しみを動機とするクリミア戦争参戦という不毛は、期せずして「看護の改革という大きな善をもたらした」のでした。

準備不足の出兵

英国陸軍は、クリミア戦争に至るまで四十年間以上も戦争らしい戦争の経験がありませんでした。戦争と言えば、帝国の勢力拡張のための、ろくに装備も持たない抵抗軍相手の遠征が何回かあったくらいであり、そのために、今回はおよそ準備不足のままの出兵となりました。そのために多くの戦死者を出しはしましたが、それでも損失割合は、おそらくナポレオン戦争〔一七九六～一八一五年、ナポレオン一世と対峙した欧州における一連の戦争〕と同等くらいでした。ところがクリミア戦争は、戦場から電信で速報記事を送る新聞記者が登場し、そこに戦場写真家と戦場画家も加わるという、戦争の歴史上初めての戦争でした。このような状況のなか、ロンドンのタイムズ紙の記者が、英国民にとっては不愉快極まる対比記事を書きました。それは、同盟軍のフランス軍には慈善修道女会が擁する女性による看護体制が整っているが、英国軍には傷病兵を救護する女性看護師がいない、との指摘でした。ちなみに、ロシア軍にもまた、あまり知られてはいませんでしたが、傷病兵看護の修道女団が従軍していました。それはエレナ・パヴロヴナ大公女〔ロシア皇帝パーヴェル一世の次女〕が創設した修道女団でした。英国陸軍省も、クリミア戦争の準備にあたって女性看護団派遣の検討はしましたが、急進的すぎるとして退けられたのでした。それに対してタイムズ紙は、英国軍はなぜ慈善修道女会に相当する組織や制度を持たないのかと問い質したのです。

戦時大臣からの要請

ナイチンゲールは、女性看護団を率いてクリミアの戦場に赴くよう戦時大臣から直々に公式要請を受けました。もっとも、その要請を受ける以前にすでに、彼女は戦地の看護に赴く決心を固めて行動を開始していました。時の戦時大臣はシドニー・ハーバートでした（彼女はハーバート家と、一八四七～四八年のローマ逗留以来の親交があり、また夫人エリザベス・ハーバートは、ナイチンゲールがハーレイ街淑女病院の総監督であったとき、同病院の淑女運営委員会の委員でした）。クリミア行きの準備は数日間で行なわれました。友人たちが応募者との採否の面談を受け持ち、彼女自身は必要物資を整えたり、陸軍省の担当官と打ち合わせたりしました。担当官はナイチンゲールに、現地に物資不足はないと保証しましたが、それでも彼女は念入りに必要物資を整え、さらにクリミアに向かう途中のマルセイユで、食料や医療品、シーツ類や衣類などもろもろの必需品を調達しました。タイムズ紙は七千ポンドの寄付金を集め、全額を彼女の自由裁量として托しました。実際、この寄付金は非常に役に立つこととなります。それに比べてより心細い支援でしたが、人々からの善意の贈り物も届けられました。食料や衣類や包帯や本などでした。それらすべてに対して礼状が送られ、すべて戦地で使うべく携行されました。

惨状の極みにあった戦場

ナイチンゲールと彼女の率いる看護団がスクタリに上陸したのは、一八五四年十一月五日でした。スクタリはコンスタンチノープルからボスポラス海峡を挟んでアジア側の対岸に位置する村でした。到着の日は、クリミア戦争における激戦の

③3　クリミア戦争当時の黒海周辺

一つとして知られるインカーマンの戦いがあった日でもあります。ほとんど同時に、傷病兵の大群が搬送されて到着しましたが、彼らは先の戦い、つまり同年十月二十五日のバラクラヴァの戦いからの送還兵でした。死者はすでにおびただしい数に達していました。特にコレラや他の腸疾患による死者が多く、彼らはヴァルナ〔ブルガリア北東部の都市〕近郊の野営地で夏の何週間をも過ごした兵士たちでした。英国軍もフランス軍もともに惨状の極みにありました。事実、十月にフランス軍では司令官でさえコレラで生命を落としていました。それに加えて、兵士たちは栄養失調に苦しめられていました（それは、さらに冬季の前線の塹壕内で悪化の一途をたどっていました）。兵士たちのなかには、クリミアへ向かう途中の船内で死亡した者や、まだ戦火を交える前の進軍中に死亡した者もいました。衰弱の酷い兵士たちには、個人装備〔予備衣類や着替えを含む日常備品の一式〕を捨てるよう命令が出ましたが、後に装備が再支給されることはありませんでした。この命令が

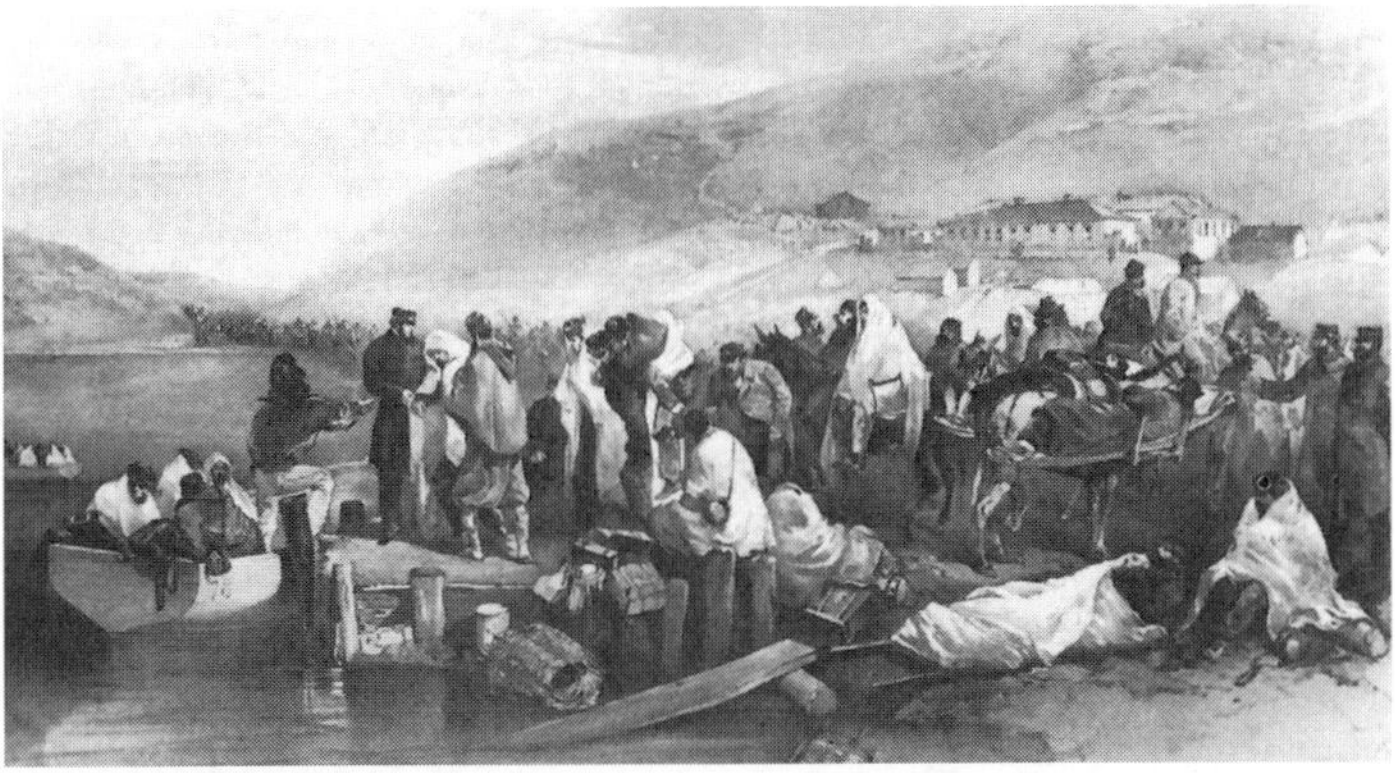

③4　バラクラヴァ（スクタリへ小舟で搬送される傷病兵たち）

また、寒冷期に入ってから、兵士たちをおちいらせた惨禍を倍増させました。その様子は【引用三―二】の手紙に描写されています。

惨状の原因

ナイチンゲール看護団がスクタリに到着していきなり直面したのは、何もないに等しいほどの医療品不足、さらに食料や寝具といった必需品にすら欠乏をきたしている陸軍の有様でした。負傷兵たちは小船で搬送されてきましたが、その搬送自体に何日もかかりました。負傷兵の多くは搬送の途中、もしくは到着後まもなく息絶えました。英国軍の病院用にトルコ政府が提供したスクタリの大兵舎は、無蓋の下水道の上に覆い被さるような構造で建てられていました。建物の中心に中庭があり、それが汚染された空気を滞留させていましたし、また交差換気〔部屋の両端の窓から窓への通気などによる換気〕を妨げていました。患者一人当たりの占有空間は、通常の四分の一という詰め込み状態でした。こうした状況のすべてを、陸軍省や陸軍衛生部の高官たちは把握していましたが、スクタリ到着以前のナイチンゲールは知りませんでした。戦後になって彼女が作成した『機密報告書』の主要目的の一つは、こうした重要問題について、いつ、誰が報告し、誰が報告を遅らせ、誰が報告を怠ったのかを厳密に探し当てることでした。

ランプを持った貴婦人像

ナイチンゲールは、この病院で、管理の仕事だけでなく現場の実務もこなしました。彼女は四肢切断手術の助手も務め、病人の世話も手厚く行ないました。彼女は夜ごとに全病棟を巡回しましたが、それが人々の間に〝ランプを持った貴婦人〟という人物像を生み出したのです。彼女は、患者に清潔なベッドや衣類を支給し、質のよい食事を（時には薬としてのブランデーを）給付しました。そのうえ、死を迎えた兵士たちのために手紙を代筆し、その死を家族に手紙で通知したりもしました。また、兵士たちがその給金を故郷の自宅に送金できるよう、銀行のような仕組みを作りました。さらに彼女は、軍隊では初めての試みとして、一般兵士たちが余暇を過ごせる娯楽施設を設け、そこにトランプや雑誌なども備えて〝読書室〟と名づけました。それまでは、兵士たちの余暇の気晴らしといえば、飲酒しかなかったのです。また、彼らのために〝インカーマン・カフェ〟と名づけた珈琲館を開設しました。加えて彼女は、スクタリの陸軍基地に残された、前線に出動中の兵士の妻子たちの保護について、ある英国国教会の司祭と妻に協力を求めています。この仕事は彼女の管轄外なのでした〔当時の軍隊では、兵士が作戦基地まで妻子を同伴することが許されていたのです〕。

③5　ナイチンゲール像

新たな看護団との軋轢

ナイチンゲール看護団は、当初、彼女とスクタリまで同行した看護師三十八名で構成されていました。ところが、一八五四年十二月になって、ナイチンゲールには何の事前通知もなく、さらに四十八名の看護師からなる派遣団が到着しました。この事態が彼女の指揮権を巡る論争を引き起こし、また切実な現実問題となりました（現実に、派遣団を収容する場所の余裕がありませんでした）。軍医たちも看護師の増派について何の相談も受けていませんでした。軍医のなかには、看護師は不要と考える者もいたのです。新たな看護団は、スクタリの陸軍病院以外の近辺の陸軍病院のいくつかに分散して配属されましたが、この騒動による軋轢は解消されませんでした。この派遣団のなかの、アイルランド慈善修道女会の尼院長が、自分が率いる修道女たち全員を代表してナイチンゲールの指揮下に入るとの契約書を交わしていたにもかかわらず、ナイチンゲールの指揮権を認めなかったのでした。その点、バーモンゼイ修道女会の尼院長とは違っていました。

支持者と反対者

軍医のなかにはナイチンゲールと彼女の看護団を頑として認めない軍医たちもいました。しかし、ほどなく、彼女に従うことが最善の道だと気づく軍医たちもいました。彼女の手許には種々の必需品がそろっていました。それらは、陸軍に在庫がないか、在庫帳簿の不備によって在庫の有無が確認できない物品でした。これは、その後のナイチンゲールの長年にわたる社会改革活動に終生ついてまわったお決まりの定型でした。つまり彼女には、その変革への支持者や協働者たちがいる一方、必ず反対者や現体制維持に固執する抵抗者たちがいるのでした。ナイチンゲール指揮下の看護師たちは、彼女の厳命のとおり、軍医の指示に忠実に従って働きました。

病院で息を引き取った兵士たちの死因は、大半が疾病(しっぺい)であり、銃弾ではありませんでした。戦後の陸軍改革の活動においてナイチンゲールと協働者たちが一貫して強調したのはまさにこの点であり、実に一万九千人もの生命が病気（主に感染症）で奪われ、戦傷による死者は四千人にすぎなかったのです。ナイチンゲールは、疾病による死亡率が〝一般社会の死亡率〟を少しでも超えれば、それは避けられた死であるとみなしました。

避けられた死

衛生委員会の功績

ナイチンゲールが赴任(ふにん)した最初の冬は、栄養や清掃や看護について改善が開始されたにもかかわらず、スクタリ兵舎病院の死亡率は依然として高いものでした。殺人犯は、病院の下水溝と便所の欠陥、それに換気の欠陥でした。一八五五年三月に英国から衛生委員会の委員が派遣されて大幅な改修工事が施されるようになって、初めて死亡率が下がりはじめました。そして戦争の終結までには、兵舎病院の病気死亡率は、人口構成が軍隊と同規模である国内の工業都市マンチェスターにおける男性死亡率と同等にまで下がりました。

スモール説の誤謬(ごびゅう)

近年、スクタリの兵舎病院における失策のすべての責任はナイチンゲールにあったとする説が勢いを増して、流行しています。アーサー・ヒュー・スモール〔ナイチンゲールの伝記の著者〕に至っては、この説をさらに強め、ナイチンゲール自身が自分を責めて、自責の念が昂(こう)じて彼女は病気になったのであり、その証拠があるとまで断じています。二〇〇八年にＢＢＣ〔英国放送協会〕が制作したテレビ映画〔ナイチンゲールを描いた映画〕は、この奇怪な筋書きをそのまま反映しています。端的に言えば、この映画は、惨事の真相を究明した功績者を、逆に攻撃しているのです。というのは、クリミアの惨事の原因について、どこに誤りがあり何が誤りであったかを公式記録の分析から導き出したのは、ほかならぬナイチンゲールその人だったからです。

不適切な対応

スクタリの兵舎を傷病兵のための病院に転用するにあたっては、早くも一八五四年八月に、ラグラン卿〔クリミア遠征軍の総司令官〕が〝浄化清掃〟の命令を出していました（この建物は、その年の春に部隊がヴァルナに送られるまでは、兵舎として使われていました）。しかしこの命令は守られず、浄化清掃は行なわれませんでした。しかも、一八五四年十月に、指令を受けて本国から病院視察に派遣されたホール医師〔陸軍医務局の専門官〕が、同病院を絶賛する報告書を本国に送りました。その後、死者が続出する惨状となりましたが、ホール医師が再視察に引き返すことはありませんでした。ナイチンゲールは、病院の浄化が適切に行なわれていたならば、あるいは、少なくとも、何が問題かが報告された時点で積極的な対応が行なわれていたならば、おびただしい数の死者を出さずにすんだ、と主張しつづけていました。そもそも、傷病兵の搬送（はんそう）に黒海の横断を要するような遠方の地スクタリに兵舎病院を設けることを決めたのは誰なのか、誰もが抱く疑問でしょう。

戦争で得た教訓

伝記著者ヒュー・スモールはさらに、死亡者数が増えはじめた一八五四年十一月からの死亡者についての資料（データ）を、ナイチンゲール自身が収集していないと非難しています。しかし、彼女には資料収集の権限はありませんでしたし、収集する手段もありませんでした。あとになって彼女は、陸軍が死亡者に関する資料を収集していたこと、それも何ら実用の目的を持たない収集であったことを発見しました。資料や情報というものは、ただ収集するだけでなく、信頼できる専門家の分析を受けて、それを活かすこと、それが彼女がクリミア戦争で得た教訓の一つでした。晩年の一八九〇年になって、そう述懐しています。

諸説あるFNの病名

この戦争中、ナイチンゲール自身も危うく生命を落とすところでした。〝クリミア熱〟に倒れたのです。当時この病気はチフスの一種と考えられており、彼女の看護団のなかからもこの病気で死亡した者が何人か出ました。ナイチンゲールは、もちろん回復しましたが、この時の症状から類推して、後に帰国したときの彼女は慢性ブルセラ病に罹っていたとも考えられます[3]。この病気についても、ナイチンゲールの誹謗者たちは、仮病もしくは〝神経衰弱〟であったに違いないと書き立てています。誹謗者の一人であるスモールもまた、彼女の〝病気〟と表現しています。つまり、わざとらしく引用符で囲んで疑いの眼を向けています。

叔母と二人で帰国

一八五六年三月三十日にパリで講和条約が調印され、戦争は終わりました。ナイチンゲールがスクタリを発って英国に向かったのは同年七月二十八日であり、兵士の最後の一人が故国へ送還されるのを見届けたあとでした。彼女は、叔母のメアリー・スミス〔メイ叔母〕と二人で、アテネとマルセイユを経由する便船に乗りました。彼女の帰国のために戦艦を一隻回航するという申し出もありましたが、辞退しています。二人はパリで一泊し、翌朝、ロンドンへ向かう列車に乗りました。〝ミス・スミス〟という偽名（ぎめい）を使っての叔母と二人の帰国の旅でしたが、これは、彼女がいかに個人的名声を嫌っていたかを物語ります。ロンドンでは、バーモンゼイ女子修道院の慈善修道女会に、スクタリで苦労をともにした修道女たちを訪ねました。その後、ダービーシャーまで列車で行き、そこからは歩きました。リハースト荘に帰り着いたのは、一八五六年八月七日の夕暮れでした。

有名人となったが…

ナイチンゲールは、英国に帰ると国民的英雄（ヒロイン）になっていました。彼女の患者であった兵士たちやその家族たちが抱く感謝の念は絶対でしたし、彼女の偉業は新聞で詳しく伝えられていました。今や有名人として、資産家や貴族や著名人などからかずかずの招待を受ける身となりましたが、この種の招きはすべて固辞（こじ）しました。彼女は自身の名声を、自分のためにではなく、社会改革を実行するときに自説が通りやすくするための政治的影響力として、有効に利用する決心をしました。この決心のもとに彼女が進めたかずかずの交渉において、彼女は大きな影響力を発揮することとなりました。クリミア戦争で東方に派遣された英国陸軍の惨状と大量死の原因究明のために、王立委員会〔政府諮問（しもん）委員会〕の設置を求めた彼女は、この交渉を有利に導いていくのです。

ナイチンゲール基金

クリミア戦争中（一八五五年）に、ナイチンゲールを讃（たた）える基金が設立され、寄付金は四万五千ポンド（今日の三百万ドルに相当）近くに達しました。これを元にナイチンゲール財団が設立され、基金が運用されました。ナイチンゲールは、この基金を利用して、二つの主要な事業に乗り出します。一つは、世界で初めての無宗派の看護師養成学校の創設で、これは聖トマス病院内に置かれました。もう一つは、助産師養成課程の開設であり、こちらはキングズ・カレッジ病院内に置かれました（どちらもロンドン市内の病院）。前者は一八六〇年に、後者は一八六一年に、それぞれ発足しました。

最優先の課題

しかし当初、ナイチンゲールにとって最優先の課題は、クリミア戦争において何が誤りだったのかを分析することでした。彼女は、一つの専門家集団を組織して、仲間とともに仕事を進めました。仲間のなかには、それ以来何十年にもわたって彼女の協働者となった、サザランド医師、ファー医師、ジョン・マクニール卿、ロバート・ローリンソン技師などがいました。彼女は同時進行で二つの分析作業を進めていました。一つは公式な王立委員会の報告書のためであり、もう一つは陸軍大臣パンミュア卿の要請による『要約』と呼ばれた機密文書のためでした。後者は、〝要約〟とは名ばかりで、完成時には九百ページに及ぶ報告書となりました。略して『英国陸軍の保健覚え書（Notes on the Health of the British Army）』と呼ばれます（正式な表題は『主に先の戦争での体験に基づく英国陸軍の保健と効率と病院管理に影響をあたえる事項に関する覚え書（Notes on Matters Affecting the Health, Efficiency and Hospital Administration of the British Army Founded Chiefly on the Experience of the Late War.）』です）。二つの報告書は一八五八年に完成し、公式報告書のほうは政府によって公刊されました。とても〝要約〟とは呼べない膨大な報告書のほうは、彼女によって私費で印刷され、信頼の置ける人たちにのみ機密文書として送り届けられました。

公式報告書と機密報告書

王立委員会による公式報告書とナイチンゲールが作成した『機密報告書（要約）』とでは、内容にかなりの重複がありますが、それぞれの目的がまったく違っており、それぞれの目的に相応して文書形式も違っています。公式報告書は前向きかつ建設的で、未来志向です。過去の過失は過失として明確に指摘しながらも、特定個人の責任追及は避けています。公式報告書よりも長文の『英国陸軍における保健覚え書』（機密報告書）のほうは、問題のとらえ方がはるかに包括的です。同じく前向きではありますが、どこに問題があり、その責任の所在はどこにあるのかを、包括的かつ詳細に分析しています。戦地に致命的な危機をもたらした必需品不足については、入念に証拠をあげて報告されており、さらに、責任の放棄や職務の怠慢については、その責任者の氏名と発生の日時も含めて指摘されています。戦地にあって軍医たちが、陸軍衛生部の上司に対して、病院が抱える問題点について指摘していた事実も強調されています。軍医たちは、前線の塹壕において兵士たちが惨状に耐えている状況を詳細に報告し、必要物資の補給を強く催促したのでした。二つの報告書はともに、スクタリ兵舎病院の汚物で溢れた下水道と便所の実態を記しています。兵士たちは、これらの重大な衛生上の欠陥への対処の欠如によって、苦しめられ、生命を奪われたのです。また、二つの報告書にはいずれも、一般の民間病院への勧告が加えられています。さらに、二つの報告書はどちらにおいても、証拠資料のすべては、陸軍省当局の収集による記録や統計類を利用しています。

バルモラル城への招待

ナイチンゲールは、ヴィクトリア女王からのバルモラル城〔スコットランド・アバディーンシャー州の英王室の広壮な城〕への招待を受けました。これが彼女に、クリミア戦争を調査する王立委員会〔政府諮問委員会〕設置の必要性を陸軍大臣に直接説く、絶好の機会をもたらしました。同志の専門家たちがナイチンゲールに、陸軍大臣パンミュア卿を説得するための最良の策を授けました。女王の計らいで、パンミュア卿がバルモラル城に来合わせることになっていたのです。委員会設置への抵抗勢力は陸軍医務局の官僚たちでした。彼らの準備不足や管理上の失態が調査の最大の眼目となるからでした。バルモラル城に赴く前の一ヵ月間、ナイチンゲールは同城の近くにあるバークホール荘〔スコットランド・アバディーンシャー州の英王室の御用邸：現在はウェールズ大公の私邸として知られる〕に滞在しましたが、当時そこは、女王の侍医ジェームズ・クラーク卿の私邸でした。ここへの途次、彼女はエジンバラに立ち寄って数日を過ごし、ジョン・マクニール卿からも策を授けられました。作戦はみごとに奏功し、王立委員会の設置は承認されました。委員会の顔触れはほぼ全員が思いどおりとなり、そして委員会への諮問項目〔調査内容〕も満足のいくものとなりました。

王立委員会の顔ぶれ

この王立委員会は、創設から委員の人選、諮問項目の設定から実際の活動の運営指揮まで、すべての過程は、ナイチンゲールによって取り仕切られました。証人への手回しなどの実務までも、彼女が引き受けました。ナイチンゲールは、王立委員会の人選を彼女の専門家集団が望むメンバーで固めようとして、彼女が親しみを込めて

〝パン様〟と呼んでいたパンミュア卿と会い、三時間も辛抱強く交渉しました。彼女の手記によると、パンミュア卿は委員メンバーの名簿を書き上げており、そこには、陸軍の軍医、民間の医師、そして〝陪審員団〟の三部門にそれぞれ三名を選び、議長にシドニー・ハーバートを置いていました(4)。彼女は、パンミュア卿がトマス・アレグザンダーのカナダからの召還を認めないことを残念がりましたが、その後、ハーバートが議長を引き受ける条件としてアレグザンダーの任命を求めて、解決しました。パンミュア卿は陸軍の軍医三名の枠を要求して譲りませんでした、とナイチンゲールは状況を述べ、続けて「ですから私は、あえて退却をも非としない分別ある将軍のように、軍医少佐のブラウン医師、そしてスミス軍医と癒着しないようにグレナディア・ガーズ軍医、それにP卿〔パンミュア卿〕のために彼の息のかかった、しかし害にはならないマクラクラン軍医の三名を指名しました」。パンミュア卿が〝ふと弾みで思いついた〟名前が調達官ミルトン氏という、ナイチンゲールが無能とみなしていた人物でした。そこで「私は彼のためにスミス軍医を残すことにしましたが、それよりほかに私には手がなかったのです」と記しています。さらに、彼女は、譲歩してバルフォア軍医を書記として認めたとき、〝パン〔パンミュア卿〕〟は「私の譲歩に驚き」ました。「それで私は、その人物が彼にとっては危険な野獣のような存在で、頑固な革新主義者だということを匿しおおせました」と記しています。

委員会への要求

この手記によると、ナイチンゲールは王立委員会への諮問項目については望みどおりに勝ち取れましたが、彼女が切望していた緊急の改善策のいくつかについては敗北したことがわかります。ただし、彼女は、一つきわめて重要な言質を勝ち取りました。彼女は「P卿〔パンミュア卿〕の在任中は、J・ホール卿は陸軍医務総監には任命しないという約束を取りつけたのです。――私の勝ちです」と記しています（スミス医務総監の退任後は、彼女が最も推薦するトマス・アレグザンダーが、陸軍医務部の最高職に就きました）。

報告書の刊行

度重なる遅滞もありました。陸軍大臣パンミュア卿は、〝野牛〟という異名でも知られましたが、官僚や議会への根回しに何ヵ月も費やした後に、ようやく王立委員会開設の布告に漕ぎ着けました。しかしナイチンゲールと専門家集団は、遅延の期間を有効に利用して、彼ら独自の資料の準備を進めました。そのために、王立委員会が発足すると作業は迅速に進み、委員の公式な任命から数ヵ月で報告書をまとめて、それを刊行するに至りました。

報告書の要求事項

一八五七年、まだ二つの報告書のための調査活動の最中の頃、ナイチンゲールはフォン・ブンゼン男爵に手紙を書いています。彼は元在英プロイセン王国大使で、彼女とは家族ぐるみの友人であり、以前からずっと、彼女の看護への召命の追求について、彼女を励ましつづけていた人物でした。【引用三-一】に抜粋したその手紙からは、戦争による傷病兵への保護と看護についての根本的な改革の必要性を、彼女がどんなに切実に感じていたのか、そして英国政府の不作為とも思える対応に、どんなに不満を募らせていたのかを窺い知ることができます。事実、英国政府は王立委員会報告書の勧告のほとんどについて、ただちに行動を起こしました。しかし、この勧告のなかには、兵舎および病院の改善についての委員会の設置、（衛生学を教育する）陸軍衛生学校および（病気の発生を感知し、感染症流行への即応を可能にする）統計局の設置、さらに（栄養改善に資する）調理学校の設置、などが含まれていたのですが、これらの実現にはかなりの日時を要することとなります（兵舎および病院の改善についての委員会は、設置された後も、数十年にわたり改善に取り組むこととなります）。さらにこの手紙から、クリミア戦争の惨禍の責任の所在を突き止めようとするナイチンゲールの決意の程が、鮮明に浮かび上がってきます。

【引用三―一】手紙：無視されたクリミア戦争の教訓について(5)

一八五七年二月二十四日

帰国以来、私は、むしろクリミア戦争の最中の頃よりも、ずっと休みなしに、ずっと没頭して、ずっと悲痛な思いを募らせながら、仕事に取り組んでいます。……

この国の政府は、無策を決め込んでいます。今や誰もが、政府の無策を感じています。私が言いたいのは、この政府には、再び前の戦争と同じ状況に向き合ったとき、また別の軍隊を壊滅させることのないように備える、その予防策が皆無だということです。明日にも戦争が起ころうものなら、私たちが一八五四年の轍を踏むであろうことは、眼に見えています。

あの気高い陸軍に無益な喪失を招いた張本人たちは、のうのうと気楽に、無関心で意気揚々としているのに、陸軍を救うために尽くした人々は見捨てられ、退けられ、蔑まれています。……

当局は、陸軍の科学的〔統計学的根拠に基づく〕運営に資するもの、兵士たちの作業能率と品行と健康に資するもの、これらすべてに削減を加えました。一方、従来の人事制度については、すべてを残したのです。

英国は、実験からは学んでも、経験から学ぶことがない国なのです。英国は、自らがおちいった大惨事からは何も学ばなかったのです。

いったいあの惨事は何であったのか、それは、あの現場の体験がないかぎりわからないと私は信じます。新聞の報道など《穏やかなもの》です。

私たちは進歩を遂げていると私は思っていました。なぜなら、十年前なら、当局が戦地に衛生委員会を派遣したり、その委員が下院議会で陸軍の損失は《回避可能》と証言したりするなど、ありえなかったからです。

でもまあ、陸軍の衛生委員会は、帰国してから、《国内の》陸軍の衛生状態はロンドン市内の最悪の場所より酷い、などと言ってはいますが……。

私はなるべく早く政府の仕事から身を退いて、ロンドンのどこかの病院での仕事に就くことにします。

事実の視覚化

ナイチンゲールは収集された膨大な統計資料を、ファー博士の協力も得ながら、〝鶏頭図(けいとうず)〟（と呼ばれる独特なグラフ）や円グラフを用いて、事実の視覚化に努めました。彼女は自分自身の言葉による証言は避け、その代わりに、彼女への質問書に答える形式で、文書として提出しました（その質問書はもちろん、彼女と彼女の専門家集団が案出したものでした）。この〝記述回答式の質問書〟を通しての報告は、簡潔に

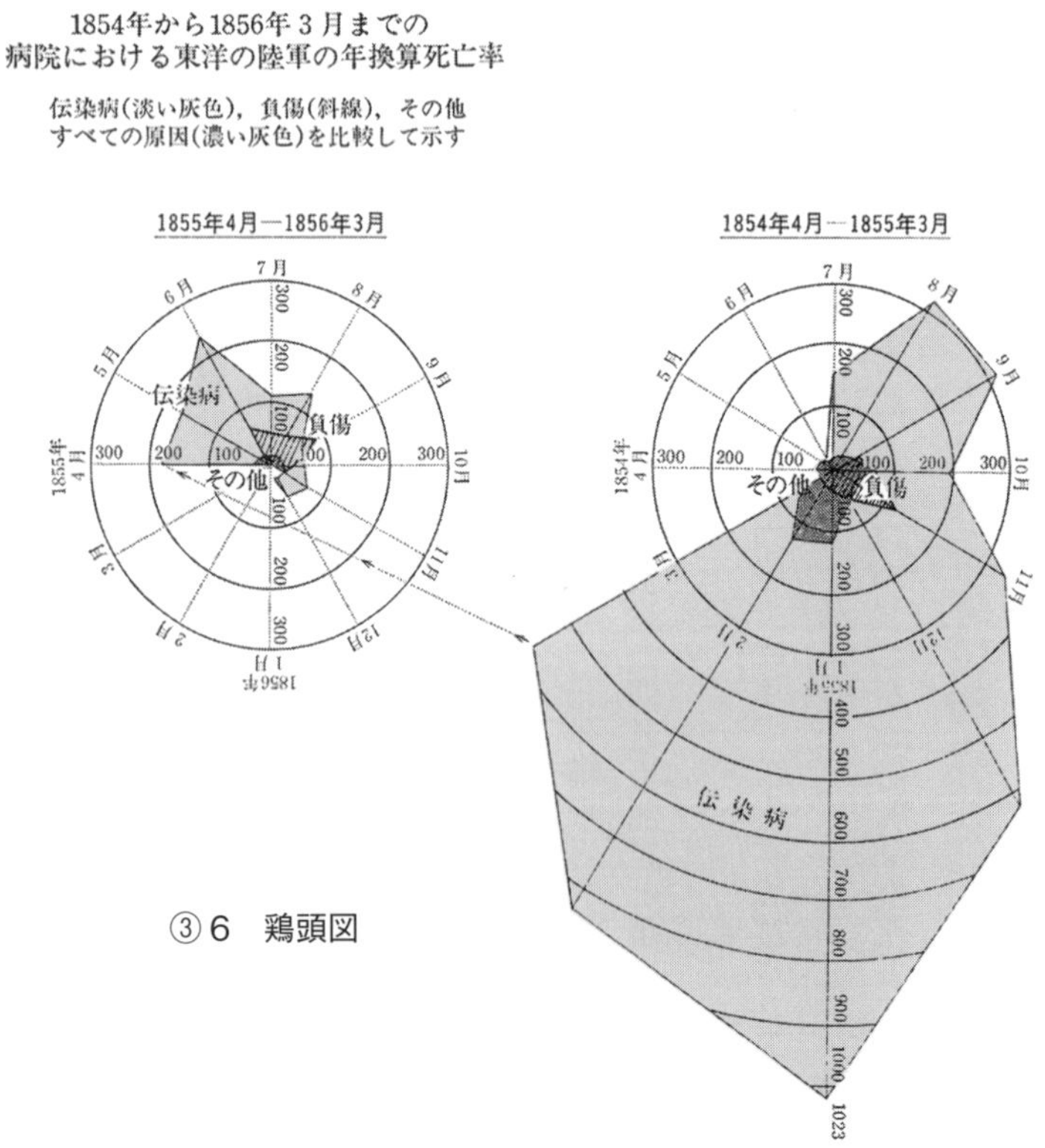

1854年から1856年3月までの
病院における東洋の陸軍の年換算死亡率
伝染病（淡い灰色），負傷（斜線），その他
すべての原因（濃い灰色）を比較して示す
1855年4月—1856年3月
1854年4月—1855年3月
伝染病
負傷
その他

③6　鶏頭図

して要を得たものでした。

質問：あなたは、兵舎病院における高死亡率の主な原因は、何であったと判断しますか？

回答：衛生上の欠陥です。

問題点を表やグラフで表わす

ナイチンゲールは、クリミア戦争の最初の七ヵ月間における病気による患者の死亡率は六十パーセントであり、これは、一般市民社会におけるコレラ流行期の死亡率よりも高い、と指摘しています。彼女の改革によって病気による死亡率は、国内駐留部隊における死亡率よりも低くなりました。これによって、平時の部隊における死亡率の高さは異常であることが判明し、新たな問題として認識されることとなりました。こうした問題の要点はすべて、詳細な一覧表や色付きの円グラフで具体的に表現されていました。

メディアを活用した作戦

王立委員会の勧告は、徹頭徹尾、これまでとは違った体制の導入を強く求めるものでした。そこでナイチンゲールは、ハリエット・マーティノーに依頼して、デイリー・ニューズ紙に、この改革の大筋を特集する〝第一面のトップ記事〟を（論評あるいは反論の記事として）書いてもらいました。その後、マーティノーは、一八五九年に、『英国と英国の兵士たち（England and her Soldiers）』と題する本を書いて出版し、王立委員会の分析と勧告を大衆にわかりやすく広めることに貢献しました。執筆に際して、ナイチンゲールはマーティノーに、例の大冊『要約』〔機密報告書〕を資料として贈りましたが、直接引用は避けるよう釘を刺しました。ここで、クリミア戦争において何が誤りであったのかを詳細に検証するために、この、より包括的な報告書〔要約＝機密報告書〕に目を向けてみましょう。

二、ナイチンゲールの『機密報告書』

九百七十六通の通信文

ナイチンゲールは、『英国陸軍における保健覚え書（Notes on the Health of the British Army）』の序文において、公式報告書の内容が報道に取り上げられるにつれて、最も決定的な情報源の多くが明るみに出てくる、との見解を述べています。この決定的な情報源とは、在ロンドンの陸軍医務局の医務総監、在スクタリ医務部の部長、および前線の各部隊付きの医官たち、この三者の間に実際に交わされた九百七十六通の通信文を指します。これら九百七十六通の通信文の目録は、それぞれに簡単な解説が付けられて、公式報告書の補遺に載せられていますが、ナイチンゲールはさらに『要約』〔機密報告書〕のなかで、それぞれの通信文について、問題点が報告された日時と、それにどんな対処がなされたのかを、つぶさに照合しています。彼女は、『要約』にかなりの量の新項目を加えたうえで、「通信文すべてについて精緻に点検を行なった結果、これらが、陸軍の医療部門に宿る欠陥に対して、そして先の戦争で陸軍に降りかかった災難の原因に対して、新たな強い光を投げかけていることが、私には見えてきた」と述べています。

さらにナイチンゲールは、主要な証拠文書それぞれの冒頭に要約を付けました。それによって、本文で展開した彼女の論点を浮き彫りにするだけでなく、「およそ人間が予測しうるかぎりにおいて、将来に起こりうる災禍を未然に防ぐために、どのような行政改革が必要かを指摘した」のです。

重要事項の要約二点

そして、重要事項の要約として、次の二点を指摘しています。（一）ラグラン卿が発令した一般命令〔軍全体への命令〕は適切であったが、実行に移されなかった。その結果、兵士たちを、栄養不足に陥れ、寒気にさらし、彼らを衰弱させてしまった。加えて、陸軍医務局は、この一般命令をさらに具体的で細部にわたる実行命令として活かさなかった。（二）スクタリ兵舎病院の構造欠陥は、異例の事例とされているが、それは当初の視察がずさんであったこと、さらに問題が発生した時点で対処しなかったことが、複合的な原因であった。

ここで、〝一八五四年四月から始まった英国陸軍の受難と欠乏〟の始まり（もしくは始まり近く）に着目しましょう。それは、実際の戦闘が始まるかなり以前のことです。

【引用三―二】『英国陸軍の受難と欠乏についての覚え書(6)』

総勢二万五千名からなる部隊は、一八五四年四月、トルコに上陸する機会を窺っていた。どの地点に上陸するかはロシア軍の展開位置次第であった。上陸に先立って英国政府は、慎重を期して、技師一名、医官三名および兵站部〔軍の弾薬や食糧ほか必要物資の補給部門〕の将校一名を視察に出し、トルコ国内にあって英国軍が利用しようとしていた施設の状況について報告させていた。

しかし、医官たちが、トルコの現地の情報提供者たちと連絡を取り合った形跡はなかった。そのうえ、現地特有の気候条件が病気と治療に及ぼす影響についての情報を、陸軍の医療関係者に伝えた形跡もなかった。……

トルコのゲリボル〔英語名はガリポリ：トルコ北西部エーゲ海の入江のゲリボル半島の北東岸の港町〕に上陸し、スクタリへと前進した陸軍部隊は、ヴァルナへの転進命令を受けた。これはラグラン卿が最良と判断した作戦で、準備はすでに（五月に）整えられていた。このラグラン卿の五月の一般命令を精査するとき、後に各部隊に受難を招く主原因となる罪業を、彼は前もって知っていたことが見えてくる。その主原因とは、兵站部のみならず、個々の兵士に対してさえ、必要な食糧の調達を自己裁量に任せていたことであった。

兵士は、戦うためには充分な体力を保たなければならないが、塹壕のなかや病院のような生活環境では、それが不可能なのは当然のことと思われる。ところが、一般に武官たちにあっては、その当然が当然と認識されていない。ナポレオンは、最高の軍司令官に最も要求される資質は文官の資質であると看破していた。にもかかわらず、兵士たちがあらゆる生活必要物資を兵站部に頼らざるをえないような不便な田園地帯にありながら、兵士たちが、塩漬け肉やラム酒やビスケットなどだけで生きていけるかどうかという、兵士の健康を守るための衛生知識を兵站部の責任者は持っていなかった。あるいは、その知識を身につけるには準備期間が短すぎた。これはラグラン卿の一般命令とは逆の結果である。そして、野菜を購入すべきかどうかの判断までもが個々の兵士自身の衛生知識に委ねられたのである。そしてさらに、陸軍医務局の軍医総監までもが、然るべき期に及んでも、すなわち一八五四年夏に至っても、陸軍の上層部に対してこの問題について陳情や抗議をまったくしていなかったように思われる。どうやら彼は、医務局の軍医総監でありながら、自分が所轄する軍隊について、衛生管理も自分の責任に属するという認識を持っていなかったように思われる。

生の食材が支給された

ここで少し解説が必要でしょう。この当時、兵士たちは、食糧を生の食材のままで支給され、調理は自分たちの手で行なわなければなりませんでした。調理済みのまともな食事が各部隊に行き渡ることが、ナイチンゲールの主要な関心の一つになったのは、この時以降のようです。

食糧や毛布の不足

ナイチンゲールは、食糧やテントに関してラグラン卿が発した指令を調査するなかで、兵士たちは当初から食糧や毛布の不足に悩まされていたことを明らかにしました。支給される肉はたいてい痛んでいたので、兵士たちは支給食の全部を口にすることはできず、捨てるしかない部分が多くありました。「しかし、人間の健康は食糧などの生活必需品によって左右されます。ましてや陸軍にあっては、他のいかなる職業領域においてよりも、兵士たちの肉体的健康こそが彼らの力となるのです。兵士たちの健康こそが、司令官の原動力なのです」とナイチンゲールは述べています。

個人装備を放棄する

いくつかの判断の過ちが、ブルガリアの集結基地からクリミア半島への部隊移動そのものにもありました。終結基地では、あまりにも多くの兵士がコレラに倒れたので、〝軍事的な必要〟によって、部隊に移動が求められたのです。病気衰弱の身で、やっとクリミア半島にたどり着いた兵士たちには、〔予備の衣料や着替えなどを含む〕個人装備を放棄する命令が出されました。災難はさらに続き、大量の防寒コートや毛布や医薬品を満載した補給船が、嵐に遭って沈没してしまいました。寒冷期を迎えるにつれて、兵士たちの苦難は増していったのです。

【引用三―三】〝無視された五月の一般命令(7)〟

スクタリやブルガリアにおいては、炎天下での連日六時間の軍隊演習が兵士たちの健康を損ねていました。しかし、同じラグラン卿の一般命令のなかには、指揮下の軍隊の健康を憂慮して、演習時間の長さ、その時間帯、また過重労働への予防策などが規定されていたことを、われわれは知っています。

総合すると、ブルガリアで我々がこうむった災難の原因は、土壌が健康によくなかったことに加えて、適切な食糧や衣類の不足、炎暑から身を守るテントの不足、医薬品の不足、などでした。軍医たち皆が口を揃えて言うように、すでにブルガリアにおいてさえ、食糧も粗末で、テントも粗悪で、物資輸送も粗雑だったのです。

食糧問題を改善するには、食材を支給する従来の傭兵契約によるのではなく、部隊内でパンを焼き、部隊内で精肉する制度に改めることです。兵站部に必要な改革はまだほかにもあります。テントの問題の改善には、もっと上質のテントを選ぶことに加えて、その輸送のための馬車を配備することです。これら一連の不備の原因は、なぜラグラン卿の一般命令が無視されたのかという重要な問いに答えることによって究明されるでしょう。

かの有名なクリミア半島への部隊の大移動に関しては、あえて戦略上の問題には一切触れずに、軍隊の衛生という観点のみから言えば、英国陸軍を救済したのは、まさにこの大移動でした。ヴァルナにおける陸軍兵士の健康状態はきわめて悪化しており、もしさらに一ヵ月もとどまっていたならば、英国陸軍は全滅に瀕し、ただその墓標のみが残ったでしょう（医療の権威者の多くも同じ見解です）。これは周知の事実ですが、兵士たちが衰弱の極みにあったために、クリミア半島上陸の時点で、兵士たちに出された個人装備放棄の命令は正当であったことがわかります。

さらに、陸軍は、たとえその必要があったとしても、ドナウ川方面への進出は不可能であったと思われます。なぜなら、兵站部には、輸送手段も物資もなかったからです。一方、コンスタンチノープルへ撤退すれば、軍隊の《士気》を致命的に損なったでしょう。ああ、それにしてもクリミア出兵によって、何と多くの兵士たちが苦惨をなめ、生命を落としたことでしょう。これはまさに事実です。何とか防ぐ手立てはなかったのでしょうか？

主席医務官の責任

ナイチンゲールは、「なぜ、部隊の主席医務官は、兵士たちの惨状を、上司に報告しなかったのか？」と問いかけます。主席医務官は職務として、自分が担当する部隊の衛生状態を部隊司令官に報告しなければならず、「部隊の健康保持のために何が必要で、部隊の健康を阻害する要因は何かについて、自分の判断を伝える衛生管理の責任があり、これは傷病者を治療する医師本来の責任と同等に求められる責任なのです」。こうした陸軍医務局の対策は〝前もって〟準備されるべきであり、〝軍隊が大砲や軍馬を前もって準備しなければならないことに匹敵するほどの自明の理〟なのです。

③7　スクタリの兵舎病院

医務官たちの怖気

ナイチンゲールは相当な時間をかけて、戦地の医務官たちが司令部に問題を報告することをどれほど恐れていたかを、詳細に調査しました。部隊に関する〝文官による判断や評価〟は、職業武官のそれよりも価値が低いと見られていたので、彼女は陸軍のある高級武官の言葉を引用しています。それはカーディガン卿〔軽騎兵旅団長〕の言葉からの引用で、医務官たちが抱く怖気について、次のように描写されています。「私は、ヴァルナ上陸の当初から、医薬品の補給がかなり不足していることに気がついていました。私のもとへはひっきりなしに軍医本人たち、それに旅団副官が直談判に訪れて、医療品の欠乏のために非常な困難におちいっていると訴えました。それは、一八五四年七月のことで、おびただしい数の兵士が病気に罹っていました」。

ラグラン卿への嘆願

緊急の書簡がラグラン卿に送付されたこともありました。それは、ヴァルナの陸軍医務部の責任者に命令して、軍医たちへ供給すべき医薬品や〝医療慰問品〟の窮乏状態を報告させてほしい、という嘆願でした。しかし、当の軍医たちは、上司との諍いを恐れていました。「端的に言えば、陸軍医務局の総監は非常に恐れられていた、と私には思える」のでした。ハーディング卿〔英国陸軍の本国の総司令官〕の説明では、彼は問題を〝どうにかする〟ために、ラグラン卿〔クリミア遠征軍の総司令官〕に私信を書かざるをえませんでした。私信の内容は、ラグラン卿が陸軍医務局の総監を呼び寄せて医薬品を手配させること、ただしこの件で誰も咎めないように、という要請でした。こうしてハーディング卿は、何とか医薬品を調達したのでした。軍医たちまでもが彼に、いかなる陳情抗議もしないようにと要請していました。しかし「医薬品が底をついていたこと、野営地で悲劇が起こっていたこと、兵士たちが次々に死んでいたこと」を、どうして彼がラグラン卿に伝えずにいられるでしょうか？

損壊状態にあった屋外便所

スクタリ兵舎病院の下水溝の致命的な問題点については、【引用三−四】が示すように、一八五四年八月四日の時点で、すでにその欠陥を指摘する報告が上げられていました。〝兵舎病院の衛生管理責任者〟のアンダーソン医師はメンジーズ医師〔兵舎病院の総監督〕へ、「兵舎病院の南西方向にある屋外便所は、いずれも完全に損壊状態にあって、周辺の空気を汚染しており、兵士たちの健康を危険にさらしている」と報告しています。アンダーソン医師の説明によれば、配管は汚物が詰まって氾濫状態であり――ここで言う汚物とは糞便のことですが、建物の一階部分は〝その結果、汚物で覆われた状態〟で、同時に下水溝本管は不通でした。この建物の構造的欠陥の修理改善には、まったく手が打たれていなかったようです。また、在ロンドンの陸軍医務局の軍医総監アンドリュー・スミス医師も、この問題を五ヵ月間、放置しました。

陸軍医務総監スミス医師が、やっとスクタリの主席医務官宛に書簡を送ったのは、一八五五年一月十八日のことでした。その手紙には、彼は本国に帰還した将校たちから「部隊がコンスタンチノープルに到着した時点において、すでにスクタリ兵舎病院とその周辺の下水処理にははなはだしい欠陥があった」との報告を受けた、と記されています。彼は、手紙のなかで、その欠陥に関して、その後、「少なくとも、施設の収容者の健康を保全するに足るだけの」改善が行なわれたかどうかの報告を求めています。実際には、下水溝には何ら改善は施されず、その一方で、患者の数は異常なまでに増えていったのでした。

ホール医師に重大責任が

ハーディング卿〔陸軍総司令官〕も、スクタリ兵舎病院の重大な欠陥について厳しく批判しています。この病院はラグラン卿〔クリミア遠征軍総司令官〕の指揮下にありましたが、所轄の委員会に上がった報告では、「災害の規模を事実どおりに伝えておらず、報告すべきことが報告されていなかった」のです。ラグラン卿は「初期の段階では、この災害の規模について充分な情報を得ておらず、状況がそこまで悪化しているとは知る由もなかった」のでした。ラグラン卿は、視察調査のためにホール医師を本国から派遣しましたが、ホール医師の報告は「すべてはきわめて良好、という結論でした」。ハーディング卿は、ラグラン卿には責任はなく、ホール医師こそ責められるべきであると見ていましたが、ナイチンゲールも同感でした。それに加えて、ハーディング卿は「誤った報告をしたホール医師の行為に対する審問が、まったく行なわれていないことに気づいてはいませんでした」。「ホール医師を呼び出して釈明させるのは、ラグラン卿の責務でした」が、彼はそれをしませんでした。しかし、そのラグラン卿も、一八五四年十二月の一般命令に基づくクリミア半島からの兵士の移送に関しては、ホール医師に不注意があったとして、彼を譴責しています。その不注意の直接の責任者と見られる医師は解任されましたが、その時、ホール医師は、その医師をスクタリ兵舎病院の主席医務官に任命したのでした。

ホール医師の評価

後に、ホール医師はバス勲章〔KCB＝Knight Commander of the Bath＝英国の最も名誉ある騎士勲章〕を受けましたが、それに不快感を覚えたナイチンゲールは（身内のなかだけではありましたが）その勲章の称号を〝クリミア墓地勲章〟（Knight of the Crimean Burial-grounds）と呼び変えたりしました。奇妙なことに、彼女を誹謗（ひぼう）中傷する伝記著者たちは、彼女のホール医師に対する反感について、こうした深い事情（なりゆき）と理由（わけ）があることを伏せて、彼女の性格的な欠陥のせいにしています。

ラグラン卿の責任は？

後の審問の時、高死亡率の発生に対する遠征軍総司令官の責任について見解を求められたとき、ハーディング卿は、ラグラン卿は現場から遠く離れた指揮所に在（あ）ったし、また彼は戦闘展開中に指揮所を離れるわけにはいかなかったと、指摘しています。また、ハーディング卿は、ラグラン卿はもっと早い時点で状況調査が可能だったのではないかと質問を受けたとき、彼は事態の悪化を疑っていたが、「その懸念は、ホール医師の報告によって解消した。別の調査官の派遣が必要などとは誰も思わないであろう」と説明しています。ラグラン卿は一八五五年に死去しましたので、当然ながら彼自身による弁解は聞くことができません。

人によって異なる惨状の評価

シドニー・ハーバート〔戦時大臣〕も同様に、王立委員会での証言のなかで、ラグラン卿が、現地に置かれた陸軍病院の視察のために派遣したホール医師から、〝賞賛と美辞麗句を連ねた報告〟を受けた事実を強調しました。総司令官ラグラン卿としては、現地視察に基づくホール医師の証言を根拠に、「すべては良好と確信するのが当然」でした。「ただし、私には理解できる点もある」とシドニー・ハーバートが付け加えています。「人々はそれぞれに、かなり違った眼でスクタリの状況をとらえていました。私は、スクタリの状況について、まったく正反対の状況説明を受けました。現地の将校たちは、病院開設の初期の段階から、こんなに効率のよい陸軍病院は見たことがないと伝えてきました。近年、病院では大幅な改善が進んでおり、とりわけ民間病院でいちじるしいものがあります。私が思うに、当初は、陸軍病院に過剰な期待が寄せられたのです。しかし同時に、これも言っておかなければなりません。確かに当初、病院の改善はほとんど行なわれませんでした。しかし、戦地の病院を見たことがない民間人ならその不快さや欠陥に大きな衝撃を受けるでしょうが、それを見慣れている兵士たちには、それほどの衝撃ではなかった、ということです」。

無視された事実

ナイチンゲールは、ホール医師が上司に提示した楽観的で独断的な報告書について、厳しい精査を加えていました。彼女の分析はもっぱら、ホール医師が提出した統計数値が実際の死亡率よりも大幅に低いことの証明に向けられています。スクタリ兵舎病院のもろもろの欠陥の責任をナイチンゲールに転嫁しようとする人たちは、それらの欠陥は彼女が到着する何ヵ月も前にすでに報告されておりながら改善されず、さらにホール医師がその問題の隠蔽を図った、という事実を無視しています。

ホール医師は、本国のスミス医師〔陸軍医務総監〕に、次のように報告（一八五四年十月二十日）しています。「以下の状況を、閣下にお伝えできて、自分も満足でありますが、当地（スクタリ）の病院施設は今や体制も整い、きわめて信頼性の高い状態にあり、病兵も負傷兵も期待どおり最良の状態で過ごしています」。

「これまた同じく嬉しい報告ですが、一等軍医正〔大佐と同階級〕のメンジーズ医師〔兵舎病院の病院長〕とその部下の医官たちによる不屈の奮闘と不断の努力によって、私たちが抱えていた難問のかずかずは、ほとんどすべて克服されました。近いうちには、自慢ではありませんが、私たちには同様の不利な状況下にあっても、この規模に匹敵する病院の開設が可能であります。いや本当は、いかなる状況下でも、とあえて申し上げたいくらいです(8)」。

事実が報告されない

先任の陸軍大臣〔在任一八五四年七月十二日～五五年一月三十日：パンミュア卿の前の陸軍大臣〕のニューキャッスル公爵は、さらに詳しく、指揮系統を通して報告されてきた誤った情報について、「惨状の渦中の病院で指揮していた医師たちの誰からも公式な情報を受けることはまったくなく、こちらから緊急質問を送っても、一部の不具合は認めたものの、惨事そのものは否定した」と具体的に伝えています。ロンドンの陸軍医務局の軍医総監スミス医師は、ニューキャッスル公爵が私的に得た情報の信憑性について、「まったく疑わしい」と発言しています。彼にしてみれば、惨事を伝える報告のかずかずは誇張にすぎないと、信じたかったのです。

【引用三―四】スクタリの大惨事(9)

スクタリの惨劇は特異な事例であり、他の事例とは区別して検証しなければなりません。これは、何千人もの病気の兵士に、病気に罹った地域から三百マイル〔約五百キロ〕もの長距離の移動を強い、さらに収容先の病院施設では、別種の危険にさらしてしまった、という惨事です。

この病院の建物群はいずれも、外観は広々として壮麗な佇まいであり、英国本土のいかなる陸軍施設よりもはるかに見映えがよいものでした。見かけだけなら、英国内のどんな陸軍病院よりも病院にふさわしく見える建物もありました。しかし、この立派な見かけが、不運にも人々を惑わしました。これら大建造物の真下には、考えられるかぎり最悪の構造を持つ下水溝が張り巡らされていました。汚物が詰まった下水溝は、事実上、もはや汚物の溜め池と化しており、病気の兵士たちが横たわっている廊下や大部屋には、各所の屋外簡易便所の配管伝いに、下水溝で汚染された空気が流れ込んでいました。

どの病棟にも換気の手段がまったくなく、壁という壁は、絶えず石灰洗いが必要なくらい汚れており、そこに、一八五四年から五五年にかけての冬に、膨大な数の病気の兵士が詰め込まれたのですが、その数は度を超しており、この病棟の衛生構造の悪さと合わせて考えれば、もはや異常としか言いようがありませんでした。そして、収容者数がどんなに増えても、衛生上の対策はとられないばかりか、衛生状態は日増しに悪化していったのです。それもそのはずで、収容者が増えた分だけ、下水溝は汚物でますます危険な状態になり、壁にはより大量の有機汚染物質が滲(し)み込んでいったからです。

一八五五年三月の初頭にわずかな改善作業が施されました。しかし、この病棟群に病気をもたらす原因を排除するための積極的な対策が講じられたのは、三月十七日になってからでした。すなわち、(英国本国から派遣された)衛生委員会による改善でした。この改善工事がほぼ完了した六月頃には、病気の兵士の数はずっと減少し、病院は病院としての衛生環境を取り戻していました。

これが、あの身の毛もよだつスクタリの惨事の経過です。一八五四年十月に兵舎病院の各病棟に傷病兵を搬入しはじめた当初から、すなわちあの地獄のような冬に入る前から、すでに兵舎病院の死亡率は非常に高かったのです。病人の数がまだ少ない時点で死亡率が異常に高いということは、とりも直さず、当初から病棟の衛生状態が劣悪であったことを示していましたが、それでも改善はまったくなされないままに、次から次へと船で傷病兵が搬入されました。当然、死亡率は上昇しつづけましたが、何の対策も講じられませんでした。そして、あのクリミアの大破局が起こりました。傷病兵を満載(まんさい)した船が次々と到着し、衰弱しきった彼らを見舞ったのは兵舎病院の汚染された空気で、それは彼らにとっては死への一撃に等しいものでした。案の定、彼らは死に至り、一八五五年二月の死亡率は、年率にすると四百十五パーセントに達しました。この死亡割合は、兵舎病院の全患者数の四倍が十二ヵ月で死亡するという数値です。その二月は、ボスポラス近辺の病院全体では患者五人当たり二人が死亡し、クーラリ病院に至っては二人に一人が死亡していました。この信じがたい死亡率が、私たちの手痛い教訓となりますように！

死亡率の降下を見たのは、衛生改善策が実行に移されたあとで、その効果はてきめんでした。死亡率は、一八五四年十月に兵舎病院を含めた後方の総合病院〔戦場の後方に設置された病院〕に傷病兵が搬入された時期の数値と比べて、ついにその六分の一以下にまで下がり、一八五五年二月の最悪の数値から比べると、十九分の一にまで下がりました。

我々の総合病院の運営管理のあり方は、その戦争の期間を通して、嘆かわしいまでに劣悪であり、むしろ病院などないほうがましではと疑問を覚えるほどでした。スクタリでの経験で証明されたことは、病院という建物は、管理を怠れば悪疫の巣と化し、管理が行き届いて初めて並の建物になる、ということです。

以上が、我々が業務についた最初の一年間の、スクタリ病院の実態です。当時出された衛生改善勧告には、たとえそれが遅きに失した示唆でなければの話ですが、我々が目下分析する範囲においては、我々に真実を気づかせるような指摘はまったくなかったように思われます。病院の建物そのものに何か深刻な欠陥があるなどとは誰も想定していませんでしたし、各病棟に死して名を刻んだ英国兵士たちのその死の決定的な原因が、まさにその病棟の欠陥にあったなどとは、誰も思いも寄らなかったのでした。……

【英国下院委員会報告書からの引用】この兵舎施設の病院への転用が決定されたとき、下水溝は修理されず、溢水対策を施されなかった。それで、配管はたちまち詰まり、液状の糞便、すなわち下痢患者の排泄物が下水溝に充満し、床上にまで溢れ出し、用具用品の収納室にまで流入してきた。下水溝から溢れ出した汚水はさらに医師や看護師の控室にまで流れ込み、私が兵舎病院に着いた朝には、一インチ（二・五四センチ）以上も床上浸水していた。下痢に苦しんでいた傷病兵たちが、この排泄物の洪水が進行する最中も、上履きも靴も履かないままに、用便がますます近くなると、ドアの付近から離れられなくなり、ついには控室から一ヤード（約九十センチ）も離れていないところで排便するのを、私は目撃した。当然ながら、立ちこめる悪臭の、そのおぞましさは、筆舌に尽くしがたいものであった。

【脚注：】さらなる悲劇を呼び、さらに多くの病気を呼ぶことになった、もう一つの原因は、一八五四年秋に、屋外便所から遠い各病棟に（個人用便器がなかったために）いくつもの桶を置き、一つの桶に三十名から四十名の下痢患者や赤痢患者の排泄物を溜めたところにある。この恐るべき汚染源がいかなる結果を招いたかは想像にかたくない。この汚物桶は、二名の雑役兵が組んで竿で担いで外へ運び出して捨てるのであったが、桶が空にされたかど

うかの確認も、ナイチンゲール嬢の仕事になることが多かった。(10)

メディアは実態を紹介していない

このように鮮明で実録映像のような詳しい記述は、ナイチンゲールを褒め上げる類の本にも、直接の根拠もなく彼女を誹謗中傷する類の本にも、まったく紹介されていません。ナイチンゲールは、王立委員会の報告書のなかの〝文章による質問と回答〟においては、例えば、病院の床に溢れた〝不潔物〟といった、婉曲で曖昧な用語を使っています。しかし、この〝機密報告書〟では、兵士たちは靴も上履きも履いておらず、当時は石鹸すら与えられていなかった、というような痛ましい光景の正確な描写とともに、直接的な〝俗語〟の使用が見られます。ナイチンゲールは、男性用の便所のなかに入ったことはないでしょう。しかし〝機密報告書〟では、それを補って、男性便所に出入りする（男性の）医師たちから聞き出した話として、絵を見るように詳細な情景を描き出しています。液状の糞便が一インチ以上の高さにまで床に溢れ出して流れている光景の描写は、ＢＢＣ〔英国放送協会〕の映像創作の能力を以てしても、とても不可能なように思われます。

三、陸軍省の改革

日課としての陸軍省の仕事

クリミア戦争の後、数十年にわたり、ナイチンゲールは陸軍のために尽力(じんりょく)しました。それは、戦時における兵士の死亡率を最低限にとどめるために、前線の病院や施設に良好な衛生状態が確保でき、適切な医療と看護が確保できるように対策を打つためでした。彼女は冗談交じりに、陸軍省へ〝お勤(つと)め〟する自分自身を評して、陸軍省の長期住人であるとか、時には陸軍の経営者であるとか、いろいろに説明するのでした。彼女はまるで日課のように、毎日毎日、陸軍のもろもろの計画や規則や規程、そして必需品や補給品の目録(リスト)、さらにもろもろの業務手順や訓練要綱などの文書を作成しつづけました。彼女は、自分が練り上げた案文を、それを必要とする者には誰彼(だれかれ)なく献呈(けんてい)しましたし、依頼も受けずに、率先して案文を作成して献策(けんさく)することもありました。

中国作戦における死亡率

王立委員会による勧告は、中国における一八五七年の英国軍の作戦において初めて、実地に適用されました。これは、ナイチンゲールの意にかなう結果となりました。陸軍が採用した新方式が功(こう)を奏(そう)し、中国作戦における部隊全体の死亡率は、従来の戦争の十分の一にとどまりました。同様に、病気による死亡率も七人当たり一人にまで減少しました。

カナダ派兵への助言

一八六一年、ナイチンゲールは、予想される英国軍のカナダ派遣に備えて、より大規模な準備を整えました。事の発端は、アメリカ南北戦争の初期に起こった〝トレント号事件〟です（合衆国〔北軍〕の兵士が英国船トレント号に乗り込んで臨検を行ない、英国およびフランスに連合国〔南軍〕の政権承認を得る使命を帯びていた二人の連合国外交官を逮捕し下船させた事件）。この事件を契機に、英国がこの戦争に巻き込まれるという見込みのもと、その警戒行動として、カナダに援軍を派遣する公算が強まっていました。ナイチンゲールは、時の陸軍大臣デ・グレイ卿に乞われて、助言をしました。彼女が指示した遠征準備は入念なもので、例えば、橇で可能な輸送距離の見積りや、毛布と野牛毛皮について、その重量に対する保温効果比の算定など、細心の配慮をしていました。もっとも、戦争への突入は回避されました。合衆国は、英国が求めていた謝罪には応じませんでしたが、連合国の外交官二名の拘束を解きました。

アメリカ南北戦争に関与

ナイチンゲールの祖父、ウィリアム・スミスは、大英帝国圏〔の植民地〕にあった奴隷制度と奴隷貿易に反対し、その廃止運動で指導的な役割を果たした人物でした。この影響を受けてか、アメリカ南北戦争においては、ナイチンゲールは公然と北軍の政権、すなわち合衆国側に共感を寄せていました。彼女は、合衆国への支援として、傷病兵の扱いについて、その規程や方式の文書資料を複写して送るなど、情報を提供しました。それらの資料は、そもそも英国陸軍省のために彼女が立案し開発したものでした。彼女が提供した資料が、北軍の全軍にわたって活用されたことは、現在に残る証拠からも明らかです。彼女は、協働者であったハリエット・マーティノーの、南軍にはこのような貴重な資料の益を受ける資格はないとする主張にもお構いなく、北軍にも南軍にも分け隔てなく、資料を提供できる態勢をとりました。事実、バージニア州リッチモンドに建てられた南軍最大の病院（当時、世界最大のチンボラゾ病院）は、ナイチンゲールが提唱した病院建築の原理に基づいて設計された、とされています。さらに、南軍の軍医総監が、野戦における調理法についての、『バージニア州陸軍のための、野営地および病院における軍隊調理の指針』という本を出版して配布していますが、その著者としてナイチンゲールの名を冠しています。

有効利用されなかった情報

ほとんど知られてはいませんが、どうやらナイチンゲールは、自分が提供した情報が、北軍側にも南軍側にも、最大限有効に活かされていない、と感じていたようです。事実、南北戦争は、死亡率が高かったことで知られます。この戦争より少しあとの、普仏戦争の最中の頃の手紙のなかで彼女は、「南北戦争の時、私たちの方式にアメリカ人たちが勝手に手を加えたばかりに、三パーセントに抑えられたはずの死亡率が十パーセントに達したのです」と記しています。自分たちの方式をより忠実に実行していれば、死亡率はもっと低く抑えられたであろう、と遠回しに非難しているのです。

継承される助言や方式

さらにナイチンゲールは、英国陸軍の相談役として、ズールー戦争（一八七九年）や、エジプト作戦（一八八二年と一八八五年）の際にも、より効率的でさらに改良を加えた助言を与えています。十九世紀末のボーア戦争〔一八九九〜一九〇二年〕の頃には、彼女自身が職務に携わるのは無理でしたが、彼女がつくりあげた方式や規程は、なおも活用されています。実際、二十世紀に入ってからも陸軍医務局は、彼女がつくった方式や規程を使いつづけました。

四、ジュネーブ協定と普仏戦争、そして軍国主義

この協定によって、英国やフランスの
敵国の傷病兵の扱いが
より人道的になるとは思われませんし、
この協定で、ロシアのような半野蛮（やばん）国が[11]
非人道的行為を改めるとも思われません。

アンリ・デュナンとナイチンゲール

ナイチンゲールは、国際赤十字社の設立と初期の活動に関わっていましたが、その関わり方には複雑なものがあります。同機関の設立はアンリ・デュナンという人物の発案でしたが、彼は自分の着想にナイチンゲールを結び付けたのです。彼はスイスの民間人で、一八五九年に北イタリアで戦場となったソルフェ

リーノに、たまたま戦闘が終わった直後に来合わせたのでした。そこでデュナンは、悶(もだ)え苦しみながら死を待つだけの、捨て置かれた傷病兵たちを目の当たりにしました。スイスに戻ると彼はただちに、負傷兵を救済するための奉仕活動組織の設立を、熱心に説きました。この活動がついには国際赤十字社へと発展していきました。この達成は、倫理的に画期的な進歩であり、戦争が生み出した病兵や負傷兵は、国籍のいかんにかかわらず保護救済されなければならない、という原則が確立されました。

ジュネーブ協定の性格

一八六四年、ナイチンゲールは、英国政府を代表して交渉にあたっていたトマス・ロングモア医師に送る資料を整えましたが、彼への手紙に「私も貴方(あなた)に同感です。今の案文のままでのジュネーブ協定に調印しても、わが国には何の害もないでしょう。なぜなら、この案文はただ、傷病兵を人道的に扱うことはよいことである、と宣言しているにすぎないからです」と記しています。

しかしナイチンゲールは、協定は無害であると同時に、大きな善をもたらす画期的なものでもないと思っていました。「この協定は歌劇(オペラ)の合唱団(コーラス)のようなものです。欧州の主役の国々が唄えば、ほかの各国もあえてそれに逆らったりはしないでしょうし、英国が唄いたいのであれば、私もあえてそれに逆らったりはいたしません」。彼女によると、協定とは宗教上の誓言(せいごん)のようなものであり、「誓言を守れるような人間であれば、誓言がなくてもよいでしょうし、誓言がなければ何もしないような人間であれば、《誓言があっても》何もしないでしょう」と記しています。

ジュネーブ協定の欠陥

ナイチンゲールの見解によれば、赤十字社はその大前提において誤っていました。それは、《寄付奉仕》に依拠(いきょ)した救済活動であり、非政府の活動であるからでした。交戦国が、寄付奉仕の活動を悪用して、自国の責任をなおざりにして、戦費を節約する惧(おそ)れがあったのです。そして実際、懸念(けねん)されたとおりのことが起こりましたが、それは協定成立からたった六年後の普仏戦争においてでした。「プロイセン政府は、戦費を節約するために、義務も責任もいっさい放棄(ほうき)して《病気の》兵士たちを捨て去り、彼らを英国および他国に押し付けて、彼らに、救護《したければせよ、さもなければ、するな》という態度で臨んできました。これはまさに、私たちが一八六四年にジュネーブ協定に関して英国政府に忠告したとおりです。『協定が悪用されて、交戦国政府が、自国が負うべき傷病兵に対する責任を軽減したり、日頃の備えとしての平時の負担を減らしたりすることがないよう、くれぐれも注意すべきである』と私たちは英国政府に伝えたのです。《英国は事実上》、プロイセン人の戦費のうち、相当大きな部分を負担している」とナイチンゲールは記しています[12]。

普仏戦争への貢献

普仏戦争について、ナイチンゲールは複雑な思いがありました。その理由の一つは、あとに掲げる引用からも明らかなように、彼女はフランス支持派でしたが、一方、プロイセンの皇太子妃は、ヴィクトリア女王の第一子であり、ナイチンゲールの看護改革の支援者だったのです。表面上は、フランスが侵略者でした。ナポレオン三世のほうから宣戦布告したからです。ナイチンゲールはどちらの側にも貢献を尽くし、プロイセン皇太子妃との文通も如才なく、どちらの支持かは明かしませんでした。彼女は、個人的には、プロイセンの軍国主義を憎んでおり、フランスの宣戦布告を挑発した責任はビスマルク〔プロイセン首相〕にあると非難していました(13)。

ナイチンゲールは、個人的な好みは表に出しませんでしたが、支持していたのはフランスでした。英国は、普仏戦争に参戦はしませんでしたが、さまざまな局面で外交戦に巻き込まれました。彼女は、どちらの側からも支援の要請を受けましたが、主に全国救援協会（National Aid Society）という奉仕団体を通じて、どちらの側にも支援しました。この協会は英国赤十字社の前身となる組織でした。戦争が終わったとき、彼女は、この双方から勲章を受けることになりました。

普仏戦争の結末

普仏戦争の期間中に彼女が書き遺した著述の大半は、必需物資の供給とか、看護学校卒業生の消息とか、業務手順とかいった、実生活に関するものばかりでした。彼女は、個人として、パリ陥落による難民の救済に義援金を送ったり、公には、募金活動を支援したりしました。「戦争にあっては、その準備のいかんが国家の存亡を決する基本条件であり、たとえ些細であっても、準備に洩れがあると、そのために国家は侵略されて壊滅に至るのです。戦争は、戦後処理を想定して計略され、その計略が忠実に遂行されれば、すでに戦後処理が完遂されているはずのものです。戦争の準備が不完全なとき、結果は恐ろしいことになりますが、それを今、詳しく説明する必要もないでしょう。現に私たちは、フランスを手に入れたプロイセンと敗北を喫したフランスとを、目の当たりにしているからです(14)」。

ナイチンゲールは、戦争の悲惨さを緩和するための有効な組織制度のあり方を模索する一方、機に臨めば個人として最善を尽くすような、勇気ある行動の人を高く評価しました。

ウェルクナー夫人に賛同

カロライン・ウェルクナーという英国人女性はその典型例でした。[15] この女性は、ヴロツワク市（現在はポーランド国内の都市）に住むプロイセン人の妻でしたが、夜ごとに独り鉄道駅に行き、収容所へ移送される途中のフランス兵捕虜たちに、食糧や衣料などの支援物資を施していました。地元の支援団体のドイツ人女性で、護送兵に慰問品を配る女性はいましたが、捕虜たちを支援する組織はありませんでした。ウェルクナー夫人は、珈琲やワインや手作りの包帯などを贈り、さらに、夫の衣類を手始めに、手に入れられるかぎりの衣類をフランス兵捕虜たちに贈りました。ナイチンゲールとその従姉妹マリアンヌ・ゴルトンとは、ウェルクナー夫人に義援金を送り、合わせて彼女のために英国救援協会を通して募金活動を行ないました。ウェルクナー夫人はナイチンゲールに、捕虜たちの様子をいろいろと伝えてきましたが、捕虜たちのなかには体温低下ですでに死亡している者もいました。飲み物も食べ物も受けつけずに「死なせてくれ」と懇願する者や、食べ物を飲み込むように口に入れると、すぐに息絶えた者もいました。彼らは、軍の制服以外にはほとんど衣類を身につけていませんでしたが、それは彼らが、自分たちの衣類を温かい飲み物やビールなどと交換してきたからです。一週間以上も列車に乗せられていながら、パンと水以外は何も与えられていない者もいました。車輛には屋根がなく、雨水が注ぎました。車輛の床に凍り付いてしまった者もいて、手斧で氷を割って引き離さなければなりませんでした。両足とも凍傷に冒された者もいました。凍傷で真っ黒になった足の指がポロリと落ちることもありました（ナイチンゲールも、クリミア戦争の時、同様の惨状を眼にしたことがありました）。重症者は、ヴロツワクで降ろされて病院へ収容されましたが、その医療は最悪の酷さでした、とウェルクナー夫人はナイチンゲールに書き送っています。

生々しい体験談

ウェルクナー夫人は、英国人女性でしたので、こうした差し入れは許可されていました。しかし、彼女は常に周囲から侮辱を受けましたし、〝敵国の兵士〟を支援しているとして、脅迫文が送りつけられたこともありました。彼女は、駅構内に立ち入る許可を〝私的な手段〟（賄賂？）によって得ていたと言います。彼女の生々しい体験談によって、ナイチンゲールは、ますます戦争の恐ろしさを知るとともに、戦闘終了のあとにも、往々にして最悪の事態が起こることを知りました。

五、軍国主義と戦争の原因

ドイツ軍国主義がもたらす危険は、
戦争がもたらす大災禍と同様、
自己の社会や制度にも破綻をもたらし、
自己の国家的発展にも破滅をもたらします。

プロイセンは世界支配に邁進しています。プロイセン人優越主義……、この言葉こそ、今世紀最悪の軍事独裁支配を現わす、絶対に赦せない、おぞましい表現であり人類の自由と進歩に対立します。(16)

普仏戦争についてナイチンゲールが書き遺した手紙や手記のかずかずには、軍国主義について、あるいは戦争の原因について、さらにはこの二つの国の長所の比較など、広範な主題についての彼女の考えや想いが散見されます。

プロイセン国家の特徴

プロイセンの軍事的独裁政治というのは、この民族が持つ〝より優れた素質のすべてを〟吸収して統合するかに見えます。それは、非プロイセンの社会や制度が持つ〝より高貴でより優れた〟素質をプロイセンに採り入れるかにも見えます。しかし、ナイチンゲールは、当時の英国首相グラッドストンに対する〝激しい非難〟について、冗談めかして、「でも、議会抜きのグラッドストン氏を想像するだけでもわかるでしょうに！……実直で勤勉な官僚組織と高水準の国民教育、これだけでは偉大な国家は成立しません。ところがプロイセンは、これだけしか持っていないのです」と書いています。

ドイツ軍国主義

ナイチンゲールは、軍国主義は、ドイツの民主主義のみならず、全ヨーロッパの民主主義にとって害である、と考えていました。彼女は、仲間の一人に自分の考えをはっきりと述べて、普仏戦争の結末は「史上最悪の瞬間でした。その結果、新興ドイツ軍国主義は、征服され蹂躙されたフランスにも増して、全ヨーロッパの未来にとって脅威となったのです」と書き送っています。

兵士たちへの敬意

戦場に現われる理想的な人間像、それは、生涯を通してナイチンゲールの著作に流れる主題の一つでした。彼女は、戦争が、男たちから無比の人間的勇気を引き出す場面を、何度も目の当たりにしてきました。クリミア戦争の最中、毎日のように、数多くの兵士たちが自己犠牲をも厭わずに死んでいったことに、彼女は胸を打たれていました。彼女の著述のあちこちには、これら兵士たちの克己心と愛国心とに深い敬意を表する記述が見られます。彼女は晩年、クリミア戦争記念の集会には、欠かさず、追悼文を送りました。

平時にも同じ美徳を

しかし、彼女においては、兵士たちの勇気や自己犠牲への賞賛が、戦争を〝善とする〟思想につながることは、決してありませんでした。反対に、このような戦場で発揮される他愛と利他の精神を、何とか平時の日常のなかでも発揮させることができないものか、これが彼女の課題でした。彼女は、ある記念式典に寄せた手紙のなかで、戦時にあの最高の美徳を示した兵士たちに、「平時の家庭でも、同じ美徳をお示しになりますように」と希求しています。クリミア戦争の真っ只中で、頭のなかは、思索どころか、現実問題への対処で一杯だったはずの頃でさえ、彼女はこの課題を自身に問いかけつづけていました。こんなこともありました。スクタリからクリミア半島へ向かう途次のこと、スクタリで回復して再び元の連隊に戻るべく彼女とともにクリミア半島へ向かう四百二十名の兵士たちを見ながら「またまた敵に撃たれるために、戦場へ戻る人たちですね」と、彼女は周囲に洩らしたといいます。ある時、カイゼルスヴェルト学園の創設者フリードナー牧師が、ナイチンゲールを指して〝神の国の母〟と呼んだことを思い出した彼女は、むしろ〝歩兵連隊の母〟と呼ばれたほうが、自分にはふさわしいと、自嘲気味に語ったといいます。

　ナイチンゲールにとっては、平和のための組織や体制は、戦争のための組織や体制と同様に重要でしたので、彼女は国家に、病人や貧窮者や子供、同様に犯罪者や売春婦、などの保護や世話を求めて働きかけました。

国内にも同じ敗北や崩壊が

　ところで、社会生活における組織体制の欠陥がもたらす結果は、戦争の敗北がもたらす結果ほどには恐るべきでないと言えるでしょうか？

　……例えばウェルトやセダンやメッツ［普仏戦争の戦場］で見られた戦争での敗北や崩壊は、英国の国内で起こっている、長期にわたる、労働のあり方と人間の自立における敗北や崩壊よりも恐ろしいと言えるでしょうか？　この英国においては、全人口の十分の一が極貧者であり、この国は犯罪者更正への取り組みにおいて長期にわたる敗北を喫しており……、さらに慈善事業への取り組み、警察力改善への取り組み、貧困や悪徳や売春やあらゆる意味における犯罪を減らすための救貧法の取り組み、こうした取り組みにおいて、それらが後ろ向きに働いてはいないとしても、どれもが長期にわたる敗北を喫してはいないでしょうか？この英国の国内における失敗や敗北は、セダンやパリの陥落よりも、ずっと大きな敗北ではないでしょうか[17]？

社会科学の手法で改善

ナイチンゲールは、社会科学の手法による研究や検証は、この社会を改善に導いていく、と確信していました。それは、公衆衛生対策についての彼女の構想においてより顕著であり、公衆衛生の現状を改善していくためには、まず、社会科学の研究手法を有効に使って、その問題の根源を突き止めるというものでした。二十世紀の平和推進運動も、同じ思考法に根ざしています。彼女の手法はさまざまな分野で応用されましたが、それが彼女の存命中に、紛争の解決策としての非暴力主義にまで発展するには至りませんでした。時代がまだ一世代早かったのです。

十九世紀末の戦争の実態

ナイチンゲールの手紙から、彼女は晩年になっても、自身の念頭から、戦争という主題が離れないでいたことが窺えます。一八八八年には、W・E・グラッドストンのバルカン半島の反乱への支持を批判しています。それは、ドイツ皇帝（ウィルヘルム二世、第一次世界大戦時は〝カイゼル〟として知られる）がグラッドストンに

〝モンテネグロの剣〔軍事力〕〟を手渡すようなものだと仄めかしながら、彼女は「私は戦争を憎みます」と付け加えています。一八九七年には、従妹の夫に宛てて、駐英米国大使のトマス・F・ベアードが、その退任に際して述べた忠告の内容を伝えています。「貴方がた欧州の人たちは、欧州における現在の戦争がいかなるものかを、少しも理解されていません。今や、射程六マイル〔約十キロ〕にも及ぶ各種長距離砲や、マクシム速射銃やガトリング機関銃など、さらには甲鉄軍艦などの強力な武器による戦争なのです。甲鉄軍艦に至っては、平時の穏やかな海上での《ちょっとした間違いで》、従来の木造軍艦など一艦隊丸ごと沈めてしまうくらい強力なのです」[18]。

戦場における自己犠牲の精神

ナイチンゲールは、戦争を美化したり、戦争のための資源や方便を、市民生活に優先させて考えたことは決してありませんでした。あくまでも彼女にあっては、戦場で見られた、あの気高い自己犠牲の精神を、平時の人々からも引き出すこと、これが目的でした。「平和は、いかなる戦闘よりも、人間の営みとしてより高尚である」と記しています。インドのボンベイ（現在のムンバイ）での仕事に志願して赴いた従弟の医師サミュエル・ショア・ナイチンゲールが、その後、伝染病に倒れたことを知った彼女は、「人々が、相手を殺すためにではなく、相手を癒すために《志願する》、そんな騎士道の時代が来たのです」と語りました。

FNの影響の連鎖

ナイチンゲールは、上述のように、折に触れての簡単な感想や意見以外には、平和推進運動や戦略としての非暴力主義について、積極的に書くことはありませんでした。にもかかわらず彼女は、こうした領域にも影響を及ぼしています。彼女は、ゴーパル・クリシュナ・ゴーカレ〔インドの政治家〕を導いた指導者でした。このゴーカレはガンディー〔インド独立運動の指導者〕を導いた指導者であり、このガンディーは、二十世紀半ばのアメリカ公民権運動を指導したマーティン・ルーサー・キング〔キング牧師またはキング博士としても知られる〕に多大な影響を与えました。そのキングは、アメリカのベトナム侵攻に反対し、また彼の指導した公民権運動は全体として、南アフリカの非暴力による反アパルトヘイト運動に追い風を与えました。このような影響の連鎖も、ナイチンゲールが最も感化を受けたのはイエス・キリストと十字架であったことを考えると、その理由が腑に落ちます（ちなみに、彼女にとって最も大切な日は、聖金曜日〔復活祭前の金曜日で、キリストの受難を記念する日〕でした）。ガンディーは、キリスト教徒ではありませんでしたが、キリスト教から多くの感化を受けていました。同様に、アメリカ合衆国のキング博士や、南アフリカのツツ大主教〔反アパルトヘイト指導者〕などの公民権指導者〔両名ともノーベル平和賞受賞者〕も、キリスト教の影響を受けた人たちでした。

【第三章の原註（出典箇所）】

（1） Epigraph, Evidence of Stafford and MacDonald to a Parliamentary commission; quoted in her Confidential report 130–1, vol.14.

(2) Much of the material is this chapter is from Nightingale's confidential report, Notes on Matters Affecting the Health, Efficiency, and Hospital Administration of the British Army Founded Chiefly on the Experience of the Late War (London: Harrison 1858), and 'Answers to written questions addressed to Miss Nightingale by the Commissioners', Report of the Commissioners appointed to Inquire into the Regulations affecting the Sanitary Condition of the Army and the Treatment of the Sick and Wounded (London: HMSO 1858) 361–94, in vol.14.
(3) See references in 182n 13.
(4) 'my Pan', Notes ca. 17 November 1856, vol.14.
(5) Figure 3.1, letter, Staatsarchiv zu Berlin Kulturbesitz, vol.14.
(6) Figure 3.2, confidential report preface to Section 1, 3–4, vol.14.
(7) Confidential report 6–8, vol.14.
(8) 'Dr Hall thus', 'Notes on the sufferings and privations of the Army', confidential report 52, vol.14.
(9) Confidential report, preface, Section III ix and 92, in vol.14.
(10) Figure 3.4, confidential report, preface, Section III ix-x, vol.14.
(11) The epigraph, and all the material on the Geneva Convention, the Franco-Prussian War and other wars are in vol.15.
(12) 'The Prussian', letter to Sir H. Verney 1 November 1870, vol.15.
(13) On Nightingale's views of militarism see Lynn McDonald, 'Florence Nightingale and European

Wars: From the Crimean to the Franco-Prussian War', Leidschrift 22,2 (September 2007): 145–60.

(14) 'The organization', notes, Add Mss 45843 f203, vol.15.

(15) Correspondence with Caroline Werckner, vol.15.

(16) Epigraphs all from notes, Add Mss 45845, vol.15.

(17) 'But are', notes 1871, Add Mss 45843 f204, vol.15.

(18) 'You Europeans', letter to Vaughan Nash 24 April 1897, University of British Columbia, Woodward Biomedical Library A85, vol.15.

* Add Mss = Additional Manuscripts

第四章　保健医療（ヘルスケア）、看護と助産

一、ナイチンゲールの保健医療への取り組み

> 健康とは、良い状態をさすだけではなく、
> われわれが持てる力を
> 充分に活用できている状態をさします。[1]

健康の定義

ナイチンゲールは、健康とは、ただ病気でない状態ではなく、それ以上のものであると理解し、終始この立場を崩しませんでした。人々の健康を左右する要因は、人々の生活を取り巻（ま）くもろもろの環境条件にあり、なかでも居住環境が決定的要因であることを、彼女は知り尽（つ）くしていました。二十世紀も後半の頃から、人間の健康をより統合的にとらえて、疾病治療よりも健康増進に眼を向ける動きが始まり、それが現代に至ってますます強まってきています。しかし、こうした現代医療の最高理念は、ナイチンゲールにとって、すでに終生のテー

マでした。英国陸軍の衛生に関する提言から、家族の生活を取り仕切る母親たちへの助言に至るまで、彼女の多くの著作はすべて、この理念に貫かれています。クリミア戦争時における英国陸軍の医療体制に対する彼女の批判の一つは、「兵士たちの病気については、治療のための組織的な準備は整えられていましたが、兵士たちの《健康》については、維持と増進のための組織的準備は何もなされていませんでした。当時の英国陸軍の常識では、軍医など医務官の責任は、もっぱら病気で倒れた兵士を病院で治療するところにあり、兵士たちが病院に送り込まれることのないように、対策を講じるところにはないのでした[2]」。

看護本来の役割

ナイチンゲールは、薬品や薬物に頼る従来の医療を、あまり高く評価していませんでした。彼女によれば、病気を癒す（いや）のは、神すなわち自然〔の生命力〕であって、看護師の役割は、自然の治癒（ちゆ）力が働きかけやすいように、最適の条件を整えるところにありました。したがって、看護師の役割が医師のそれより重要性が低いとは言えませんでした。「医師は、消耗した生命力を補充するための処方はするが、生命力を補充するのは看護師である」と記しています[3]。

時代を超えた名著『看護覚え書』

ナイチンゲールの著作のなかで、一般に最もよく知られた『看護覚え書：看護であること、看護でないこと（Notes on Nursing: What It Is and What It Is Not）』は、一八五九年に初版が刊行されました。その内容は、病院看護向けではなく、家庭看護向けであり、病気への対処よりも健康の維持と増進にはるかに重きが置かれています。彼女はさらに同書の改訂版〔一八六〇年〕を世に送り出し、時を待たずして、翻訳版が世界各国で刊行されました。一八六一年には、同書の改訂第三版が出版されましたが、それには、「赤ん坊の世話」という新たな章が追加され、書名も、『労働者階級のための看護覚え書（Notes on Nursing for the Labouring Classes）』と改められました。(4)

『看護覚え書』は、この第一版から第三版までのいずれもが、時代を超えた名著であり、そこにナイチンゲールの、健康と疾病の哲学の核心を読み取ることができます。同書の冒頭には「すべての病気は、その経過のどの時期をとっても、程度の差こそあれ、その性質は回復過程であって、必ずしも苦痛をともなうものではない。つまり病気とは、毒されたり衰えたりする過程を癒そうとする自然の努力の現われであり、それは何週間も何ヵ月も、ときには何年も以前から気づかれずに始まっている」とあります。(5)

癒すのは自然のみ

そして、医学的な治療は〝癒しの過程〟ではないのでした。事実、薬物療法や外科手術はいずれも「障害物を除去すること以外には何もできない。どちらも病気を癒すことはできない。癒すのは自然〔の生命力〕のみである」のです。例えば、「外科手術は手足から〔治癒を妨げていた〕銃弾を取り除く。しかし、その傷を癒すのは自然である。薬物療法についても同じことが言える。例えば、ある器官の機能が障害されているとする。われわれの知っているかぎりでは、薬物療法は、自然がその障害を除去することを助ける働きはするが、それ以上のことはしない」と記されています。そして「健康をもたらすのは食事〔栄養物〕であって、薬ではない」のです。さらに「健康の回復や維持や増進をさせる」自然の働きの過程とは、新鮮な空気、陽光、暖かさ、静かさ、清潔さ、そして適切な食事なのです。

病院の限界

しかし、どんなに予防を尽くしても、病気を完全に避けることは不可能でしょう。それでもなお、病気への介入は最小限にとどめるよう努めるべきなのです。当時、病院は衛生上危険な場所でした。そこでナイチンゲールは、訪問看護を強く奨励しました〔当時は、医師が病人の家に往診するのが普通で、現在のような外来診療は稀でした〕。〝地域看護〟を広げることによって、個人で付添い看護師を雇う財力のない人々も、各自の家庭で看護を受けられるようになるからです。また、入院患者は、なるべく早く回復期病院に移すべきであると考えました〔回復期病院は郊外もしくは田園地帯に建てるべきです〕。ナイチンゲールによると、病院は、必要限度を超えて一日たりとも長居してはならない場所であり、まして子供のばあい、一時間たりとも早く外へ出すべき施設なのです。理想的には、市街にある急性期病院はそれぞれに、連携する回復期病院を、それも海岸近くに持つことが望ましいのです。

健康によい環境条件

新鮮な空気や水をはじめとする、健康のためによい環境条件については、ナイチンゲールの著作の至るところで強調されています。救貧法委員会〔政府委員会〕の議長への意見書には、「貧困者たちの居住環境、すなわちロンドン全般の衛生状態、というより不衛生状態は、それが肺結核や認知障害やリウマチなどの病気の温床でもあると考えられることは滅多にありません」と述べ、不衛生がチフスやコレラなど〔の急性感染症〕だけの原因ではないことが記されています。さらに「最悪の居住環境に置かれている人々は誰も、ひどく不健康で病弱なのです」と記しています。後世（こうせい）の保健医療政策の立案者たちは、こうした健康状態についての〃社会的要因〃に関する情報（データ）を、最も明確で基本的に信頼のおける指針とするようになります。しかし、これらの指摘に注目すれば、ナイチンゲールこそが、こうしたものの見方の初期の提唱者だったのです。

医学はまだ未発達

十九世紀のなかば、ナイチンゲールが近代看護を創始した頃、医学はまだきわめて未発達の段階にありました。信頼性の高い治療法や薬物は数少なく、医師の指示といえば、たいていは、ただ、どの〃刺激剤〃を用いるかのみでした。しかも、その刺激剤とは、ブランデーやポートワインやシャンパンなどの酒類でした。手術には、麻酔剤（ますいざい）がようやく使われはじめた時代でした。ナイチンゲールは、クリミアの戦場に向かうとき、麻酔剤も準備しています。消毒剤が手術で用いられることは（次に詳しく述べるように）まだなかった時代でした。

清潔保持の重要性

古代ローマ帝国の時代以来、いわゆる伝染病は、瘴気（しょうき）あるいは腐敗物質から生じた、毒性の気体によって発生するというのが、世の常識

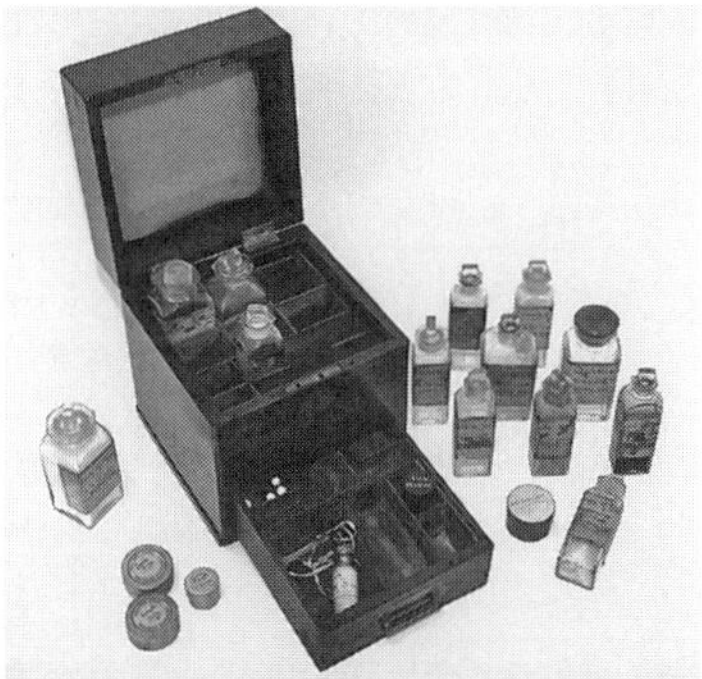

④1　ナイチンゲールが持参した薬箱

でした。その常識を基盤とするナイチンゲールの衛生論は、当然の帰結として、あらゆる種類の塵や埃や汚物や排泄物の徹底的な除去が基本であり、それは当然ながら、おのずと病原細菌の駆除につながったのです。これに対して病原細菌が伝染病の原因であるという細菌感染説では、病人の隔離が疾病予防の決め手となりますが、彼女はこれには反対でした。彼女からすれば、病人の隔離よりも、むしろ良好な衛生状態の確保こそが決め手になるのでした。最終的には、細菌感染説という新説を受け容れたナイチンゲールでしたが、それでも、徹底した清潔の保持こそ最善の予防策であると強調しつづけました。

リスターの消毒法

ナイチンゲールが活動を始めた一八五〇年代には、細菌感染説はまだ単なる推測の域を出ていませんでした。ルイ・パスツールによる画期的な発見は一八六〇年代ですが、それは人間に病気をもたらす細菌ではなく、ワイン醸造所の酵母菌、さらには蚕の病気の病原細菌の発見でした。やがて英国の外科医ジョセフ・リスターは、パスツールの細菌説が外科手術による傷口に発生する感染症の原因にもあてはまると推測しました。一八六七年、リスターは、腐敗を引き起こす原因物質は、酸素その他の空気中の気体成分ではなく、空気中に浮遊する微生物であるという説を立てました。彼はこの時点では、病原細菌を特定するには至っていませんが、〝腐敗〟細菌もしくは〝大気中〟細菌、あるいは〝浮遊粒子〟と表現しています。そして、その細菌を殺すために、リスターは、当時〝最強の消毒剤〟として知られていた石炭酸を用いました。(6)

瘴気説から細菌説へ

一八七〇年代には、細菌説を巡って、多くの異説が唱えられました。

一八七七年には、ドイツの細菌学者ロベルト・コッホが炭疽菌を発見し、一八七九年に「外傷性感染症の病因論（The etiology of traumatic infectious diseases）」という画期的な論文を発表しました。この論文が、細菌説の証明に決定的な役割を果たしたと考えられます。ナイチンゲールは、これに少し遅れて、一八八五年から、細菌説に接近していきました。

彼女はずっと、細菌説ではなく瘴気説を支持していましたが、それは、当時の主流をなす〝衛生学者〟や保健医療の専門家たちも同様でした。彼女の協働者であったジョン・サザランド医師やウィリアム・ファー医師も同じ考えであり、感染症はすべて、瘴気が原因で発生し、瘴気はすべての感染症の原因であると考えていました。

瘴気は、裸眼では観察できないほど微細なものであり、臭いと強い関連がありますが、臭いそのものではないと考えられていました――もちろん、臭いを取り除けば、病気の発生防止になることも多いのですが、それは、臭いの原因が、そもそも病原菌であることが多いからです。

細菌説とは

細菌説と瘴気説との根本的な違いは、前者は病気それぞれに特定の病原細菌が関与しているととらえる説であり、後者は同一の瘴気がさまざまな病気を引き起こすとする説です。もちろん、日常の経験から、同じ汚染水により、コレラも赤痢も下痢も起こることが観察できますが、それは汚染水がそれぞれの病原菌を含んでいるからです。同様に、蚊が湧く湿地があれば、マラリアと黄熱病のどちらの脅威にもさらされます。

医師クロフトの講義録

彼女は、一八七三年に、ナイチンゲール看護学校の履修課程(カリキュラム)に、医学講師ジョン・クロフト医師が調整した授業計画(シラバス)を採り入れました。講義の内容の多くは印刷して配布されましたが、「殺菌剤と滅菌薬」の講義は、その時代にふさわしく、細菌説についての初歩的な解説があることで知られています[7]。解説には、入手可能な消毒薬とその適切な用い方の詳細が記されています。解説の末尾には、消毒薬を用いたからといって、換気および新鮮な空気や清潔などのケアを寸分(すんぶん)も怠(おこた)ってはならないことが強調されています。この警告はまさに、ナイチンゲールの衛生観そのものです。

瘴気説を捨てる

ナイチンゲール自身には、顕微鏡を覗(のぞ)く体験はなかったようですが、協働者のサザランド医師が一八八四年に〝オーストリア・ウィーン製のすばらしい顕微鏡〟を購入した、との彼女の記述があります。サザランド医師は、当時、コッホがカルカッタ(現在のコルカタ)で突き止めたコレラの病原菌を、自分の眼で確かめようとしたのでした。こうして、サザランド医師が、コレラ菌発見の重要性をナイチンゲールに伝えたことが、やがて彼女が瘴気説を捨てる決断につながったようです。

FNの予防法は清潔

しかし、細菌説に納得したあとも、ナイチンゲールは、理論を超えて実用を重んじ、最も効果的な実践を強調しつづけました。彼女の時代にあっては、これがきわめて道理にかなっていました。というのは、当時、たとえ細菌説が正しいとしても、それがそのまま病気への対処に役立つことはなかったからです。もちろん、特定の病原菌を突き止めることは、その病気のワクチン開発には欠かせません。それでも、徹底した清潔が疾病への対処や予防の鍵であることは変わらず、細菌説を唱える最先端の学者たちもそう考えていました。ナイチンゲールの実践方法は、彼女が自分の理論を修正する以前からすでに、予防法として優れていました。

教育に細菌説と消毒法を

ナイチンゲールは、感染予防に関する提言や助言を、時代とともに進化させていきました。（細菌説以前の時代に著わされた）『看護覚え書』では、清潔の実践が強調されていますが、一八七三年になると、彼女の看護学校でも細菌説と消毒実践を採り入れた教育が始められています。一八七八年に彼女が、クウェイン卿〔Sir Richard Quain〕編纂の『医学事典』のために書いた「看護師の訓練」と「病人の看護」と題する二編の論文は、一八八三年になって出版されました。そこには（あとの引用に見られるように）、種々の消毒剤や防腐剤の正確な用量や用法など、細かな助言が記されています。

病原菌の視覚教材化

一八九一年、細菌説の有用性に確信を抱いたナイチンゲールは、インドの人々の衛生改善への行動の奮起を図るために、病原菌の視覚教材化を思い立ちました。彼女はインドの村々で講習会を開き、そこで汚染水のなかにうようよする病原菌を幻灯機で映写する、という企画を提案しました。プネー〔インド・マハラシュトラ州の都市〕の公衆衛生機関へ宛てた彼女の一通の手紙が、その翌年に出版されていますが、そこで彼女は、「村々の学校の教室が講習会場には最適でしょう。そこで、魔法のランタン〔幻灯機〕を使って、汚染された空気や水のなかの有害な微生物の映像を映し出し、実物を見せる視覚教育で、人々の関心を高めるのです」と提案しています。[8] 同手紙に彼女は、ブダペスト〔現ハンガリーの首都〕で開かれた国際衛生会議においても、同じような視覚講習が行なわれ、出席者に強い印象を与えた事例を引き合いに出しています。

時代の進歩とともに

一方、英国本土で、ナイチンゲールは、聖トマス病院における看護の現状に眼を配りつづけ、時代とともに進んでいく新たな理論や治療法に照らしての指導を怠りませんでした。一八九五年には、聖トマス病院の看護師たちには、朝、病棟へ入る際に、鋏や鉗子の類の蒸気殺菌が義務づけられた、と記しています。学寮師長（実習指導者を兼任）は、ナイチンゲールに、「帯飾り鎖〔女性が鍵などを腰からつるす布帯〕と財布は、最悪の代物です——数百万個もの病原菌が潜り込めるからです」と語っています。

ナイチンゲールは、手術室勤務の看護師たちに、常に最新かつ最高レベルの無菌操作を求めました。かなり高齢となった頃の、一八九六年と一八九八年の手記にも、煮沸消毒や防腐措置を施すべき物品、そのための薬剤の種類などが細かく記されており、こうした問題に対する彼女の探究心のほどが窺われます。ヘンリー・ボナム・カーターに宛てた一八九七年の手紙には、冗談交じりに、消毒の手順を簡単に述べれば、と前置きして、「つまり、貴方自身と貴方の手に届くもののすべてを、煮沸消毒することです、もちろん外科医も忘れずに……」と記しています。

二、ナイチンゲール看護方式

優れた看護師は、
優れた女性でなければなりません。
不正直で狡賢い看護師にとっては、
よほど無能でないかぎり、
医師を騙すことなど訳もないのです。[9]

義務教育は一八七〇年から

ナイチンゲールが、看護の改革を手がけはじめた一八五〇年代、立ち塞がる障壁は多く、どれもが困難を極めました。女性一般の教育水準は低いものでした（英国における無償の義務教育の法制化は、一八七〇年になってからでした）。女性の大学入学は認められてはおらず、ましてや医学部入学などは論外でした。女子が通える学校など無きに等しく、たとえ学費が払える裕福な家庭に

④2　見習生とナイチンゲール

生まれても就学はかないませんでした。〝教養ある〟とされている女性たちは、ほとんどが、住み込みの女性家庭教師による教育を受けて育ちました。

淑女は仕事をしない

階級制度というものが、この事情をさらに複雑にしました。（上記のような水準の）教養ある女性たちは、上流階級の出身であり、伝統的な常識として、家の外の仕事に就くことなど、ありえませんでした。病院の仕事が卑しい仕事であるという理由だけではなく、そもそも〝淑女〟ともあろう者が、報酬を求めて仕事に就くなど、それが事務所であれ商店であれ、およそ考えられないことでした。働いている女性たちは皆、働かざるをえないような女性たちであり、たいていは読み書きすら覚束なかったのです。

看護師は掃除婦

医師など医療専門職の間では、看護教育を受けて、医療専門知識を身に付けた看護師を病院に就業させることに反対する者も多くいました。当時〝看護師〟と呼ばれた女性たちは、そのほとんどが、看護教育など受けたこともない、一般の掃除婦でした。医師が、業務上、何か指示を彼女たちに与えることもありましたので、その経験から、それなりの医療知識を持っていることはありました。しかし、医療専門知識を教育する制度はありませんでした。医療専門知識を教えることで報酬を得ていた者も、訓練を受けている者も、一人としていませんでした。ただし、ローマ・カトリック教会が、修道の一環として、路上生活の病人たちを収容し、修道女が看護にあたる病院がありました。これらの病院では、事情や背景がやや異なっていました。ナイチンゲールのばあいは、英国では一般的なプロテスタント系の、市民の寄付で運営される病院に関わっていましたので、修道女による病院の複雑な事情については、本書では立ち入りません。

看護を有給の専門職に

歴史的に見たばあい、ナイチンゲールは、看護の改革や改善を試みた最初の人ではありませんでしたが、看護を女性のための有給の専門職にしようとした最初の人でした。彼女自身は厚い信仰の人であり、看護は信仰の意識を高め、信仰により人は多難な仕事をも厭(いと)わなくなると考えていました。しかし、仕事そのものには報酬がともなうべきであり、無償であってはならない、とナイチンゲールは確信していました。そして、実践の技能やその質は、教育訓練を基盤とする経験によって得られ、信仰の深さによって得られるものではない、と彼女は見定めていました。報酬を得てはならないのは、聖職者や牧師たちでした（彼らは、司祭として人の役に立てるし、役立つべきなのです）。

看護師は嘲笑の対象

ナイチンゲールが看護に自身の使命を見出したその頃、看護師はふしだらな女性というのが世間の通念でした。この通念は、当時の小説にも反映されています。例えば、チャールズ・ディケンズの小説『マーティン・チャズルウィット』に登場するセアラ・ギャンプ（酒に目のない、しゃがれ声の太っ

④3　風刺漫画のなかの看護師

た老婦人で、助産、看護、夜間寝ずの付添い、死体処置の業務などに就いている」は、当時の典型的な看護師像として描写されています。それに、同じ作家の別の小説『ニコラス・ニクルビー』に登場するニクルビー夫人〔主人公の母で、夫が投機で失敗して財産をなくしたあとに死亡し、自己の生計の足しに看護の仕事もしている〕でも、だらしない人物ではなかったものの、嘲笑の対象として描かれています。創作小説ではない報告書や記事などにおいても同様で、〝看護師〟と言えば、いかがわしい人物、もしくはほかの職に就けない召使いとして描かれています。一八四八年に発表された「病院看護師の実体と理想像」という報告書によると、患者の薬用として指示されたワインやビールが看護師たちに盗み飲みされないよう、その監視のために、医師の助手たちは、夜間に何度も院内を巡回しなければなりませんでした。

大罪を犯す看護師たち

看護師による窃盗だけではなく、患者に対する金品の要求の横行も、ナイチンゲールを悩ませました。彼女は書いています。「不誠実な女性にどうして患者の世話ができるでしょうか？　患者の食事や飲み物、それに病院の備品などを盗んだりする。たとえ盗みはしないまでも、患者から貪るように、あらゆる金品の差し出しを強要する。このような大罪が横行しているのが、看護の現状なのです。そして、何も差し出す物を持たない患者は、時には死に至るまで、無慈悲に放置されます。とりわけ子供たちが犠牲者です。まだ会話もできない子供たちなのです」。ナイチンゲールは、看護師は「患者の庇護者であり愛護者であらねばならないのです」と言っています。

劣悪な待遇

一方、当時の看護師たちが甘んじなければならない待遇や条件もまた、救いようがなく悲惨でした。例えば、一八五四年の聖バーソロミュー病院では、看護師たちは、病棟の外の階段の踊り場に設けられた、大きな籠（かご）のような木製の檻（おり）のなかに寝泊りしていました。看護師たちに、私生活（プライバシー）の確保も含めて、世間並みの生活と労働条件を確保できるように、ナイチンゲールは終生にわたって腐心（ふしん）したのでした。

独自の看護方式

ナイチンゲールの活動や著述を精査するとき、彼女独自の看護方式の特徴として、次の十項目が浮かび上がってきます。もっとも、彼女自身がこのように冗長（じょうちょう）な記述をしたことはありませんが、ここにまとめて列記します。

一、看護は独立した保健医療の専門職の一つである。医学的診療とは違った、患者の世話（ケア）に特化（とっか）した医療業務であり、その遂行のためには独自の教育訓練を必要とする。

二、看護師は、資格ある医師から医学的指示を受けるが、その指示に対する服従は、自己裁量をともなう〝知性的〟な服従であるべきであり、軍隊や修道院などにおける絶対服従とは相反する。

三、病院においては、看護職員は一つの独立部門を構成し、その長には総看護師長（マトロン）もしくは看護監督を置く。看護部門の長は、病院理事会に対して直接に責任を負うものであり、医師に対して責任を負うものではない。

四、看護職の組織構成は‥
・総看護師長(マトロン)もしくは淑女(レディー)監督
・総看護師長補佐（大病院のばあいは、総看護師長見習いが望ましい）
・病棟看護師長（あるいは監督看護師(チャージナース)）
・主任看護師（看護の専門訓練修了者）
・看護師
・看護助手（看護の専門訓練を受けていない者）
・看護見習生（看護の専門訓練を受けている最中の学生）

五、各病棟は、それぞれの病棟看護師長の監督下に置かれ、病棟看護師長は、その病棟に配属された看護師を指揮し、看護見習生の教育訓練にあたる。給与は、昇格等にともなう責任の増加に合わせて昇給する。

六、看護は、その本質は芸術(アート)〔専門技術〕であり、病院の病棟での実地研修によって身に付く芸術であり、その訓練法はまさに見習制度〔徒弟(とてい)制度〕である。看護見習生は、事例ごとに記録をとり、毎日の報告書を作成し、それに指導者の目通しを受ける。医学講師による講義や講義録の閲覧(えつらん)などは、病棟での研修実習への補足と位置づける。各科目の試験は、医学講師によって実施される。

七、看護見習生は全員、看護師寮〔寄宿舎〕に入って、学寮看護師長〔学寮師長(ホームシスター)〕の監督のもとに生活する。看護師寮で見習生は、食事と住居を給付され、連帯を学び、看護の専門教育を受ける。学寮師長は、見習生の学級を組織運営し、時には自らも講義を行ない、さらに医学講師による講義を補習する家庭教師（チューター）の役割を担う。また学寮師長は、見習生の心身の健康に責任を負い、礼儀作法を躾（しつけ）る。さらに学寮師長は、必要があれば、読み書きの補習授業を見習生に課すこともある。加えて学寮師長は、自らが聖書講読の授業を行なうか、あるいは聖書を読む機会を与える。

八、訓練学校による訓練によって、望ましい「団結心」が生み出される。同じ学校で訓練を受けた看護師たちが一緒に働く職場のほうが、別々の学校の出身者を寄せ集めた職場よりも、仕事の能率がよい。

九、一つの病院に、専門訓練を修了した看護師たちによる看護を初めて導入する際には、最小限まとまった看護師数を揃（そろ）えて送ることが求められる。できれば、一人の総師長（マトロン）が率いる看護団がそっくりそのまま派遣されることが望ましい。訓練修了看護師による看護が確立されていない病院に、訓練修了看護師を単独で派遣するようなことは決してあってはならない。せっかくの訓練修了看護師が、低水準の看護になじんで堕落（だらく）してしまうからである。

十、看護は、生涯を通して勤め上げるに値（あたい）する職業である。それゆえに、年金、休暇、病気に倒れたときの生活保証、などが充分に整えられなければならない。この仕事には高い人間的成熟度が求められる。そのため、見習生たちは、訓練開始の時点において成人年齢に達していなければならない。聖トマス病院の看護学校では、当初は二十三歳以上が入学要件であった。退職年齢は特に定める必要はないが、身体的な衰えを考慮すれば、六十歳を過ぎてなおこの職にとどまることは難しいと思われる。

聖トマス病院を選んだ理由

ナイチンゲールが、聖トマス病院を彼女の看護学校の設置場所として選択した最大の理由は、この病院の総師長(マトロン)サラ・エリザベス・ウォードローパー夫人が、すでに高水準の看護の導入に成功を収めていたからです。ウォードローパー夫人が総師長に就任したのは一八五三年でしたが、一八六〇年、ナイチンゲール看護学校が開設されると同時に、彼女は同校の総監督に任命されました。同校の創立にあたって、ナイチンゲールは、学則やもろもろの規定、書式、運営方法などの策定に積極的に関与しました。しかし、開校後の十年間は、このウォードローパー夫人が、ナイチンゲール基金の事務長であったヘンリー・ボナム・カーターを相談役としながらも、ほとんど一人で、この学校の運営を取り仕切りました。ナイチンゲールは、ほかの仕事に没頭(ぼっとう)し、学校の運営には介入しませんでした。

FNが学校運営に

ウォードローパー夫人による学校運営が危殆(きたい)に瀕(ひん)していることが表に現われたのは、一八七一年のことでした。その時点から、ナイチンゲールは、

④4　ウォードローパー夫人と看護師たち

自分の学校の指揮に乗り出しました。病院の勤務医であった医学講師が、見習生への講義を勝手に止(や)めてしまうという事態におちいっていましたが、ウォードローパー夫人は、彼に授業再開を要求しませんでした。そして、この異常事態をナイチンゲールに報告もしませんでした。あとになってナイチンゲールの耳にも届くのですが、あろうことか、その医学講師は、仕事中に飲酒し、さらに看護師や看護見習生に対して粗暴(そぼう)な振舞いが絶えないのでした（現在でいえば、性的侮辱行為(セクシャルハラスメント)でした）。加えて、ウォードローパー夫人自身の判断力も常軌(じょうき)を逸(いっ)するようになっていました。彼女は、能力もあり看護への志向心も高い看護師や見習生よりも、その正反対の、およそ看護師にはふさわしくない者たちを優遇している、とナイチンゲールの眼には映りました。しかも、ウォードローパー夫人は、いわば〝密告制度(スパイ)〟をつくって、見習生たちに、先輩の見習生や看護師たちの行動や動向について報告させていました。あろうことか、彼女は、その〝密告制度〟による成果があたかも手柄(てがら)であるかのように、ナイチンゲールに報告することもありました。〝密告制度〟は大きな不幸をもたらしました。それが原因で、有望な看護師や見習生たちの何人かが、途中で辞(や)めてしまったのです。

「学寮師長」クロスランド

ナイチンゲールは、解決策として、問題の勤務医を医学講師から外(はず)し、新たに別の人物を迎えました。そして彼女は、見習生の教育を直接に担当する看護師を選んで、ウォードローパー夫人の下に置くことで、ウォードローパー夫人の周辺を固めることにしました。その後もウォードローパー夫人は、入退学の許可権と人事権を手放しませんでした。ナイチンゲールは、ウォードローパー夫人の補佐役として新たに設けた職の名称を〝見習生および看護師の教育主任〟としたかったのですが、ウォードローパー夫人は異論を唱えました。その結果、妥協案として〝学寮師長(ホームシスター)〟と呼ばれることになりましたが、託された職責の重さを充分に反映しない職名となってしまいました。学寮師長は、見習生の学寮〔寄宿舎〕を運営管理する任にあたります。さらに学寮師長は、自身が授業を担当したり、医師による授業の補習をする家庭教師(チューター)の役割も果たします。加えて学寮師長は、学寮内の図書室を所轄(しょかつ)し、ナイチンゲールに代わって看護師たちのための書籍の購入を司(つかさど)ります。長年にわたって学寮師長の職を務めた、メアリー・S・クロスランドは、巣立っていった見習生たちとも連絡を絶やさず、彼女たちの卒業後の生活と職務状況について、ナイチンゲールに折に触れて報告しました。一八七三年以降、学校の運営問題に関して、ナイチンゲールは、総師長〔ウォードローパー〕と学寮師長〔クロスランド〕の双方に連絡をとることになりました。

終生良き相談相手に

学校運営の危機を受けて、一八七二年から、ナイチンゲールは聖トマス病院に出向いて、定期的に見習生や看護師長たちと顔を合わせる集会を持つようになりました。その集会ではいつも、ナイチンゲールは会話の内容を詳細に記録し、後にそれをもとに、彼女たちに職務上の助言を与えたり、紹介状や推薦状を書き与えたりしました。毎年、見習生たちが研修終了を迎える学年末には、彼女たち(全員は不可能ではあったでしょうが)と面談するのがナイチンゲールの慣(なら)わしとなりました。そのうちの数名とは、終生、あるいは、仕事人生を通して、密に連絡を交わしました。卒業後にほかの病院の総師長（マトロン）に就任した看護師たちの何人かにとってナイチンゲールは、ますます心から信頼できる助言者（メンター）でした。多くの卒業生たちの間では、およそ年に一度は、ナイチンゲールのもとに集まるという暗黙の了解がありました。ナイチンゲールは、難局や危機に直面した卒業生たちには、面会の自由をより広げました。卒業生たちは、自分の病院について、問題のある看護師や見習生について、病院の予算、食事の計画、勤務表や病院管理者との争議など、さまざまな悩み事を持ち込みました。

年に一回書簡を送る

学校運営の危機を受けて、さらにナイチンゲールは、年に一回、聖トマス病院の見習生たち宛（あて）に、書面による講演ともいうべき長文の〝書簡（アドレス）〟を送りはじめました。これら〝書簡〟は、聖トマス病院の年次集会の場で（ハリー・ヴァーネイ卿もしくはヘンリー・ボナム・カーターによって）朗読されました。〝書簡〟は印刷もされて、内々の文書として配布されました。この〝書簡〟の目論見（もくろみ）は明らかで、総師長〔ウォードローパー夫人〕の底意地の悪い策謀（さくぼう）に気落ちした、看護にひたむきな見習生や看護師たちに、救いの手を差し伸べるところにありました。〝書簡〟の効果はてきめんで、世界各地に巣立っていった総師長たちやかつての見習生たちは、それを待ち望み、送られてくると感謝を示し、送られてこない年には、待ち望む思いを声にしました。これら〝書簡〟はいずれも、看護そのものについての言及は少なく、難事に立ち向かっていく強い精神力についての言及が多くありました。彼女は（毎年欠かさずではありませんでしたが）、一九〇〇年まで〝書簡〟を送りつづけました。

書簡の文面の特色

ナイチンゲールの、キリスト教徒としての信条は、その著作の至るところに窺(うかが)えますが、とりわけ〝書簡〟はその色が濃いものでした。一八七四年の〝書簡〟には、「夜ごとに、眠りに就く前に、己(おのれ)を振り返ってみようではありませんか。詩篇〔旧約聖書〕には『寝床の上で《こころ静かに》自分の心と語りなさい』とあります。私たちのように、病者や死の床にある人たちに寄り添って生活している者は、夜ごとに神と友にならずして、心を満たすことはできません」と記されています。(10)

最後の書簡

一九〇〇年の、最後の〝書簡(アドレス)〟の草稿には、「キリストは、私たちの知るかぎり、ご自身の教義をご自身で書き遺(のこ)されたことはありません。しかし、病人や心身疲労の人や、不幸や苦難に喘(あえ)ぐ人、精神的および知的障害者、そして心身ともに老いた人など、こうした人々へのキリストの慈悲の言葉は〔使徒たちによって〕書き遺されています。それは明らかに〔キリスト教を国教とした頃の〕古代ローマ人には考えもつかなかったことなのです。弱者への慈悲はキリストによってもたらされました。心身の障害者やハンセン病者や弱者たちに、慈悲心をもって、世話して親切を施す人こそ本物のキリスト教徒なのです。キリスト教徒は看護師なのです。病院はキリスト教徒が生み出した独自の成果なのです。――病院と、そして弱者のための保護施設も……」と記されています。(11)

感染予防を強調

これら〝書簡(アドレス)〟のいずれにおいても、厳密な感染予防対策の実行が、すなわち徹底した清潔の保持が、強調されています。一八八一年の〝書簡〟では、

「単に使い終わった湿布薬の容器を洗うときであっても、消毒包帯で手当をするときと同じように、注意を払って洗いなさい。眼に明らかで、注意を引くところだけを念入りに洗うようなことではいけません」と助言しています(12)。

卒業生をフォロー

ナイチンゲール看護学校を修了し、ほかの病院の総師長(マトロン)になった者の多くは、それぞれの就任先で、勤務する病院の理事会や管理責任者との関係がうまくいかない例が多くありました。この事態を解明するためにさまざまな審問や調査が行なわれました。ある時は、上院議院〔国会〕の委員会が、総師長の一人についての調査に乗り出すことさえありました。ナイチンゲールは彼女たちに助言を与え、精神的にも励ましました。彼女は、食品の詰め合わせや花束に励ましの一筆を添えて贈ったり、田舎(いなか)から届いた卵や、ゲーム用具や花や、コーヒーなどを贈ったりもしました。ナイチンゲールは、絶望的状態におちいった総師長たちに、辞職は避けるよう助言しました。そして、彼女たちが辞職に追い込まれたときには、次の職場探しの手助けもしました。

高水準の看護が広まる

ナイチンゲールにとって、こうした総師長たちへの良き助言者(メンター)としての働きは、たいへん骨の折れる仕事でした。しかし、高い水準の看護が社会に広く伝播(でんぱ)していったのは、この何年も続く彼女と総師長たちとの交流の賜物(たまもの)であったことは、疑う余地もありません。時には、ナイチンゲール看護学校の卒業生でない総師長が、助言を乞(こ)いに来ることもありました。エヴァ・マリー・リュッケスはその一人で、ロンドンの大病院の若い総師長でしたが、何年にもわたりナイチンゲールのもとを訪れました（後年、二人で看護師国家登録〔国家資格化〕問題への働きかけもしました）。

人選の難しさ

良き助言者（メンター）でありつづけることは、同時に、失望や落胆を味わうことでもありました。ある時、ナイチンゲールはヘンリー・ボナム・カーターに、「私はウィリアムズを聖メアリー病院へ行かせたのに、彼女は大失敗！　マッソンが誰よりもよいと思ってオックスフォード病院へやったのに、彼女も大失敗！　私は本気でプリングルには聖トマス病院の総師長職に就かせたいと思っていたのに、何と、彼女はローマ・カトリックに転向してしまいました！」と、憤慨（ふんがい）の言葉を投げています。[13]　とりわけ悩みの種だったある看護師のことを、この従兄弟（いとこ）のボナム・カーターに、「まったく苛々（いらいら）させる厄介者（やっかいもの）で……コレラ菌をもらったようなものです。人喰い人種の島の王様と暮らしたほうが、まだましです」とまで言わしめました。

危険の多い看護職

看護は、ナイチンゲールが活躍した当時は、危険の多い職業でした（それは現在でも変わりません）。多くの看護師や見習生たちが職務中に病気に倒れ、なかには生命（いのち）を落とす者もいました。可能なかぎり最高水準の清潔を維持することは、取りも直さず生死に関わる問題でした。ナイチンゲールは、自らに課した責務として、流行性の病気についてその原因を常に追究し、病気の発生を食い止める管理手法として、看護の手順の改善、使用する器具や備品の改良、さらに訓練のあり方の向上に努めました。

夜勤看護の重要性

ナイチンゲールの見解によると、看護職は、夜間勤務のほうが昼間勤務よりも責任が重く、そのための臨床経験が一年は必要で、報酬もそれに見合って高くなければなりませんでした。彼女は夜勤看護に思い入れがあり、夜勤の重要さと難しさにこそ、看護という仕事のやり甲斐があると確信していました。しかし、直面する難題は、どうやって夜間勤務の看護師を育成するかでした。夜間になると病院には、医師もいないし経験を積んだ看護師もほとんどいませんでした。それに、看護実習は昼間に集約されているのが通常でした。ところが、患者への虐待の発生は、昔からずっと、ほとんど夜間なのでした。夜間にも看護指導の監督を置くことの必要性は、何度も浮上した問題であり、ナイチンゲールの活動人生の終わりの頃まで、懸案のままの問題でした。

敗血症への予防策

当時、患者の化膿した傷口に医療者の手指が触れて発症する感染事故が絶えませんでした。現代でいう敗血症です。聖トマス病院でも頻発しました。

一八七八年に、突発的な大発生があり、病院の衛生状態の欠陥について徹底的な調査が行なわれました。その報告書には、ナイチンゲール自身も改善策をいくつか提案しています。なかでもナイチンゲールが特に望んだのは、外科医向けでなく、看護師向けの衛生指示書の作成であり、さらに、それを看護師や見習生たちに確実に理解させるための、試験の実施でした。もちろん、敗血症についての項目が指示書に加えられました。

消毒剤では完全に消毒できないばあいもありました。ナイチンゲールには、種々の報告や助言が寄せられましたが、その結果、彼女は、膿汁（うみ）で汚れた包帯などは消毒するよりも焼却すべきで、同じことが寝具にも当てはまる、という結論に達しました。「消毒が必要なほど汚れて不潔ならあいは、いっそ焼却したほうがよい」と助言しています。

フィンランドから学ぶ無菌操作

一八九六年、聖トマス病院で研修を受けていたフィンランド出身の看護師エレン・エクブロムが、フィンランドと英国とにおける、手術室実務の違いについて比較考察しました。ナイチンゲールは、ヘンリー・ボナム・カーターにも、「この国では、手術室において《無菌操作》と理解されるものが、なぜ病棟においては《無菌操作》ではなく《殺菌消毒》とされるのでしょうか？」という、エクブロムの観察を伝えています。(14) ナイチンゲールは、ボナム・カーターに、「看護師や見習生たちを襲う病気の主因は《無菌操作の不徹底》にある」と、自分の推察を述べています。彼女はエクブロムに依頼して、フィンランドにおける無菌操作の方法を書き送ってもらい、それを活字にして、聖トマス病院の看護師たちに配布しました。ナイチンゲールは、クウェイン編『医学事典』に看護についての論文を書く前に、フィンランドの無菌操作の方法を知っていれば、と残念がりました。しかし、実際には、この『医学事典』に掲載された初期の論文においてすでに、彼女は消毒剤の使用について的確な指摘をしています。彼女が、消毒薬について、その予防的使用（感染を防ぐこと）と殺菌的使用（感染してしまった菌を殺す）との両側面でとらえて理解していたことは明らかです。

三、ナイチンゲール看護の世界的影響

国内外の看護に影響

ナイチンゲール看護学校には、各地の病院から選抜（せんばつ）された看護師たちも派遣（はけん）されてきましたが、その多くは正規の見習生としてではなく、短期の実習生あるいは見学者としての派遣でした。そうした非正規の短期実習生や派遣見学者には、英国国外からの看護師たちが多くいました。ナイチンゲールは、多くの看護師や医師や行政官たちとの面会、加えて病院や看護の改革に関わる人たちとの面会を通して、看護の世界に影響を及ぼしていました。多くの人々が来訪したり書信（しょしん）を寄せたりしましたが、それらの人々それぞれに彼女は、広範かつ具体的で適切な助言を返しました。米国ニューヨーク市のベルヴュー病院や、ボストン市のウォルサム看護学校などが代表的な事例です。

面談後も続いた交流

病院総師長（マトロン）のなかには、ナイチンゲールに直々（じきじき）に接触して指導を乞（こ）う者たちがたくさんいました。あるいは会合に招待されて来る者たちも多く、面談を機に、長年にわたり彼女を良き助言者（メンター）と仰（あお）いで師事する者も多くいました。総師長たちは、ナイチンゲールに対しては、率直に自分が抱える問題を相談できました。そこで、彼女からは現実に即した助言が得られ、さらには精神的に励ましを受けました。これら面会の記録から、病院の人事や給食や職務分担などについての深刻な問題について語り合われていたことや、面会のあ

ともずっと文通による相談が続いていたことが窺（うかが）えます。米国の看護に与えた影響は、このような形による影響のほうが、ナイチンゲール看護学校で直接に研修を受けた者たちからの影響よりもはるかに大きいものがありました。

新方式の看護を植え付ける

英国本土のイングランドやスコットランドの病院や施設のばあいは、ナイチンゲール看護学校の修了生の何人かで看護団を編成して（できれば統率（とうそつ）する一人の総師長（マトロン）と何人かの訓練修了看護師とで構成された看護団が望ましいとされました）、派遣先に新方式の看護をそっくり植え付ける方法をとりました。イングランドにおけるこの方式の代表例は、リンカーン、マンチェスター、ケンブリッジのアッデンブルック病院、リーズ、ケント、カンタベリーなどの各地の病院や施設でした。最も成功した事例は、疑いもなく、エジンバラ王立病院でした。一八七二年の派遣に始まり、その後、事実上、第二の〝ナイチンゲール看護学校〟にまで発展したのです。そして、このエジンバラ王立病院からも、訓練を受けた総師長や看護師たちが各地の病院や施設へと巣立っていきました。

看護団は、一八六八年にオーストラリアのシドニーや、一八七五年にカナダのモントリオールへも、それぞれ派遣されました。数多くの病院や慈善事業家や各地の名士たちがナイチンゲール看護学校出身の看護師を求めました。しかし、需要は供給をはるかに上回っていました。にもかかわらず、なかには、看護師への待遇（たいぐう）として、ナイチンゲールが求める水準の給与や宿舎や福利厚生などの労働条件を満たそうとしない病院や施設もありました。

ベルファストの病院

【引用四－一】では、ベルファスト市〔アイルランドの都市：現在は英国北アイルランドの首都〕からの引き合いへの彼女の応対を示しています。ベルファスト市は、子供病院や産科病院や小児回復期施設などに、数多くのナイチンゲール看護学校卒業の総師長や看護師を迎えることになります。彼女は同時に、ベルファストの救貧院病院の総師長にも、良き助言者として支援を送っていました。

ベルファストは、ナイチンゲールにはなじみの深い都市で、若い頃、家族ぐるみの友人たちと一緒に旅したことがありました。アイルランドの政治は急進的で、〔当時の支配者であった〕英国の政策に強く反撥（はんぱつ）していましたが、もちろんナイチンゲールは、それに関して自分の感想や意見を洩（も）らすようなことはありませんでした〔当時のアイルランドは、プロテスタント勢力である英国および英国国教会の支配下にあり、その傘下（さんか）の少数のアイルランド教会が多数派を抑えて支配権を握っており、多数派のカトリックへの弾圧（だんあつ）は過酷（かこく）でした。ナイチンゲール個人は、国教制の廃止とカトリックへの平等な権利付与を支持していました〕。

ベルファストの街

ナイチンゲールは、英国科学振興協会の学会に参加するため、一八五二年にベルファストを訪れたことがありました。その時の街の様子を母フランセスに、この街は「美しく」て「華やか」であるけれども、「まだ新しい街で、プロテスタントの影響が強く、オレンジ王家〔オラニエ・ナッサウ家：ドイツ西部のライン地方を発祥とするナッサウ家の支流〕の色彩が強いのです」と語っています。そして、アイルランドのプロテスタントは

〝一種異常な怪物〟なのでした。[15] ベルファストに比べると、「ダブリン〔アイルランド東部の都市：現在はアイルランド共和国の首都〕のほうが美しく」、とりわけサックヴィル街（後にオコーネル街と改称）が美しかったのです。ダブリンでは、朝食前の散策に出かけたナイチンゲールは、「ローマで迎えた最初の朝と同じような、何かしら心地よさと高揚感」を感じました。しかも、強く感じました。ところが、ベルファストはまったく形なしで、「ダブリンは最高に美しい街です。しかしベルファストは何もかも単調で退屈で、ジュネーブとマンチェスターを掛け合わせたような街です。それというのも、あの退屈な野獣のようなアイルランド長老派教会が巣食っているからです。あの教会の人たちときたら、スコットランド長老派教会とは大違いで、まったく訳のわからない偏屈者なのです」とナイチンゲールは語っています。[16]

ダブリンへの派遣は多数

ダブリンには、とりわけ多数のナイチンゲール看護師が派遣されました。派遣先は、ロタンダ病院、スティーブンズ博士記念病院、パトリック・ダン卿記念病院、王立難病病院、熱病病院、ダブリン市立病院、そして聖ロレンス地域療養所などです。聖ロレンス地域療養所は、ローマ・カトリックの施設であり、アイルランドではきわめて例外的でしたが、ここへは聖トマス病院のナイチンゲール看護学校で訓練を受けたローマ・カトリック教徒の看護師が派遣されました。

手紙に事細かに指示

【引用四-一】のナイチンゲールの手紙から、彼女が、派遣先での看護の確立のためには何が不可欠と考えていたかが、よくわかります。遠隔の地にあるベルファストでの看護は、ロンドンからの直接的な指導や管理は不可能でした。それだけに、基礎に確固とした原理、原則を据えておかなければなりませんでした。特に、看護師の倫理的な素質について、そして出身階級の違いによって何が違うかについて、多くが説かれています。困難な事業を成し遂げるには、それに見合った出費をともなうことが強調されています。さらに、看護師の私生活の確保、そして充分な睡眠の確保のための協定や受け入れ態勢について、事細かに力説しなければなりませんでした。これは、当時の看護師が置かれた状態をよく物語っています。

【引用四‐一】ベルファストの看護への助言(17)

一八七四年一月二十九日

親愛なる女史へ［アイルランド北部アントリム郡のミニー・オトウェイ宛］

私は、貴女が運営されている、ベルファスト看護師寮および看護師養成学校には、とても惹かれるものを感じます。ですから、本来であれば、とりわけ今のように不幸［ちょうど彼女は父を亡くして間がない頃でした］や病気や過労に苛まれているときにはなおのこと、人様への垂訓には気が進まないのですが、あえて貴女のご希望にそって、貴女が寄せられたご質問に、簡潔に回答させていただくことにします。もっとも、私が述べることはいずれも自明の理であり、ちょうど「帽子は頭にかぶり、靴は足に履きなさい」と申し上げるようなもののなのですが……。

一、優れた看護師は、優れた女性でなければなりません。また病弱な女性や不健全な女性が、潑剌として活発な看護師になることもありえません。優れた女性たちを、つまり女性として恥ずかしくない女性たちを、貴女の施設へ招き入れ、彼女たちが、途中で離職することもなく、心も魂も肉体も健全でありつづけ、まして堕落など決してないように保つには、それなりの条件があります。

それはまず、彼女たちにまともで健康的な居住場所と食事を保障することです。そして、彼女たちが病院での仕事生活に耐えられるよう、精神的にも肉体的にも適切な配慮や支援を与えつづけなくてはなりません。

病院での看護の仕事は、受け入れ体制にどんなに改善を重ねたとしても、病院で働く女性たちの生命力を心身ともに消耗させるものなのです。それは、現在も未来も変わることはありません。

そのような配慮や支援に欠ければ、女性たちは、別の形で職務に〝耐え抜こう〟とするのです。つまり、私たち皆の記憶にもあるように、酒に溺れたり、患者の金品をくすねたり、不道徳な行為に刺激を求めたりなどし、それによって職務に〝耐え抜く〟ことになってしまうのです。

こうしたことには無縁の女性層を看護職に導き入れ、こうしたことへの誘惑から護ること、それが、病院や看護の改革を志す者たちの誰にとっても最優先の課題なのです。これは疑いの余地もないことですが、病院での仕事生活を送る女性たちの人としての正直や誠実を保つには、家庭で家事をしながら生活を送る女性たちへの支援よりも、さらに充実した支援が必要であり、そうでないと、どうしても彼女たちは低俗に堕(お)ちていくのです。

二、私は看護改革が実施された病院の付属看護学校をいくつも見てきましたが、私の経験から、それら看護学校について共通して言えることがあります。それは、教育を受けた階級の出身志願者と同じくらい高尚な動機を持つ、教育を受けなかった階級の出身志願者も多いということです（生計の手段を得るために看護を志願するという動機は、動機として決して矛盾するものではないばかりか、おそらくは最高の動機の一つと言えるでしょう。なぜなら、極貧(ごくひん)の親兄弟を支えることも、世間に恥ずかしくない独立を得ようとすることも、そもそもその行動《そのもの》が志(こころざし)の高い動機だからです）。しかし、こうした最高の資質の女性たちといえども、私たちが心の糧(かて)を、それもその時その時に適切な心の糧を、与えないままに放っておけば、やがて最高の動機も擦(す)り切れ、その生活は只(ただ)の無感覚な日課に堕(お)ちてしまうでしょう。当然ながらこれは、教育を受けた者よりも教育を受けていない者のほうに、起こりやすく、また病院以外で仕事生活を送る者よりも病院で仕事生活を送る者のほうに、確実に起こるのです。

三、看護師にとって、それも昼間勤務よりも夜間勤務の看護師にとって、絶対不可欠な条件の一つは、睡眠のための、一人で眠れる区画つまり仕切り部屋が確保されていることです。区画部屋には窓がなくてはならず、仕切りは天井まで届いていなければなりません。それを、わざわざ病院敷地外の一般住宅に設けるのは、たいへん不便ですし（不可能ではないにせよ）費用もかさみますから、これまでのほかの病院の例に倣って設置するほうが（費用も安くなりますし）無難でしょう。例えば、メリーウェザー病院の〝リヴァプール看護師寮〟、あるいはロンドンの聖トマス病院の〝ナイチンゲール看護師寮〟などが好例です（付け加えますと、室内装飾はなければないほどよいようです）。

何と言っても、看護師寮にとって肝腎要となること、それは、最良の下水設備と衛生設備を備えることです。そうした設備は、最初の段階で整えられていないかぎり、あとで設置することは、よほど巨額の出費なしでは、不可能です。それに加えて、新鮮な空気が建物の隅々にまで行き渡るような、完璧な換気のための設計と構造、適切な温度が確保できる暖房設備、各階に設けられた、使いやすい浴室や洗面台や手洗いの設備、ゆったりとした食堂と設備の整った調理場などが、完備されていなければなりません。病院のほうに、すでに食堂と調理設備があるばあいは別です。

それから、できれば教室[＊1]も一つ欲しいところです（貴女のこの施設は、同時に看護学校であり、将来はアルスター〔アイルランド北部地域〕全域に訓練修了の看護師を送り出す施設だからです）。そして病人が出たときのための保養室と、各階に給湯と給水の設備が必要です。これらの設備は、看護師の健康維持のために絶対に必要であり、同時に、これらが充分に整えられていれば、仕事の効率向上に大きく寄与します。それは、経験を積んだ者でなければ理解できないことでしょうが……。

豊かに繁栄するベルファストは、アイルランド発展の象徴であり、医師の養成や科学振興においてそれと知られているというのに、看護師養成学校の基盤の確保において、リヴァプールやロンドンに遅れをとっているなどと言われてよいものでしょうか？

四、貴女(あなた)の学校に、自分の私生活(プライバシー)に何の関心もないような女性を迎えたいと思いますか？貴女の学校の理事たちが、自分の妻や子供たちのための付添い(つきそ)看護を、自分の私生活の感覚も乏(とぼ)しいような女性に委(ゆだ)ねたいと思うでしょうか？(＊2)　そのような女性が優れた看護師になりうるでしょうか？

しかも、貴女の病院は、付添い看護が優れていることで定評を得ているのです。それとも、きちんとした自分の私生活を求めていながら与えられずして、なおも職にとどまり、優れた女性でありつづけ、さらなる向上をするような、そんな女性がいると思いますか？　激務に日夜さらされる病院勤務にありながら、自分一人になる場所もなく、独(ひと)りで聖書の一節を読む場所もない、そのようなことが可能でしょうか？　昼も夜も通して四六時中、病人や死を迎えた人の世話だけに明け暮れるなど、常軌(じょうき)を逸(いっ)してはいないでしょうか？（これらは机上(きじょう)の空論(くうろん)ではありません。健気(けなげ)にも身を粉(こ)にして働いている、誠実な女性たちの実際の経験なのです。しかも、貴女が求めているのは、まさにこのようなすばらしい女性たちではありませんか？」……

五、さらに、徹底した病院改革の推進のためには、施設の看護師たちのなかでよきパン種〔よい影響を与える力〕となる、より教養と品性の豊かな女性たちを招き入れなければなりません――現実的には、〔教育も躾も受けた〕上中流階級の女性たちと言ったほうが適切でしょうが……。

そして、適切な看護師寮が準備されないかぎり、そうした上中流階級の女性たちの志願は期待できませんが、そのために、教育を受けていない女性たちの受け入れに比べて、より経費が膨れるとは誰も思わないでしょう。その真逆だからです。彼女たちが教養のない女性たちに比べて経費がかさむなどということはありません。上中流階級の女性たちのほうが、結局は出資も少なくてすむのです。

教育を受けていない普通一般の病院看護師たちが、酒に溺れたり、不品行に墜ちたり、手癖が悪くなったりしないように導くには、上中流階級の女性を導くよりも、経費がかかるものなのです。まったく信頼も置けず、訓練も受けておらず、ほかに職がないので仕方なく病院看護師になったような女性たち、あの二十年前と同様の状態にならないようにするには、それ相応の支出が必要なのです。

それに、第一、そのような女性たちが、訓練を受けてきちんとした真面目で信頼のおける女性たちと同様に、適切に医療の仕事を遂行できるなどと本気で考える人などいるのでしょうか？

六、要約しますと、優れた看護師は優れた女性でなければならず、そして健康で健全な女性でなければなりません。さらに一般的な傾向として、それにふさわしい適切な環境を準備しないかぎり、優れた女性を得ることは不可能なのです。……

七、最後に。以前に何かに使っていたような建物に、補修や模様替えや建て増しなどの手を加えて、そのまま代用することについて、私自身の経験から一言申し上げます。貴重な資金の無駄使いはおやめなさい。新しくお建てなさい。そして、建てるからには、賢くお建てなさい。……

最後に、私は衷心より、ベルファスト看護学校の御成功をお祈りします。そして、この学校がこの時代のほかのすべての看護学校を凌駕したり、反対にほかの学校に追い越されたりする、そうした健全な競争が永く続いて、それが世界中のすべての病人とすべての活動的な女性たちとに、多大の善をもたらすことを祈っています。

ウィーンへの助言

このベルファストへの助言から五年の後、ナイチンゲールは、ウィーンのある女性から同様の問題について助言を求められました。その返信には、内容の重複がいくつか見られます——例えば、優れた看護師は優れた女性でなければならない、という点などです。しかし、このウィーンへの助言では、看護師による患者の虐待、とりわけ金品の強要に関する助言に、より多くが割(さ)かれており、さらに医師による看護師への性的強要についても言及されています。加えて、ナイチンゲールは、看護改革を進めたいのであれば、ウィーン総合病院以外に、ウィーンにおける改革の先鋒(せんぽう)となる病院を選ぶほうがよい、と仄(ほの)めかしさえしています。

ウィーンもまた、ナイチンゲールが（一八五〇年に家族ぐるみの友人たちとともに）訪れたことのある都市でした。しかし、彼女はこの都市をあまり詳(くわ)しく観察していませんでした。彼女の強い反オーストリア感が文面にも窺(うかが)われますが、それは彼女には、自分の出生地であるイタリアへの根深い郷土意識があり、そのイタリアは、オーストリアによる長年の圧政を受けてきていたからです。こうした歴史的背景が、ベルファストへの手紙のばあいとは大きく異なっています。

【引用四-二】ウィーンの看護への助言(18)

一八七九年三月十七日

親愛なる女史へ［マリー・フォン・ミラー宛］

貴女(あなた)の、要(よう)を得たご説明でウィーンにおける病院の状況はよくわかりますが、貴女がいみじくも指摘される、病院の組織秩序に巣食う害悪（むしろ組織がないこと）は、残念ながら、従来どおりの、以前からどこの病院にも見られてきた光景なのです。それどころか、各地の病院看護は、さらに酷(ひど)い状況にあっても当たり前のように思われます。文明が訪れる以前は無秩序の未開、というのが自然の理なのでしょう。

三十年も前は、およそ世界中のどこにおいても病院の看護は、貴女のお国と同じ状況でした。私の国でも実際、〔多くの点において〕その例外ではありませんでした。そして、その後、秩序ある看護への組織化を求め、そして優れた看護師を生み出す看護教育を求めて、世論が盛り上がってきたのです。

〔例外はありました。それは、パリの二つの病院で、聖アウグスティノ修道女会および聖マルタ修道女会とが、それぞれ運営し看護する病院でした。なぜこの二つの病院が例外でありえたのか、それは、私の経験から判断すれば、この二つの病院はいずれも、その運営管理に教団組織が一切関与していなかったからです。

そのために、病院運営に市民的な発想が充分に反映されました。それに、修道女たちは自分たちの組織の長たる女性〔修道女院長〕以外からの指示はまったく受けずにすみました。ですから、患者への配慮に専念できたうえに、徹底した道徳や風紀を維持することができたのです。さらに、医療処置の有能さを競い合ったり派閥(はばつ)にこだわったりする煩(わずら)わしさからも解放されました。

一人ひとりの個人としての進歩と、よい意味での競争とがもたらす改善と、そして情報を公開する適切な管理体制、これらすべてが可能になったのです。自由な気風のもとでの自由なものの見方や考え方や、民間から寄せられる貴重な意見など、すべて採り入れられました。しかし、この話題にこれ以上立ち入ることはやめておきます。〝修道女〟が運営管理する看護についての考察はまた別の機会にして、今述べた、よい教訓だけにとどめます。）

一般に医師たちが、看護という職能をどのように理解しているかについては、まさしく貴女のご指摘のとおりです。

たまたま優れた技倆を持つ看護師と一緒に仕事をする機会を持った医師たちは、その優れた技倆は高く評価します。しかし、そのようなことは滅多にありません。それに医師たちは、看護師に必要な倫理的資質は何かなど、まったく知らないばかりか、そもそも優れた看護師に倫理的資質が必要であるとさえ思っていない、それが普通なのです。優れた看護師は優れた女性でなければなりません。では、優れた女性を育てるには、そして、その優れた特性を保ちつづけるよう導くには、どうすればよいのでしょうか。

医師たちは、その方法を知りませんし、知ろうともしません。看護師に求められるＡＢＣは、（Ａ）節度と節操を身に備えており、かつ貞節であること、（Ｂ）心底から正直で誠実であること、そして、（Ｃ）患者への思いやりと献身的な心があること、なのです。（Ａ）について言えば、飲酒に溺れるような女性にどうして患者の世話などできるでしょうか？　こうした女性が、とても考えられないような事態を引き起こすのは、医師が病棟に不在の時なのです。誰もが思い、誰にでも納得できることですが、女性のなかでもとりわけ看護師たる女性は、貞節に欠けてはならないことはもちろん、言葉や身装(みなり)においてもだらしないことは許されません。

(B)不正直な女性に、どうして患者の世話ができるでしょうか? そうした女性は、患者の食べ物や飲み物を盗んだり、病院の備品を持ち出したりします。たとえ盗みを働かないまでも、そうした女性は、患者からむさぼるように、あらゆる金品の差し出しを強要するのです。こうした犯罪的な行為は、看護改革以前の看護にあっては、ごく普通のことでした。そして、差し出す物品を何一つ持たない患者は、時には死に至るまで、非情にも放置されたのです。とりわけ子供の患者たちが犠牲者でした。まだ口も利(き)けない子供たちでした。

看護師は患者を危害から護(まも)る存在であるにもかかわらず、こうなると、その看護師の危害から患者を護らなければならなくなるのです。

医師たちは、こうした問題に対処する時間を割(さ)けるでしょうか? そもそも医師たちは、こうした実情はまったく知りませんし、こうした看護師の騙(だま)しの手口も知りません。こうした不正直で狡賢(ずるがしこ)い看護師たちにとって、よほど無能でないかぎり、医師を騙(だま)すことなど訳(わけ)もないことなのです。看護師たちの上に立つ総師長(マトロン)が、看護師としての専門訓練を受けた総師長であったときにのみ、こうした〔不正直な看護師から〕患者を護ろうとする医師を支えることが可能となります。そして、この総師長の部下の看護師たちが専門訓練を受けた看護師であったときにのみ、医師の指示のすべてが着実に実行に移されるのです。

（C）思いやりと献身的な心、これが優れた看護師に不可欠な要素ですが、ただ狡賢いだけの看護師たちには、この不可欠な要素がまるで欠けているのです。何ということでしょう。最高の医師団を配した病院であっても、その医師たちの知らないところで、こうした非情な虐待が行なわれているのです。かといって、医師たちに総師長や主任看護師の役割を求めることなどできるでしょうか？

貴女は、「医師たちは、医学的な診断や治療にばかり集中して、ほかのことには無関心ですし、さらに言えば、男性の規範を女性に適用すること自体に無理があります」と書かれていますが、まさにそのとおりで、それが実情なのです。

医師のあり方

医師のあり方についての、ナイチンゲールの一貫した主張は、医師はもっぱら患者の《治療》に専心すべきであり、医師が病院の運営や管理に携わることを許してはならない、というものでした。「医師は管理者たりえないし、また管理者であろうとしてもならない」と彼女は述べています。さらに、それは、〝第一級〟の内科医や外科医であっても同じで、彼らはむしろ率先してそれを自認すべきである、と続けます。そして、この英国において病院看護の改革が大いに進展したのは、「病院の経営管理が〔宗教的権威ではなく〕民間人の手にあることの賜物」なのであり、そして、もちろん、「看護師をはじめ女性職員はすべて、ただ一人の女性によって管理され、ただ一人の女性の監督を受けることが正しい」とされたからでした。

本来の訓練のあり方

看護師に対する専門訓練の必要性については、誰もが納得してはいました。「ところが、訓練という言葉に、本来の意味とはおよそかけ離れた、まるで正反対の意味がこじつけられています」とナイチンゲールは指摘しています。例えば、聖バーソロミュー病院では、見習生たちの病棟への配置は、午前の病棟業務が片づいたあとであり、それでいて、午後の病棟業務が始まる前に退出となるのでしたが、それを〝訓練〟と呼んでいました。しかし、「系統立った一年間の正規の訓練課程として、病院のなかの寮で生活しながら、訓練修了看護師の資格を持ち経験を積んだ総師長（マトロン）と、同じ資格を持つ見習生教育主任と、同じ資格を持つ病棟師長（シスター）（または主任看護師）とに見守られながら、彼女たちの教導のもとに病棟実習をする。その間には、試験を受けたり、最新技能の指導を受けたり、事例を記録したり、記録の点検を受けたりし、さらに見習生教育主任によって、学級に編成されて授業や補習授業を受ける。さらに見習生教育主任が管理する『見習生学寮』で充分な健康管理を受ける――何と、こうした徹底した訓練も、同じく『訓練』と呼ばれるのです」とナイチンゲールは述べています。

聖バーソロミュー病院への派遣

やがて、聖バーソロミュー病院も、自らの看護師訓練のあり方について過（あやま）ちを認め、ナイチンゲール看護学校に、総師長（マトロン）とその補佐役数名の派遣を申し入れてきました。「私たちの看護師養成による成果がいよいよ展開し、その意義がまさにこれから試されようとしています」と彼女は記しています。

訓練によって鍛えられた判断力こそが看護の基盤ですから、訓練を積み重ねた総師長（マトロン）が全看護組織の長であり、部下の看護師などの看護職員たちは、総師長が目指す目的と実践を実現する手足にすぎません。これまで看護が組織化されてきた病院はどこでも、この方式が推進力になっています。つまり、看護の組織化は、訓練修了の資格を持ち、さらに経験を積んできた総師長を任命することによって、ほぼ完成に至るのです。

そして、こうした〝組織化〟を求める〝要請〟が国の内外から、絶えず私たちのもとに寄せられていますが、いつも真っ先に行なう助言は、まず訓練を積んだ総師長を獲得しなさいということであり、さらにその総師長に、しかるべき責任と職務と権限を与えなさい、ということです。——すなわち、病院内の看護師と師長および見習生の全員について、その人選と任用と解雇の権限を含めて、その教育と管理の責任と職務の権限です。もちろん、病院の理事会の承認が必要ですが、同時に総師長は直接この理事会に対して責任を負う立場でなければなりません。(19)

看護師寮が訓練の要

ここでも再び、ナイチンゲールは、看護に携わる女性たちへの精神的および倫理的な支援、とりわけ看護師寮（ホーム）においてのこの種の支援を強く呼びかけています。看護師寮こそ、こうした支援が行き届く場所なのでした。「看護師寮が家庭的で、そこでの生活が、賢明な母親であればどんな階級の母親でも、そこに娘を住まわせたいと思うような看護師寮でないかぎり、中下流階級で素質のある若い女性を求めるばあいでも、上中流階級で資質の備わった若い女性を求めるばあいでも、看護師として病院に迎えたいような女性は得られません。つまり、こちらが勧誘したいような相手からは承諾(しょうだく)が得られず、承諾が得られるような相手は、こちらが勧誘したくない、という皮肉な結果になるでしょう」。

病院の建て替えを

ナイチンゲールが指摘する、最後の留意点は、看護師訓練を開始するにあたって、新しい病院を建てるか、もしくは既存の病院をそのまま使うかの選択についてでした。「既存の病院に欠陥が多いばあい、適切な規模の病院を建てる資金も充分に集められる見通しがあり、強力な医師団も確保できるのであれば、もちろん、迷わず新しい病院をお建てなさい」。新しい病院が無理ならば、既存の病院で、第一級の医師たちを味方に引き入れて始めるほうがよく、なるべくウィーン総合病院でないほうがよい、とナイチンゲールは助言しています。

④5　看護師寮の内部

四、米国およびカナダへの影響

米国の初期看護への影響

ナイチンゲールは、米国の看護の初期の発展段階において、きわめて大きな影響を与えました。彼女は何回も、看護改革を志向する米国の医師や慈善事業家たちから、訓練修了看護師の派遣の要請を受けたり、彼らのために、将来の総師長（マトロン）として有望な女性を聖トマス病院で訓練してほしいという依頼を受けたりしました。一八七二年、ニューヨーク市のベルヴュー病院から看護師派遣の要請があったとき、彼女はそれに応えることがかないませんでした。ナイチンゲール看護学校そのものが危機に瀕（ひん）していた折でもあり、当時はエジンバラ王立病院への約束を果たすために力を注ぎ込みはじめて、間もない頃だったのです。ベルヴュー病院へ看護師を派遣（はけん）する代わりに、ナイチンゲールは事細（こま）かに懇切丁寧（こんせつていねい）な助言の書簡を書き送りました。その書簡はその後、広く回覧され、広く活用されました。

米国・カナダを視察

一八七三年から七四年にかけて、フロレンス・リーズが、米国（およびカナダ）の各地の病院を歴訪しましたが、それは訪問というより現地視察であり、ウィリアム・ラスボーンの要請によるものでした。リーズは詳細に現地の状況を報告し、仲介役を務めましたが、特にニューヨーク市との交流で大きな役割を果たしました。彼女の報告によると、一八七三年の頃、米国にも看護学校がいくつか存在しましたが、いずれも「残念ながら男性の管理運営によるもの」でした。ボストンのウォルサム看護学校はその典型例でしたが、後にナイチンゲールは同校に、多岐にわたる支援を送りました。

米国の看護師たちを支援

ナイチンゲールが及ぼした影響の多くは、彼女の良き助言者としての働きによるものであり、後に米国の看護界の中心的な指導者となる女性たちは、看護師としてまだ経験も浅い頃に、ナイチンゲールの薫陶を受けたのでした。彼女たちが聖トマス病院で研修を受けられるよう、ナイチンゲールは、通常は一年以上とされる研修課程を、短期でも受けられるよう便宜を図ったりしました。さらにナイチンゲールは、彼女たちが各地の病院や施設を訪問視察できるように便宜を図ったり、自宅に招いて歓談の機会を設けたりしました。彼女たちのなかにはその後何年も、ナイチンゲールと連絡を交わした者もいました。この影響が多大であったことは、遺されている当時のかずかずの手紙や（後の）看護界の指導者による回想録などで明らかです。しかし、彼女たちへの助言は、一般論的な示唆や高邁な指針を与える助言であり、ナイチンゲールが英国の総師長たちに与えたような、多岐にわたり委細を尽くした助言とは趣を異にしていました。

リンダ・リチャーズの働き

このようにナイチンゲールから薫陶を受けた米国人の代表例の一人に、リンダ・リチャーズ（米国で最初に専門訓練を受けた看護師）があげられます。彼女は一八七七年からロンドンを訪れていました。その後リチャーズは、自身が総師長として赴任したかずかずの病院に、高い水準の専門看護を導入しました。マサチューセッツ総合病院、フィラデルフィア・メソジスト聖公会病院、ニューイングランド婦人子供病院、ハートフォード病院、ペンシルベニア大学病院、トートン精神病院、ウォーセスター精神病院、ミシガン精神病院などです。さらにリチャーズは、一八八六年に日本の京都に看護学校を設立し、そこで日本語を学びながら、四年間滞在しました。

イザベル・ハンプトンの働き

カナダ生まれのイザベル・ハンプトン（後にロブと改姓）もそうした一人です。ハンプトンはベルヴュー病院で訓練を受け、イリノイ看護学校とシカゴのクック郡立病院で総師長を務め、さらに、ボルティモアのジョンズ・ホプキンズ大学病院に看護学校を設立しました（米国でも模範とされるこの病院の設計には、ナイチンゲールも助言しています）。

ハンプトンは、看護師の訓練を受けるために米国へ渡った数多くのカナダ人の一人でした。当時はカナダでは看護師の訓練は受けられなかったからです（当時のカナダの医師たちは、看護師の訓練を極端に嫌悪していました）。エリザベス・ロビンソン・スコヴィルも米国へ渡ったカナダ人の一人で、ニューポート（米国ロードアイランド州の都市）の病院の総師長でした。ナイチンゲールは、数年間にわたって、スコヴィルと何度か面談したり、手紙を交わしたりしています。

④6　京都看病婦学校

手紙の内容はとりわけ、小児看護に関するものでした。

パーソンズの働き

ナイチンゲール看護学校は、看護界の重要な指導者を次々と育成していきましたが、なかにはナイチンゲールとの個人的な関わりが薄い女性もいました。

例えば、ルイーザ・パーソンズなどです。パーソンズはメリーランド大学病院に看護学校を設立し、ほかにも多くの土地でナイチンゲール方式の看護の普及に尽くしました。さらにパーソンズは、ジョンズ・ホプキンズ大学病院の総師長補佐としてハンプトン総師長を支え、さらに〔一八九八年に米国とスペインとの間に起きた〕米西(べいせい)戦争に際しては、軍病院の総師長として活躍しました（パーソンズが最初に従軍を経験したのは、一八八五年の英国によるエジプト遠征の際でした）。

ボストンでのプリングル

ナイチンゲールは、ボストンのウォルサム看護学校での看護師養成にも影響を及ぼしています。それは二名の人物を通じてでした。最初に同校の創立者アルフレッド・ウォーセスター博士が彼女に助言を求めて接触してきたのは一八九五年のことで、次に同校の校長シャーロット・マクラウドの良き助言者(メンター)としての相談相手になったのはその翌年のことでした。このマクラウドも米国で看護に従事するカナダ人でした。それに加えて、事実上ナイチンゲールの第一の教え子として知られるA・L・プリングルが、エジンバラ王立病院と聖トマス病院の総師長を歴任(れきにん)したあと、一九〇五年から翌年にかけて、ウォルサム看護学校において総師長（マトロン）を務めました。

メイチンの挫折

訓練修了看護師による看護がカナダに導入されるまでには時間がかかりましたが、それは、医師たちの反対に加えて、大きな後退要因となる、ある事件もからんでいます。一八七五年に、モントリオール総合病院からの要請を受けて、ナイチンゲールは看護師団を派遣しましたが、その後、その事業計画は思わしく進みませんでした。総師長（マトロン）職に就（つ）いたのはカナダ生まれのマリア・メイチンで、かねてから故国で総師長になる強い願望があって、まずドレスデン〔ドイツ南東部の都市〕で訓練を積んだあとに聖トマス病院で訓練を重ねた女性でした。メイチンは、ナイチンゲール看護学校の看護師寮の学寮師長（ホームシスター）まで務めていましたが、それを辞（じ）してのカナダ行きは、同校には大きな損失でした。しかし、モントリオール総合病院が約束していた看護学校も新しい病院も、どちらも建設されることはありませんでした。衛生状態は劣悪で、看護師の一人と、メイチンの婚約者であった医師も生命（いのち）を落としました。メイチンが率いる看護師団は、一八七八年に帰国することになりましたが、その内の四名は、帰路の船が難破し、セントローレンス川河口の無人島に漂着する災難に遭（あ）いました（全員が生還しました）。

カナダでの地域看護

カナダにおける地域看護は、シャーロット・マクラウドによって始められました。彼女は、ボストンのウォルサム看護学校の総師長（マトロン）を務めていた頃、ナイチンゲールを訪問したことがありました。ヴィクトリア女王の即位五十周年を記念して、ヴィクトリア看護師団という新しい組織が創設されました。しかし、これにもカナダの医師たちは強い抵抗を示しました。カナダ総督アバディーン卿の夫人が、推進運動に尽力し、さらに、ボストンのウォーセスター博士が、オタワの医師たちに愛国心に訴える演説活動を行なうなど、この地域看護構想を広めるために働きました。アバディーン卿は、総監督に就任したマクラウドの給与の、最初の二年分を負担しました。ナイチンゲールは公開書簡を発表したり、ロンドンでアバディーン卿夫人と会うなど、可能なかぎりの精神的な支援をしました。

五、臨床看護の向上と進化

看護は、何にもまして、絶え間ない進化が求められる職業です。内科学や外科学や衛生学の年ごとの向上につれて、看護師は、より新しく、より高い技術を学ばなければなりません。看護師の仕事には、量と質ともに、年ごとの向上が求められます。[20]

『医学事典』に寄稿

ナイチンゲールは、クウェイン編『医学事典』に二編の論文を寄稿しました。この二編の論文、「看護師の訓練のあり方について」（第一論文）、そして、「臨床看護のあり方について」（第二論文）は、看護の向上と進歩の面に、彼女が力点を置いていたことを示す貴重な資料です。この二論文は、それぞれ事典のなかの別項目で、事典の本文として掲載されています。そして、一八九四年の改訂版では、ナイチンゲールは多少の修正を加えています。

寄稿論文の主旨

クウェイン編『医学事典』は、医師向けの事典であり、看護師を読者に想定していませんでした。そこで、このナイチンゲールの二論文は、もっぱら、専門訓練を受けた看護師が、医師の仕事にとってどれほど役立つ存在であるかを、医師に対して説いています。そして彼女は、これを絶好の機会ととらえて、病院勤務の看護師に必要な、労働条件や休暇などの支援のあり方についての説明も、書き加えています。ここではまず、彼女の考えを解く手がかりとして、看護師に求められる医療処置および患者の観察を主題（テーマ）に、例をあげてみましょう。この二論文はいずれも、楽しい読み物でもなければ、心ときめく物語でもありませんが、ナイチンゲールが下水溝や排水設備や便器の洗浄法などを力説する堅（かた）い文章よりは、読みやすいものです。さらに、この二論文は、看護師の責任がしだいに重くなりつつある様子を的確に示しています。最近の看護研究者の一部には、ナイチンゲール看護学校の教育を軽視して、それは〝ごく常識的なケア〟を超えるものではなかったとか、あるいは〝家事家政の応用にすぎない〟とかの見解を示す傾向があります。しかし、この二編の論稿は、そうした見解の誤りをみごとに払拭（ふっしょく）してくれます。

当時の看護師の役割

ここで留意しなければならないことは、ナイチンゲール看護学校が看護師訓練を開始した一八六〇年の頃は、この二論文投稿の頃〔一八八二年〕に比べると、看護師に求められる職責はきわめて限られていた、ということです（一八六〇年以前には、〝看護師〟とは名ばかりで、事実上は、病室の掃除婦でした）。患者の検温ですら、医学生（男性）や〝手術助手〟（男性）の職務でした。看護師たち（全員が女性でした）の教育水準の低さに加え、おそらくは職業上の妬みもあり、看護師に割当てられる役割は制限されていました。

諸規則　一八六〇年：〔見習生の職務〕

見習生には次の技術の習熟が求められる。

一、水疱・火傷・炎症・外傷への包帯手当ならびに罨法・パップ剤・小包帯の用法。
二、外的、内的な〔医用の吸血〕ヒルの用法。
三、男性および女性への浣腸法。
四、脱腸帯および子宮内器具の取り扱い。
五、体幹や手足や指先への効果的な摩擦技法。
六、身体不自由の患者の世話、すなわち身体の移動、着替え、清潔の保持、食事、保温（または保冷）、褥瘡の予防と手当、体位変換。

七、包帯法、各種包帯や巻き包帯の作成、副木の当て方。
八、手術の介助。
九、病人食の調理。
十、換気の重要性についての理解……、昼夜を通しての換気……、あらゆる用具や器具類についての厳密な清潔管理……。
十一、病人の注意深い観察：特に以下の症状や状態に留意すること：分泌物〔唾液・尿・目やになど〕・喀出物〔痰・血液・唾液など〕・脈拍・皮膚の状態・食欲・精神錯乱や昏迷などをも含めた意識状態・呼吸・睡眠・傷口の状態・発疹・膿瘍・食事や刺激物の影響や薬の効果。
十二、回復期の患者のケアについての学習[21]。

検温と記録の推移

一八七二年に、ナイチンゲールが初めて自分が育てた看護師たちに送った〝講演書簡〟のなかでは、その時点ですでに、患者の検温とその記録が、看護師によって普通に行なわれていたことがわかります。しかし、一八六七年度の見習生レベッカ・ストロングが、見習生でありながらあえて患者の検温を実施したときは、看護師の職責を超えた行為として譴責処分を受けています。

一八八二年当時の業務

　クウェイン編『医学事典』の論文〔一八八二年〕では、看護師は患者の検温と記録ができなければならず、そして、検温の回数について「重症患者のばあい、十五分ごとに体温を測り記録すること」と規定されています。さらに、この論文には、患者の観察について、多くの項目が加えられており、特に睡眠や傷口(きずぐち)の状態の観察について詳しく書かれています。それに、尿量測定や尿検査も加えられています。小児患者の観察については、成人患者のばあいよりもさらに精緻(せいち)さが要求されましたが、小児は「自分の状態を言い表わせない」からでした。

　看護師は、子宮鏡や導尿カテーテルを通したり、傷口や膣を洗浄したり、皮下注射をしたり、ガルヴァーニ電池〔直流電気療法〕を操作したりもしなければなりませんでした。そして、湿布やパップ剤の使用法や軽い傷(きず)の手当などについては、より詳細かつ具体的に記されています。

責任の拡大

　手術の準備や介助ばかりでなく、〝手術後と麻酔後の患者の管理〟も看護師の責任でした。患者の出血にあたっては、看護師は〝手や指による圧迫、応急止血帯やタンポンによる止血〟の処置ができなければならず、さらに包帯法や各種包帯の準備についても詳しく記されています。

　それに加えて、ナイチンゲールは、クウェイン編『医学事典』の看護の項の論文において、消毒薬の使用についても詳細に触れています。例えば、石炭酸については十八回も触れており、その溶液の濃度の指定は、一対二十から一対百にまで及んでいます。消毒処理で完全に殺菌できないときは、焼却しなければなりませんでした。

唯一の完全な消毒法は、消毒剤溶液（石炭酸一対百）を加えた沸騰水に浸しておくことである。汚れたリネン類や包帯などの洗濯はすべて、病室の外で、あるいは、できれば建物の外で行なうべきである。病院では、洗濯場は別棟に置くべきである。

膿汁が付着した《包帯》は、いかなるばあいも、ただちに焼却処分にすること——そのまま病棟の暖炉で燃やすか、焼却炉に運んで燃やす。焼却は最も経費がかからない処理法であるが、焼ける臭気が立たないよう、火力を強くすること。骨折の処置に使用した包帯などであれば、洗濯するだけでよい。そのばあいは、まず一パイント〔約〇・五七リットル〕の石炭酸ソーダの希釈液に浸しておいてから、包帯二本について、軟石鹸と苛性ソーダと石炭酸ソーダとの溶液一クォート〔二パイント〕で一晩煮沸し、その後、桶で濯ぎ洗いをする。煮沸鍋に残った溶液は、もちろん、便所の下水溝へ流す[22]。

回復期患者の看護

これほど詳細な消毒法を指示しながらも、ナイチンゲールは、なおも念を押すように「完全な清潔こそが真の消毒である」と強調しています。「看護師には、接触伝染と感染についてその本質を、それに脱臭剤と消毒剤と殺菌剤についてその違いを、教え込んでおかなければなりません。そして、看護師や手術助手たちが、常にこうした予防策を忠実に守ってさえいれば、彼ら自身が危害となることもなく、外科医も含めて、彼らの尊い生命(いのち)も失われずにすむ」のでした。さらに、このクウェイン編『医学事典』の論文のなかで、ナイチンゲールは、彼女が以前からずっと主張してきた主題(テーマ)の一つである回復期患者の看護について、再び論じています。「回復期看護は、それ自体が一つの看護部門です。――回復期に入った患者は、とりわけ小児の回復期患者は、一刻も早く、病院から田園地帯に設けられた〝回復期保養所(ホーム)〟へ移すべきであり、それは、早ければ早いほどよい結果を生みます[23]」と述べています。

夜間の看護と休暇

夜間の看護も、ナイチンゲールが大きな関心を寄せていた主題(テーマ)の一つであり、ここで最後に言及しておきます。ナイチンゲールは、夜勤看護が、昼間看護に比べていかに困難が多いかを、知り尽くしていました。夜勤の看護師は、医師もいなければ主任看護師もいない状況のなかで、自分一人で患者の世話をしなければなりません。それに、未訓練の看護師たちによる飲酒や患者虐待は、事実上、監視の眼が届かなくなる夜間に起こることが多いのでした。

夜間の看護：内科医や外科医は、夜勤の看護師にも日中の看護師と同様に、いやむしろそれ以上に、優れた仕事の能力を求める。なぜなら、熱病患者や術後患者の症状の悪化や急変は、夜間か夜明けに起こることが多いからである。

にもかかわらず、現状では、夜勤看護師には、日勤看護師と同等の仕事能力さえ求められていない。夜勤看護師がその職務を充分に果たすためには、日中何ものにも妨げられることなく、少なくとも七時間ないし八時間は、きちんと寝台に入って、睡眠をとる必要がある（ニューヨークの〝馬のホテル〟では、馬でさえ、夜間に働く馬が日中充分に睡眠できるよう、隔離した寝小屋が与えられている）。

夜勤看護師には、夜勤明けの朝および夜勤に就く前の時刻とに、温かい食事が準備されていなければならず、さらに、午前一時ないしは二時には軽食が出されるべきである。さらに彼女たちには毎日、運動の時間を一時間半から二時間は確保しなければならない……。

休暇：看護師にはすべて、とりわけ夜勤の看護師には、普段の休養日に加えて、年次の休暇が必要である。年に一ヵ月の年次休暇でも決して多過ぎることはない。総師長や総監督など、重い責任を負う看護職の女性は全員、さらに長い年次休暇を必要とする。さもなければ、彼女たちは心身ともに活力を失い、若くして燃え尽きてしまうことになる。(24)

六、看護師の国家登録制度

国家登録制度への意見

看護師の資格を統一して国の認定とし、認定された看護師の名前を国の名簿に登録し、国が資格を証明する制度（国家登録制度）にしようとする運動は、一八八八年に端を発し、ナイチンゲールはそのために何年も闘うことになりました。最終的には、この国家登録制度は実現するのですが、それは彼女の没後でした。彼女は、基本的には、国家登録制度そのものには決して反対ではありませんでしたが、その当時、英国王立看護協会という団体が提起した原案には、強く反対していました。ナイチンゲールとその同志たちは、この原案を有名無実にし、そして法案としての成立を延期させることに成功しました。現代であれば、世界中どこの国でも、看護師資格の国家認定は常識ですが、当時のその原案には、反対すべき確かな理由がいくつもありました。彼女の意見に同調する人は多くいましたが、それは、その原案が、看護職の社会的な後退を招きかねない内容だったからです。

反対する理由

その原案では、いったん認定された看護師が、あとになって不適格で有害な看護師であると判明しても、それを排除する防止策が欠如していたのです。それに加えて、最も本腰を入れて取り組むべき課題である看護改善そのものには、ほとんど用をなさないものだったからです。さらに、その原案で指定されている国家資格の認定者についても、ナイチンゲールには異議がありました。原案では資格認定者の大半は、医師（男性）によって占められていたからでした。

看護は天職であるべき

看護とは、ナイチンゲールの考えでは、科学であると同時に芸術〔専門技術〕であり、さらに専門職というよりも天職でした。彼女が、シカゴで開催された〝女性の職業に関するシカゴ博覧会〟に寄せた『病人の看護と健康を守る看護〔一八九三年〕』と題する論文のなかで、彼女はこの自分の考えを、こうしたあらゆる言葉を駆使して表現しています。彼女の発言のなかには、看護師は訓練や教育によって生み出されるものではない、という趣旨のものがいくつかありますが、これをそのまま真に受けてはなりません。一方で彼女は、看護師の教育訓練への科学的要素の導入も強く求めていましたし、後輩の看護師たちに医学の専門書を贈呈することも頻繁でした。それでもなお、ナイチンゲールは、心の奥底に、看護には公的な試験などでは決して測ることのできない、天賦の資質と情熱が欠かせないという思いがありました。彼女は、三年間の養成課程であっても、それだけで優れた看護師の育成が保証されるとは思っていませんでした。彼女は、友人でオックスフォード大学ベリオール学寮の学長で聖職者でもあったベンジャミン・ジョウエットに、看護師とは〝主の侍女〟であると語っています。[25] そして地域の公衆衛生看護師は〝健康の伝道者〟なのでした。ナイチンゲールは、犯罪者とまでは言えないまでも不適格で有害な看護師を、どうすれば国家登録から外すことができるだろうかと、思いを巡らせていました。

継続教育が必要

さらに彼女は、現代であれば誰もが理解できることですが、看護は経験を重ねながら年々徐々に向上していく技術であり、年々の向上が求められるべき技術である、と理解していました。三年間の訓練課程の修了証が何を意味するものであれ、それは、その後ずっと修了者の能力や適性を保証するものではありえません。英国王立看護協会の原案では、看護師の認定資格が終身資格であることに慄然としたナイチンゲールは、代案として、看護師が勤務先を変えるときには、元の勤務先からの推薦状を必要とする制度を提案したりもしました。彼女の、看護師には〝継続教育〟が必要であるとする理念は、後年になって、看護師の再教育課程や職業能力向上課程、その他各種の〝生涯学習〟に重なっていきます。

七、助産師養成と母性看護(26)

統計に多少の不備はあるものの、産科の統計によれば、ある実態が明らかです。それは、出産にともなう産婦死亡のなかには、防止しえた死亡がきわめて多いという事実であり、さらに、原則として、死亡率は、家庭出産より病院出産のほうが、はるかに高いという事実です(27)。

助産師の養成を開始

母性看護の充実は、社会が負う義務として不可欠であることを、ナイチンゲールは的確に認識していました。人は皆、出生(しゅっしょう)から始まるのです。

助産師の養成は、ナイチンゲール基金が二番目に手がけた事業であり、一八六一年に産科病棟と助産師養成課程を〔ロンドン大学の〕キングズ・カレッジ病院に開設しました。

病院での出産は危険

ナイチンゲールは、出産を医術の対象としてはとらえていませんが、この考えは現代の女性解放論者(フェミニスト)にとってはなじみやすいに違いありません。出産は自然現象であって、病気ではないのです。実際、ナイチンゲールの時代の英国では、女性は病院で出産することはほとんどなく、〝助産師〟の介助によって家庭で出産するのが普通でした。しかし、その〝助産師〟はわずかな訓練しか受けていませんでした。ここで難題は、訓練を積んで熟練した助産師〔病院勤務の助産師〕の介助は受けたいが、病院での出産となると、感染患者から受ける感染による死亡率が高くなるので、病院出産は避けたいという矛盾(むじゅん)でした。

高い産婦死亡率

出産にともなう母親の死亡率は、今あらためて振り返ってみても、複雑な問題です。出産そのものが危険を孕(はら)んでおり、特に逆子(さかご)の出産は危険が大きくなります。ナイチンゲールの時代の、英国とヨーロッパにおける出産にともなう産婦死亡率は、戸籍庁〔出生と死亡など戸籍を管理する官庁〕の報告書から彼女が引用した数字によると、出産千件につき五件という高率でした。ちなみに、現在の先進工業国における死亡率は、百万分の一単位です。

産婦死亡の原因

産婦死亡のなかには、その大半を占める〝出産時の事故〟による死亡と、出産後およそ一ヵ月以内に発症する産褥(さんじょく)熱による死亡とがあります。産褥とは、〝出産の前後〟という意味のラテン語puerperalに由来します。産褥熱は、敗血症(はいけつしょう)の一種で、喉(のど)の渇(かわ)き、吐き気、胃痛、下痢、高熱、冷汗、昏睡(こんすい)、胆汁嘔吐(たんじゅうおうと)など、激しい苦痛をともないます。

患者は一日で死亡することもあれば、数週間も経て死亡することもあります。この病気で死亡する新生児も多いのですが、キングズ・カレッジ病院ではその発生は見られませんでしたので、ナイチンゲールは言及していません。

医学生の立ち会い中止を勧告

この助産師養成課程が開設された当時は、産褥熱の原因はまったく知られていなかったも同然でした。一九〇二年になって初めて連鎖球菌(れんさきゅうきん)の一種が原因であると特定されました。出産時の母親の死亡は〝事故〟が大半であり、助産師の訓練をよりよくすることによって、死亡率を下げられる可能性が高かったのです。しかし六年後に、産科病棟は閉鎖(へいさ)され、助産師養成は中止されました。産褥熱による死亡率が容認できないほど高くなったからです。その六年間で、出産七百八十件のうち二十六人の母親が死亡しましたが、これは千件中三十三・三件という数値になります。それに比べて、一八六七年の家庭出産における母親の死亡率は千件中五・一人であると、彼女は、自身の著『産院覚え書(Introductory Notes on Lying-in Institutions)』で述べています。死亡率は、医学生が立ち会いを許されたばあいに高いことが判明し、彼女は医学生による出産観察を不許可とし、出産時の立ち会いは助産師と医師（産科医師）に限るよう、勧告しました。さらに彼女は、一般病棟とつながっている産科病棟はすべてただちに閉鎖するよう提言しました（しかし、この提言は受け容(い)れられませんでした）。

『産院覚え書』の専門的提言

ナイチンゲール著の『産院覚え書』には、あくまで慎重でまた緻密な情報収集の結果から得られた、有用な専門的提言が多く盛り込まれています。彼女は、自ら作成した質問調査票を各方面に送付し、死亡率比較の数値を収集しました。

彼女は、出産時の産婦死亡率について欧州の多くの都市の実態調査を掲載したレオン・ル・フォール〔子宮脱の研究と手術で有名なフランスの外科医〕の一八六六年の著書『産院：欧州の主要国における産院と家庭分娩のための慈善機関の研究』からもその分析を引用しています。しかし、彼女はどうやら知らなかったようですが、一八四七年から翌年にかけて、ウィーンでは、イグナーツ・ゼンメルヴァイス〔院内感染予防の先駆けとして知られる、当時ウィーン総合病院の産科医師〕が産褥熱による死亡率を下げることに成功していました。ウィーンで死亡率の低下に成功したのは、彼の指示により、医師と医学生の全員が、産科病棟に立ち入る際には、消毒剤による手洗いが実施されたからでした。

ゼンメルヴァイスの結論

ゼンメルヴァイスの結論は、この種の論文にありがちな、個人の経験だけに頼った結論ではなく、確かな情報や量的にも充分な統計的数値から導かれた結論であり、ナイチンゲールならば完全に納得したに違いありませんでした。皮肉にも、彼女は一八五〇年にウィーンを訪れており、その当時、まだそこにゼンメルヴァイスはいました。ちょうどその時期、彼は人知れず故国ハンガリーへ去る直前でした。彼は、その後も、あくまで消毒剤による手洗いを主張しつづけて、ほかの医師や医学生たちにも強く勧めたために、奇人扱いを受けていたのでした。一方、ナイチンゲールは、ウィーンからすぐに立ち去りました。彼女がその街を忌み嫌っていたのは、医療や看護とは関連のない理由からでした（オーストリアがイタリアに圧政を加えていたからでした）。ヨーロッパを旅行するときには、必ず各地の病院を訪ねて見学視察する彼女でしたが、ウィーン総合病院に限って、彼女が立ち寄ることはありませんでした。

フランスの助産師たち

当時、流行病の発生や妊産婦の死亡率の急激な上昇などを契機とする研究は、たいてい似たようなもので、症例ごとの記録の寄せ集めが大半であり、処置の改善に結び付くような結論には至りませんでした。フランスの助産師たちで、助産技術についての本を出版したことがありました。彼女たちは丸二年の養成課程を経てきた助産師たちで、そのことにナイチンゲールも賞賛を送っていた助産師たちでしたが、産褥熱については一言も触れず、その死亡率についての言及も皆無でした。ナイチンゲール自身の統計においても、「助産技術によって防止もできる死亡がかなり多く」、それは、家庭出産よりも産科病院での出産に多い傾向があったのです。

シンプソンの見解

ナイチンゲールもたぶん知っていたでしょうが、ジェームズ・Y・シンプソン卿は、〔多くの産婦に接する〕産科医自身が産褥熱の感染を広げる媒体の役割を果たしているのではないかとする見解を示していました。彼はエジンバラ大学の産科の教授で、ナイチンゲールは、産褥熱による死亡と、脚の切断手術による死亡との類似について、彼と書簡を交わしていました。シンプソン卿は、ヴィクトリア女王の侍医（じい）でもあり、出産に麻酔剤としてクロロホルムを初めて使用した人物としても知られます。彼の一八五一年の論文は『産褥熱と手術熱との類似性に関する覚え書』というもので、〝介助者の指〟が感染拡大の決定的な役割を果たしていることを指摘しています。シンプソン卿による対処法とゼンメルヴァイスによる対処法とは、それぞれ独自に開発されたものでありながら、それほど違いはありませんでした。しかし、シンプソン卿の対処法は、厳密な数値（データ）に基づいて導き出されたものではありませんでした。そして、シンプソン卿は、ゼンメルヴァイスの功績に批難を向けることさえありました。後にシンプソン卿はナイチンゲールに、ル・フォールの著書について情報を提供したことはありましたが、ゼンメルヴァイスの業績について彼女に紹介することは一度もありませんでした。

産院を独立した建物に

病院という施設そのものが抱えている問題点については、シンプソン卿はナイチンゲールと概ね（おおむね）共通した認識を持っていました。一八四八年に彼は、〝内科と外科と産科が一緒に入った殿堂〟のような既存の病院は廃止して、産科病院を独立した建物とし、それを容易に洗浄できる鉄造りの建物にすべきであると主張しています。一八六九年の『ランセット』誌〔世界的に権威のある医学雑誌の一つ〕に掲載された彼の論文の標題は「病院病（ホスピタリズム）：外科手術の結果への影響」というもので、その論文のなかで彼は〝病院病（ホスピタリズム）〟という用語を使って病院での病気の発生を告発しています。

産科病棟での死亡率の高さ

キングズ・カレッジ病院の産科病棟において死亡率が異常に高くなっていることに、彼女が気づいたのは、いつの時点であったかは定かではありません。彼女はずっと、この病院の総師長と、その総師長が所属する英国国教会組織の男性監督との間の確執に悩まされつづけていたのでした（この件を巡って、メアリー・ジョーンズとほか数名の看護師長たちは、間もなく同病院を辞めてしまいました）。カートライトの記録によると、この産科病棟は、開設当初の一八六二年から翌年までの一年間は〝比類なき成功〟を収めていました（全出産は九十三件で、死亡は〇件でした）。しかし、一八六七年に同産科病棟が閉鎖され助産師養成課程が中止となった時点では、七百二十九名の産婦が出産し、そのうち二十八名が死亡しており、これは死亡率三・五パーセントに該当します。しかし、その当時は、死亡率四パーセントまでが〝産科病棟の常識〟の範囲と見なされていました。

ル・フォールの資料によると、パリの産科病院での産婦死亡率は通常は十パーセント強でした。最も〝完璧〟と言われた助産師養成課程を併設するマテルニテ産科病院でも、一八六四年に、死亡率は二十パーセントに達していました。

教育の再開を画策

ナイチンゲールは、その後数十年、安全が確保された環境で助産師養成課程を再開しようと、その手立てを探し求めました。しかし、再開にふさわしい場所は見つかりませんでした。彼女は、救貧院病院〔救貧院のなかに設けられた病院〕を候補の一つに考えたこともありました。そこは、一般の病院よりも産婦の死亡率がいちじるしく低かったからです。

高い富裕層の死亡率

救貧院病院では、医学生の実習も行なわれず、検死解剖も行なわれないのが普通でした。それが決定的な産褥熱の予防になっていました。ほかのあらゆる病気とは対照的に、産褥熱の死亡率は、貧困層においてより低かったのです。すなわち、富裕層の人々のほうが、社会的に恵まれない人々よりも、産褥熱の脅威にさらされていたのです。

『産院覚え書』は、その冒頭から、産婦の死亡とその予防について、説得力のある理路整然とした口調で始まっています。

> 本稿は、まず最初に、普通一般に行なわれている分娩〔家庭分娩〕における産婦死亡率の確認から始めるべきであろう。
>
> そして、たとえ現在入手できる範囲内の数値であっても、それが事実と確認されたならば、一般の死亡率〔家庭分娩の死亡率〕と、多数の分娩を受け入れている分娩施設における死亡率〔施設分娩の死亡率〕とを比較すべきである。
>
> そしてさらに、施設分娩についての資料から、可能なかぎりその死亡の原因を類別したうえで、施設分娩において、何か特定の死亡原因が顕著に見られるかどうか、もしそうであるなら、なぜそうなるのか、を検証すべきである。

結論として言えること、それは、人は誰しも出生から始まり、出生は、われわれ文明国においては、誰かの介助を受けるのが原則であり、出生時の産婦介助が広く世界中で行なわれているかぎり、その介助者は経験を積んだ熟練者であるべきであり、さらに、その介助者は訓練を受けた者であるべきである、ということである。

そして今や、われわれは、助産師養成の学校をつくるにあたって、養成課程を数多くの分娩を受け入れる分娩施設に置くのか、それとも、産科看護師〔助産師〕の訓練は、家庭の臨床の場に限るのか、という大きな問題について、選択判断しなければならない。施設での訓練となれば産婦の安全の確保が求められるが、一方、家庭においての訓練となれば、訓練の仕方がはるかに難しくなり、養成課程が成功する可能性はほとんどない[28]。

死亡率に関する調査結果

ナイチンゲールは、有効な資料(データ)の収集がいかに困難であったかを記しています。その当時は死亡原因を記録するための統一様式がありませんでしたし、また産褥熱による死亡の判定規準としての産後日数も定められていませんでした。彼女が、戸籍庁の報告書から得られた資料を最大限に活用して突きとめたのは、家庭での分娩よりも病院での分娩のほうが、産婦の死亡率が顕著に高いこと、そして、その死亡の多くは防ぐことも可能であった、ということです。ナイチンゲールは、この調査結果に影響を及ぼす可能性のある、ほかの要因についても考察しています。例えば、母親の年齢、妊娠回数、陣痛(じんつう)時間、総合的な健康状態、社会階級、産前および産後の入院期間、などです。

産婦と病院を結び付けない

ナイチンゲールは、出産への医師の介入を極力少なくするよう求め、さらに、医学生の出産への立ち会いを厳禁とするよう求めました。出産は「病気ではなく、産婦は病人ではない」のです。「理想としては……『病院』という言葉を完全に排して、決して病院と産婦という二つの言葉を結び付けないことであり、それは、産婦と医院という二つの言葉が結び付かないのと同じ」なのでした。

『産院覚え書』序章の結論

ナイチンゲールは、一般病院のなかに設けられた産科病棟はただちに閉鎖すべきであり、家庭での出産を奨励すべきであり、そして助産師養成を行なうのであれば、可能なかぎり家庭と同じような環境を備えた小さな施設で行なうべきである、と述べています。『産院覚え書』の序章は、次の結論で終わっています。

> 助産師の養成学校がどうしても必要であれば、必須条件として、その施設を、家庭での出産と同じくらい産婦にとって安全な場所にしなければならない。そして、その実現に何が必要かを見極めたならば、実行にあたっては、いささかも経済的負担を惜しんではならない。さもなければ、何人かの助産師の養成と引き換えに、何人かの産婦の殺害を請け合うことになる。

産科病棟の独立を

『産院覚え書』においては、広範にわたる資料の解析がなされていますが、そこから導かれた提言は、あくまでも原則を述べる一般論にとどまらざるをえませんでした。例えば、「この証拠がさらに示すところは、いかなる新計画においても、一般病棟と産科病棟とは完全に分離されていなければならない。それぞれに立地は別の場所であるべきで、それぞれ専用の家具、寝具、用具、売店、調理場等を配備し、そしてそれぞれに専属の職員を配置しなければならない。少なくとも原則的には、同等の措置が既存のすべての産科施設で実施されねばならない。そして、一般の病人はすべてただちに産科病棟から排除し、一般病棟に隔離して手当しなければならない」といった論調でした。

酷評にさらされた『産院覚え書』

『産院覚え書』は、発表された直後に、『英国医学雑誌（British Medical Journal）』の誌面において、おそらくは男性の医師と推察される匿名の批評家により、酷評にさらされました。この批評家は、この〝女流作家〟によるかずかずの貴重な発見についての紹介は抜きにして、いきなり自分の見解を述べ立てます。この〝女流作家〟は「お偉い女史には違いないが、所詮は女性」であり、「自分勝手で安直で……底の浅い」分析ぶりに、女性特有の性が窺われる、と評しています。さらに続けて、この〝底抜けの単純さ〟は〝女ごころ〟に由来するもので、その女ごころが、分娩は病気ではないとか、完全な自然現象であるとか、さらに医師が関わると分娩死亡率が高くなるので原因の究明が必要であるなどと言わしめる、と述べています。さらに、この〝女流作家〟の主張はまぎれもなく〝感傷の産物〟に違いないが、「しかし何とも巧妙に、論理の通った警世の書を装っている」と、この批評家は結論づけています。[29]

パリでの改善策

ナイチンゲールは、一八九〇年版の『チェンバーズ百科事典』の小項目に、産科病院について執筆しています。そこには、彼女の後年の見解を窺うことができます。それは『産院覚え書』から十九年後でしたが、彼女はなおも、病院施設内に設けられた産科病棟につきまとう危険性について警告しています。すなわち、病院内の産科病棟の存続は、明らかに「患者〔産婦〕にとってきわめて危険である」と記しています。同じ百科事典のなかで、彼女はなおも、産科病院および一般病院に比較して救貧院病院での産婦死亡率の低さに言及しながら、〝そのどちらよりも安全〟なのは家庭での出産であることを指摘しています。さらに彼女は、産婦の死亡率が世界最悪であったパリにおいて、新たに導入された改善策について論評しています。それは二項の改善策で、どちらもよい結果が得られていました。改善策その一は、患者ごとに小さな病室を設け、出産ごとに病室を清掃し、壁を石灰塗料で塗り直すという措置でした。そして、改善策その二は、二つの小さな分娩室を設け、それぞれの分娩室には二台以上の寝台を置いて交互に使用し、さらに清掃と石灰塗料の塗り直しを頻繁に行なう、という措置でした。

一九三〇年以降に収束

産婦の死亡率が大幅に低くなるまでには、さらに長い年月を要しました。度重なる改善はなされましたが、それでも死亡率が大きく下がるのは、一九三〇年代にサルファ剤が、さらに一九五〇年代に抗生物質が、それぞれ開発されてからのことでした。

八、地域看護

地域看護に取り組む

ナイチンゲールの看護に関する著作は、大半が病院看護についてですが、彼女は在宅看護についても、病院看護と同等に強い関心を持っていました。それは、病院とは、遠避（とおざ）けるにこしたことはないほど危険な場所である、という彼女の認識から導かれるものでした。地域看護の制度を設けて、自費で看護師を雇（やと）えない階層の人々に看護（ケア）を提供する試みは、当時、始まったばかりで、手探り状態の課題でした。このように、彼女は、まず最初に病院看護の改革に取り組み、そのあとに地域看護に取り組みましたが、その理由は単純明快でした。すなわち、地域看護師も含めてすべての看護師の養成訓練は、病院においてのみ可能であったからです。看護師として経験しておくべき基本的な症例をすべて経験できる場所は、病院だけでした。

地域看護師の役割

地域看護について、ナイチンゲールが繰り返し強調しなければならなかったことは、地域看護師の役割はあくまで看護（ケア）の提供であり、金銭や食物や物品などの施（ほどこ）しや支給ではない、ということでした。そうした救済の金品が必要なばあいに備えて、地域看護師は、その地域のどの機関や団体に付託すればその支給が受けられるかを知っておく必要があります。しかし、地域看護師の役割が金品の施しや物品の支給にあると相手に思わせてしまうと、その途端、看護はもはや「消し飛んでしまう」であろうと、ナイチンゲールは、ある手紙に記しています（【引用四―三】）。加えて、地域看護師は、その地域の行政機関との連携も密にしておくべきでした。

病院は、文明の発展の流れにおける中間段階の存在にすぎません。現時点にあっては、病院は病気の貧困者が看護を受けられる唯一の施設であり、一方、富裕層の病人の利用も少なくはありません。しかし、看護の究極の目的は在宅看護にあります。普通一般には、病気の貧困者の居場所はどこでしょうか？　家庭です。家庭こそが大半の病人の居場所です。

では、こうした貧困の病人のための看護師の養成訓練は、どこで可能でしょうか？　病院です。病院こそが熟練した看護師の養成訓練が可能な唯一の場所です。こうした事情によって、現在、看護のあるべき姿である在宅看護が、最も費用のかかる看護となっています。しかし、病人は誰でも入院させればよいと思う人などいないでしょう。たとえ病院に空があって入院できるばあいでも、あるいは貧困家庭が入院費用で家計が崩壊することがないにしても、入院だけはさせたくないと望むのが普通です。[30]

地域看護運営組織を設立

ナイチンゲールは、長年にわたって、ウィリアム・ラスボーンやフロレンス・リーズとともに、全ロンドンを対象とする地域看護の統括組織の創設に力を注ぎました。〝首都圏および全国看護協会〟がそれでした。さらに、一八八七年のヴィクトリア女王即位五十周年の祝典の際には、女王を祝して設立された基金から寄せられた寄付金を、新たな地域看護運営組織の設立にあてました。〝ヴィクトリア女王即位五十周年記念看護協会〟がそれです。ナイチンゲールは、その協会に付託される権限の策定に、裏方となって関与し、看護に専門職としての高い水準が確保されるよう努めました。

目的と展開方法

地域看護の目的と展開方法とについて簡潔に記した文章が、ダラム〔イングランド北東部〕教区に宛てたナイチンゲールの手紙に見られますが、次の【引用四–三】はその抜粋です。

【引用四–三】地域看護についての手紙(31)

一八八七年十二月二日

それから、もちろん地域看護師の役割は、何よりもまず直接的に患者に看護を施すことです。それによって、一家の大黒柱や主婦など、その家庭の支えである患者を病気から回復させ、復帰させ、家庭や家計の崩壊を防ぐことです。第二に、地域看護師の役割は、その家のなかの整理整頓と清掃による家の改造です。言い換えれば、その家を患者が回復できるような場に造りかえることです。というのは、多くのばあい、病気の原因はその《家のなかの》状態に潜(ひそ)んでいるからです。その家のなかの状態を整えて、健康に暮らせる場に改めることです。これに成功すれば、それこそが地域看護師の勝利であり、地域看護師による芸術(アート)の栄光なのです。

第三に、地域看護師は、金品の施しや救済物品の支給などをしてはなりません。金品の施しや支給などをすれば、その途端(とたん)、看護は消し飛んでしまいます。その代わり、地域看護師は、回復に必要な物品が不足するばあいは、その地域のどの機関や慈善団体に支給を申請すれば物品が手に入るかを、よく知っていなければなりません。第四に、地域看護師は、個人ではとても対処できない〔下水溝や廃棄物処理などの〕衛生上の欠陥については、どの公的衛生機関に連絡すべきかを把握していなければなりません。こうあってこそ、家庭に健康をもたらすことができるのです。

地域看護師は、所属する看護チームの看護専門職の長の監督のもとに、医師の指示を実行に移します。医師の指示の実行は、訓練を受けた看護師にのみ可能なことなのです。また看護師は、医師の指示に従って、患者について記録し、それを医師に報告します。それができるのも、訓練を受けた看護師だけです。

あくまで謙虚(けんきょ)な神の協働者として、品性の優れた地域看護師は、患者の人間としての独立性の尊重に努め、その人の妻や子が病気に倒れたときにも、家庭が崩壊をきたさないよう最大限に努めます。そうすれば《その人》は、酒に溺れることなく自制に励むでしょう（しかし、慈善的な《施し物》を与えるようなことをすれば、彼はたちまち酒に溺れてしまうのです）。おそらくここに、この家庭に病気がもたらされたことの、深い意味があるのです。

……

こうした地域看護の活動には、当然ながら、費用がかかります。しかしこれは同時に、経費の節約にもつながります。なぜなら、訓練を受けた地域看護師は教区〔教会の教区をもとにした行政上の最小単位〕の出費を抑えるからです。救貧院病院へ入院させる以外に方法がなかった不治の病気の患者たちも、地域看護師の働きによって、家庭での療養が可能になりますし、そして治癒の可能性のある病人たちも、地域看護師の働きによって、病院や救貧院に一時入院することなく、急性期を自力で家庭療養によって乗り切ることができるからです。

学問的論文への助言

一八九五年までには、英国各地に地域看護が広く行き渡るようになりました。しかし、それでもナイチンゲールは、相談や質問を寄せる人たちに、同じ基本原則を繰り返し強調しなければなりませんでした。地域看護に関する学問的な論文に対してでさえ、その原稿への助言を求められたときには、彼女は重ねて教え諭し、あれこれ言葉を工夫して助言しなければなりませんでした。

地域《看護師》が果たすべき第一の職務、それは患者の身体への《看護》です。患者に（精神的な）安らぎと（身体的な）安楽をもたらし、看護師への信頼をもたらすのは、身体への看護なのです。患者は、自分の病み衰えた身体が、看護師の手で癒されたと実感するのです。ですから、この原稿で貴女が説いている訓戒も、それがどんなに格調高い言葉に満ちていても、看護が患者の心に届いていないかぎり、何の役にも立たないでしょう。……

地域看護師は常に、医師のもとで活動しなければなりません。さもなければ、地域看護師自身が「偽医者」になってしまうからです。そして地域看護師による患者の記録は、医師のために書くのでなければなりません。地域看護師は患者に金品を施してはなりませんが、患者に必要な救済物品がどこで得られるかは、把握していなければなりません[32]。

病人と産婦を分ける

ナイチンゲールは、地域看護師に「少なくとも病院での訓練を一年間、さらに地域の現場での訓練を二年間」を、準備訓練の条件として、強く求めています。さらに彼女は患者の栄養改善を訴え、特に子供たちに牛乳を飲ませるよう強く訴えています。そしてこの手紙の最後に、彼女は、患者の生死を分ける最重要点への助言を書いています。それは、病人と産婦との隔離の徹底であり、そもそもは健康な産褥の母親のもとに、病人の病気を絶対に持ち込まないよう条件を整えることでした。出産後の女性にとって恐るべき殺人者、すなわち産褥熱は、当時はまだ、顕微鏡下で確認されていませんでした。しかし、病原菌の本態は未知であっても、予防は欠かせませんでした。ゆえに、地域看護師と助産師の兼任は許されませんでした：

しかし、《母親》指導は、地域看護師の最重要業務の一つです。つまり、乳幼児の栄養についての知識や、衣類の交換や沐浴（もくよく）の方法などについての母親指導ですが、私の知るかぎり、訓練を受けた助産師でもこうした指導はできません。さらに、乳幼児の栄養のあり方について、母親たちは信じられないほど無知なのです。例えば、貧困階層の人々は、ほとんど牛乳を手にしません。牛乳の栄養価値を知らないのです。それで、乳幼児の母親たちはよく、「まあ、この子ったら、いつも私たちと同じものを食べるのね！」などと言うのです。こうした点について、母親たちを教え導くことが、差し迫って地域看護師に課せられた職務の一つなのです。……

【注意】地域看護師は、その日、まだほかの病気の患者を訪問する《前の》時間帯でないかぎり、出産の最中の産婦（さんぷ）を訪ねてはなりません。そんな時に訪ねれば、おそらく、その看護師が出産直後の産婦の身体を清拭（せいしき）することになるでしょう。それが危険だからです。その看護師が、夕刻にほかの病気の患者への訪問の《あとに》母親を再訪問するときは、まず自分の身体を消毒してからでなければなりません。[33]

【第四章の原註（出典箇所）】

（1） Epigraph, Quain's Dictionary of Medicine 1894, 12:735–6. The two major volumes on Nightingale's work on nursing are The Nightingale School, vol.12, and Extending Nursing, vol.13.

（2） 'No provision', from 'Army sanitary administration and its reform under the late Lord Herbert', vol.15.

（3） 'The physician', Quain's Dictionary, 12:715.

（4） In Public Health Care, 6:17–161.

（5） 'All disease', Notes on Nursing, 12:580.

（6） Quotation from Joseph Lister, 'On the antiseptic principle in the practice of surgery', The Lancet (21 September 1867):353–6.

（7） John Croft, Notes of Lectures at St Thomas' Hospital (London: St Thomas/Blades, East & Blades 1873).

（8） 'Probably the village' 10:363.

（9） Epigraphs, 13:475–6.

（10） 'Each night' 12:804.

（11） 'Christ, who' 12:880.

（12） 'Be as careful' 12:851.

（13） 'I got' 13:192.

（14） 'Why do you observe' 13:494.

(15) 'a kind of' 7:711.
(16) 'Dublin is' 7:713–14.
(17) Figure 4.1, Advice on nursing in Belfast, 13:388–91.
(18) Figure 4.2, Advice on nursing in Vienna, 13:474–9.
(19) 'As the sense' 13:478.
(20) Epigraphs from Quain's Dictionary, 1894, 12:749.
(21) 'Rules 1860' 12:899.
(22) 'Steeping in', Quain's Dictionary, 12:742.
(23) 'Absolute cleanliness', Quain's Dictionary, 12:742.
(24) 'Night nursing', Quain's Dictionary, 12:749–50.
(25) 'handmaids' 3:330.
(26) All the material on midwifery is in Women, vol.8.
(27) Epigraph, Introductory Notes on Lying-in Institutions, 8:254.
(28) 'The first step', Introductory Notes on Lying-in Institutions, 8:253.
(29) 'authoress', from the British Medical Journal 28 October 1871, 8:332.
(30) 'Hospitals are', 'Training Nurses for the Sick Poor', The Times 14 April 1876, 13:755.
(31) Figure 4.3, Letter to the Diocese of Durham, 13:802.
(32) 'The first thing', letter to Martha J. Loane 8–10 September 1895, 13:833.
(33) 'But maternity nursing', 13:834.

【第四章の訳註】

（＊1） 当時の看護学校は病棟実習による訓練が中心で、講義は必要に応じて少人数で病棟や廊下の一隅などで行なわれたので、必ずしも専用の教室は必要なかった。完備した看護師寮（見習生のための寄宿舎）と、質の高い病院看護体制とがあれば、看護教育は可能であった。

（＊2） 当時、一般の（上中流階級の）病人は、付添い看護師を雇って自宅に派遣してもらい、自宅で療養した。病院の看護師たちは、貧困層の患者を病院で看護するとともに、一般家庭へも付添い看護師として派遣されることもあった。

第五章　救貧院病院と一般病院

一、救貧院病院の改革

自分が救貧院病院の総師長（マトロン）であったなら、
どんなに嬉（うれ）しかったことでしょう。
ただの訪問者として救貧院病院を訪問するとき、
人はただ、胸が裂（さ）かれる思いをするだけなのです。
なすべきことが山ほどあるのに、
何の手出しも許されません。
以前、ロンドンで最も大きな救貧院病院を訪ねたときがそうでした。
訪問の結果は、ただ胸が裂かれる思いだけでした。
今、救貧院病院に求められるもの[1]、
それは行き届いた看護なのです。

⑤1　救貧院の内部

若い頃から関心を持つ

ナイチンゲールは、一八四〇年代、まだ彼女が若い頃から各地の救貧院を訪問していましたが、その時以来、救貧院の根本的な改革に着手したいという、強い思いに駆られていました。やがて彼女は、現行の救貧院制度そのものを廃止して、生活困窮者の必要に応える、もっときめ細かな福祉制度の創設を提唱するまでになりました。当時の不行き届きな制度では、救貧院はただ〝故意の失業者〟の溜り場になり果てるからでした。

制度の廃止を構想

救貧院には生活困窮者が収容されていましたが、彼らが困窮におちいった原因はさまざまでした。すなわち、高齢、失業、精神障害、病気、長期の身体障害、労災事故、貧困女性の妊娠、などの原因です。それに、もちろん困窮家庭に生まれた子供たちも含まれていました。この当時、失業保険や労災保険、有給の産休、老齢年金や障害者手当など〔の社会保障制度〕は皆無でした。ナイチンゲールは、救貧院病院〔救貧院のなかに設置された病院〕に収容されている〝病気を持つ困窮者〟の処遇や待遇の改善に関与しただけではなく、救貧院制度そのものの実質上の廃止を構想していました。

最低生活水準以下の保障

この救貧院制度の根拠をなすエリザベス救貧法は、十六世紀に、ヘンリー八世が、男子修道院と女子修道院を解散させたあと、それまでこれら修道院が行なっていた救貧事業に代わって、生活困窮者を収容するために制定したものでした。同法によって、全国の教区内の住民に対する最低限の保護義務が課せられており、その実施の原則は〝最低生活水準以下の保障〟でした。すなわち、被保護者の生活は、その地域の自立生計者のなかの最低生活水準を下回る水準でなければならない、というものでした。その意図は、本当に困窮のどん底にいる困窮者でないかぎり、人々が救済を求めないようにするところにあったのです。大規模な救貧院には付属の病院があり、その病院では、救貧院収容の病人だけではなく、貧困者の一般外来患者も受診できました。当時は、医療保険の制度は（公的保険も民間保険も）ありませんでしたので、病気で倒れた労働者たちは、病院へ支払う医療費で貯蓄を使いはたした末に、救貧院に入ることもありました。救貧院病院の患者数は、通常の診療費を支払う一般病院の患者数の五倍にも達していました。[2]

救貧院病院の惨状

ナイチンゲールの時代の救貧院病院の惨状は、今日の私たちの想像を絶するものでした。設備や環境は最悪で、患者は過剰に詰め込まれ、空気は腐敗し、寝台は何人もの共用であり、患者たちは床板で雑魚寝もしていました。便所や浴室などは数が足りず、不潔を極めていました。それに、感染症で発熱した患者もほかの患者との区別もされずに収容されていました。医師の巡回など滅多になく、薬剤は一切支給されず、医師が患者に与薬したいばあいは、医師が自分の給料から薬代を払うしかありませんでした。もちろん、看護と呼べるものはありませんでした。訓練などまるで受けてもいない最下層の〝貧民の女性〟や、あるいは救貧院の入所者のうちの病気でない女性などが、〝看護〟と呼ばれる行為を行なっていただけでした。そうした〝看護師〟たちのなかには、もう老齢で、患者を抱え上げる力もないような者も少なくありませんでした。それに、彼女たちの大半は文盲で、仕事中に飲酒する者も多くいました。

ジョーンズ医師への手紙

若い頃から各地の救貧院を訪問してきたナイチンゲールでしたが、救貧院の改革に着手できるようになるまでには、何年も待たなければなりませんでした。次の【引用五ー一】の手紙でもわかるように、彼女はクリミア戦争の最中にあっても救貧院の看護に思いを巡らせていました。この手紙は、かつて彼女が総監督を務めていた淑女病院のヘンリー・ベンス・ジョーンズ医師宛のものですが、二人が救貧院改革の可能性について、ずっと以前から意見を交わしていたことが窺われます。さらにこの手紙は、彼女が、クリミア戦争から帰還のあとに、困難極まる救貧院改革の事業を、いかに推し進めるかについて模索していたことを、そして、彼女が、〝病気の困窮者〟すなわち〝自力では立ち行かない人々〟の救済を強く決意していたことを、物語っています。

【引用五ー一】救貧院での看護に関する手紙[3]

スクタリの兵舎病院
一八五六年三月一日

救貧院の病人たちの惨状は、まさに貴方のご指摘のとおりで、私も熟知しております。しかし今は、その対策を練ったり、また《将来の》改革事業についての詳細をお話ししたりする時間がありません。貴方のお名前を、勝手に、私の委員会で拝借してしまいましたが、それは貴方のご助言とご支援を賜りたいからであり、私が帰還できるかどうかにかかわらず、貴方には委員会で影響力を発揮していただきたいからです。ぜひ貴方に委員会で意見を述べていただきたいのです。今の私には、この先どうなるかは予想できません。

　でも一つだけ確実に申し上げられることがあります。それは、もし神が私に生命と健康をお与えになれば（現状ではそれも危ういのですが）、私は、その生命と健康を、私たちが懸案にしてきた一つの目的のために専心して投じるということです。それは、この社会で最も貧しい困窮者と、そして最も放置されている施設〔救貧院〕を看護する看護師の育成であり、間違っても〝裕福な家庭のための看護師の育成〟ではありません。もっとも、成り行きによる《偶然の所産》はあるかもしれませんが……。それはともかく今は、このことだけが今後の私の計画です。

　私は、もはや政府というものが、それに政府の高官たちやあらゆる政府機関が、まったく信じられなくなりました。それは私が〝陸軍に入隊〟して以来の十七ヵ月間の、世にもおぞましい体験によります。それでも、私の使命は、自立できない人々への支援であり、自立できる人々への支援ではありません。ですから、貴方が考えておられるご計画に協力させてくださいますよう、私のほうからお願い申し上げます。

慈善家ラスボーン

救貧院病院の改革事業が緒につく、その契機(けいき)を最初にもたらしたのは、リヴァプールの慈善家、ウィリアム・ラスボーンの惜(お)しみない支援でした。

一八六四年、ラスボーンがナイチンゲールに、リヴァプール救貧院病院の改善のための資金提供を申し出ました。しかし、ラスボーンの思惑(おもわく)は、結局のところ、自己満足のために施しをする金持ち婦人の心理とまったく同じにすぎませんでした。ナイチンゲールは、いち早くラスボーンを説き伏せ、正規の訓練を受けた看護師の導入こそが必要であることを理解させました。そして一八六五年五月に最初の試みとして、理想主義福音(ふくいん)派キリスト教徒のアグネス・ジョーンズを総師長(マトロン)とする、ナイチンゲール看護学校修了者からなる看護師団が派遣されました。

総師長ジョーンズ倒れる

この看護師団派遣による初の挑戦は、大きな試練に遭遇(そうぐう)しました。当時のその救貧院の院長は（後に解雇(かいこ)されましたが）頑固(がんこ)で石頭(いしあたま)そのものでしたし、そもそも患者の世話(ケア)の必要性とか、それを担う女性の専門職とかを受け入れられるほどに環境が成熟していませんでした。そして、最初の総師長(マトロン)ジョーンズがチフスで生命を落として、この試みは暗礁(あんしょう)に乗り上げました。ジョーンズに取って代われるほど力量のある後任者はいませんでした。ジョーンズの叔母(おば)たちが一時的に代役を務めましたが、その後、総師長(マトロン)に任命された二名は、いずれもその任に堪(た)えませんでした。その後、やっと有能な総師長が見つかり、質の高い事業が展開されるようになりましたが、それは何年も後のことでした。

その一方で、ナイチンゲールのお膝元ロンドンでは、絶好の改革の機会が訪れていました。彼女の信条は常に〝掌中の鳥を逃がさない〔より確実なほうに賭ける〕〟ところにありました。〔ロンドン中心部の〕ホルボーン救貧院で、ある病人が何の世話も受けられなかったばかりに死亡しました。それが事件として世間の話題になったとき、ナイチンゲールは当時の救貧法委員会担当閣僚であったチャールズ・ペラム・ヴィラーズに近づいて、救貧院の制度全体にわたる抜本的な再検討を勧めました。彼女によれば、適切な看護の欠如に起因する収容者の死亡は、どこの救貧院病院でも起こりうるのでした。ヴィラーズは強い興味を示しました。しかし、実際には改革法案の起草もしなかったので、国会の議決などあるはずがありませんでした。壮大な規模のナイチンゲールの改革案に圧倒されたヴィラーズが、彼女に返した書簡は、およそ見当外れな比喩のごちゃ混ぜで、「舞台裏からの覗き見」には感謝いたしますが、「どんな味のスープに仕上がるものか、想像しがたい」ものがあります、といった調子でした。(4)

閣僚たちは弱腰

ともあれ、ヴィラーズは自由党政権の一角を担う人物でしたが、一八六六年の六月に政権は、社会改革への関心がきわめて薄い保守党へ移行しました。保守党政権の新しい閣僚〔内務大臣〕ギャソーン・ハーディは、改革を建議するナイチンゲールに恭しく応対はしましたが、〝パン半分〔ないよりはまし〕〟ほどの措置を施しただけでした。救貧院病院の改革は一歩一歩、地道に進めざるをえませんでした。一般の病院と同水準の医療の確保はおろか、当時の法令下では、いささかも実効ある改善を要求できる余地はありませんでした。

制度改革の具体案

救貧院の訪問者のなかには、例えばルイーザ・トワイニングのような人もいて、院内にはびこる虐待の撲滅を訴えました。さらに、ロンドン救貧院病院改善協会を結成した医師たちは、医師の報酬改善や薬剤処方の費用の支給を訴えました。それらは確かに改善に向けて意味のある行動ではありました。しかし、ナイチンゲールと彼女の協働者ジョン・サザランド医師とが共有する構想は、はるかに勇壮であり、そもそも救貧院病院における医療は、最高の看護が行なわれているロンドン郊外の民間病院と同水準でなければならない、というものでした。次の【引用五―二】は、彼女に共感を寄せる協働者の一人エドウィン・チャドウィック宛に、ナイチンゲールが、自分が目指す救貧院の制度改革について説き明かした書簡です。

【引用五―二】救貧院改革のＡＢＣ(5)

一八六六年七月九日

病気を抱えた困窮者や、心身に障害を持ちながらも日々の糧を得るために働きつづける困窮者など、こうした人々への保護のあり方やその施策は、そうでない困窮者へのそれとは、まったく違っています（いったい病院は何のためにあるというのでしょう？　病院の目的は治療にこそあるのではありませんか？　貧民を生み出さないという観点に絞って考えてみるとき、現行の救貧政策は何とも愚かで不合理です。まさに〝一文惜しみの百文失い〟とはこのことで、これは、お手伝いさんたちでも理解できることです）。これこそが、われら選良（せんりょう）たちが学ぶべき教訓の第一なのです（しかし彼らは常に、政治政策を党利党略に結び付けてしか考えないのです）。

私が感傷に溺（おぼ）れているとか、政治に熱狂しているとか、そんな誤解を貴方に与えないために、以下、貴方のご質問の一つ一つにお答えします。

A、病人や精神障害者、虚弱者や高齢者、不治の病人や知的障害者、そして何よりも子供たち、これらの人々と、大都市の一般の困窮者とを区別する絶対原則を強調すること（不治の病人とされている人のうちに、不治でない人がどんなに多いか、実際の病院での体験から私は知りました。もちろん、老化は不治です）。

B、行政の一本化を提唱すること。

C、上述の境遇の人々（とりわけ心身の病気を持つ困窮者たち）を、英国国会に直属する政府機関のもとに、簡単明瞭で、かつ責任所在の明確な管理体制によって保護すること。

上記が、必要な改革のＡＢＣです。なかでも制度の一本化は絶対に必要です。そうすれば、病気に倒れた困窮者の誰もが適切な保護を受けられます。そして、どこの病院でも、そこに病床（ベッド）や病室が空（あ）いたばあいは、すぐにそれを活用することができるのです。救貧院病院など貧民保護施設の管理職は、中央の政府機関から任命されるべきです。さらに、彼らは中央政府機関に対して直接の責任を負うべきであり、中央政府機関は英国国会に対して直接の責任を負うべきです。

病気、精神障害、知的障害そして不治の疾患など、こうした問題は、〔個々人が負うべき課題ではなく〕社会に突きつけられた課題であり、社会全体が負うべき課題なのです（これらの問題も、その大半は、人々が住む街の不潔な衛生状態に起因するからです）。さらにこれらの問題は、貧困とは違って、自己の努力によって克服することができません。ですから、ひとたび病気や虚弱や精神障害におちいった困窮者は、その苦悩を背負い込むことによって、もはや単なる困窮者ではなくなるのです。救貧院に収容された困窮者たちを、何の類別もすることなく、誰をも一緒くたに扱う旧来の制度をそのままに受け容れるようなことは、今後、決してあってはなりません。さまざまな種類の困窮者を区別しない旧態依然の救貧院制度を持続させるような法案は、今後は提出してはなりません。何よりもまず第一に求められること、それは類別〔区分〕と区別なのです。類別と区別とは、五体満足でありながら、怠慢で不道徳な困窮者、すなわち他人の労働に寄りかかって生活を送るような困窮者たちを、病気や虚弱の困窮者から切り離すことです。

したがって、二種類の行政が必要となります。一つは、病者や虚弱者、高齢者や身体障害者、精神障害者や知的障害者、そして何よりも子供のための行政であり、もう一つは困窮者のための行政です。この区別の原理が世に受け容れられたとき初めて、病者や虚弱者の世話と治療にふさわしい施設を手にすることができるのです。

行政機構の統合が不可欠

ナイチンゲールはチャドウィックに、まず行政の効率をよくするために、行政機構の統合が不可欠であることを説いています。そして、施設の管理者たちが、困窮者の世話にあたる看護者として、旧来の困窮者の女性ではなく、訓練を受けた看護師を採用すべきであるとも説いています（それは、何十年もかけて徐々に進めていくしかない改革でした）。さらに、管理者たちが、施設の看護監督として上流階級出身の淑女（レディー）を起用すべきことを説いていますが、それを志望するような淑女は、ほぼ絶無（ぜつむ）でした。救貧院の患者たち全員に〝本来あるべき完全な治療〟を施すには、〝いかなる試みをもってしても〟、〔かなり経済的余裕のある〕ロンドン市の施設でさえ負担に耐えないほど多額の経費が必要でした。それは、少なくとも、これまでどおりの体制では不可能でした。しかし、もし〝ロンドン首都圏に混在する各種の医療救済制度〟の〝経営管理の一本化〟が実現したならば、規模の経済効果〔規模の拡大に応じて経費率が削減される経済効果〕が生じるでしょう。例えば、首都圏のどの施設であっても、病床が空（あ）けばただちに病人が搬送されるので、〝最も効率よく〟すべての施設が運営できます。最近実施された陸軍の医務体制の改善は、その好事例でした。パリ首都圏の病院も、こうした運営方法によって財政の効率化を実現していたのでした。

病院規模の拡大は有益

これはさらに、医学の研究への貢献も大きく、その価値は〝計（はか）り知れない〟と、彼女は説いています。すなわち「これによって、ごく少数の大病院において、六千人もの傷病者の診療の症例が、常時、継続的に比較検討される結果になるのです。それは私たちの経験からわかっています（大病院であっても小病院と同等の衛生状態の維持ができますし、さらに諸経費の大幅な軽減も可能になるのです）。その結果、あちこちに散在する〔小病院の〕不潔で薄暗い病室のなかに、医学や医療の研究にとって貴重な症例のかずかずを埋もれさせてしまっている、そんな現状から脱することになる」のでした。救貧院病院にも〝質の高い看護体制〟を導入することは充分可能でしたが、既存の救貧院の規模では〝不可能〟でした。規模を大きくして充分な数の患者を確保すること、および、充分な数の看護見習生を確保すること、それもその多くが救貧院病院付設の看護学校の看護見習生であること、が必要でした。

次に示す、彼女の強い主張が表われた文面には、実用と理想との両立が読み取れます。

病人や虚弱者、そして知的障害者や精神障害者といった人々に対しては、違った対処法が、それも積極的な対処法が必要なのです。つまり特別な医療や看護や、特別な栄養などが求められるのです（ところが、ロンドンの救貧院の現状は、その名に値しないほど劣悪なのです）。こうした人々は〝困窮者〟ではありません。彼らは〝不幸にして苦境におちいった〟人々なのです。ですから、社会は、疑いもなく、これらの人々に対して義務を負っています。社会には、少なくとも彼らの回復に必要な援助については、全力を尽くす義務があります。その実現のためには、貧民への福祉政策の統合整理が必要なのです。

病気は、決して小さな地域の問題ではありません。病気は、もっと広く社会に共通の問題であり、人類に共通の課題なのです。病気にどう対処するかという課題は、市町村といった小さな地域の問題ではなく、もっと大きな社会の問題であり、さらには人類に共通する課題なのです。こうした病人たちのためには、最高水準の民間病院と同水準の病院が必要だと、貴方は思うでしょう。そして、病人たちのために、できるかぎり優れた看護師を求めて、適切で行き届いた看護を受けさせたいと思うでしょう。さらに、そのためには、もっと踏み込んだ、またもっと頭を働かせた保護政策が必要だと、思うでしょう。(6)

ミルにも読まれたFNの提案

ナイチンゲールは、自分の手紙が長くて纏まりのないことを、チャドウィックに詫びています。当時、ほかの仕事に忙殺されていたナイチンゲールは、仕事の合間を縫って書き継がざるをえず、それはたいてい明け方の頃でした。この手紙はチャドウィックに宛てたものではありましたが、彼がジョン・スチュアート・ミルにも読ませた可能性がありました。それは定かではありませんが、一八六七年に、ギャソーン・ハーディが国会に法案を提出した際、ミルがナイチンゲールの提案を支持したことは事実です。

ハーディ宛の大胆な提案

【引用五―三】は、一面識もない保守党の新大臣〔ハーディ〕に宛てて、ナイチンゲールが一方的に送った手紙の抜粋ですが、ここに彼女一流の政治的な駆け引きの巧みさが窺えます。念入りなことに、この手紙には、相手の注意を牽くよう、何通かの紹介状が添えられていました。ハーディは、驚きを隠して平静を装っていましたが、ナイチンゲールの提案は自由党員でさえも仰天するほどに大胆なものでした。結果としてハーディが採った政策は中途半端で、ナイチンゲールは深く落胆することとなります。

【引用五―三】保守党閣僚への提案(7)

一八六六年七月二十五日

《私信》拝啓、たいへん不躾ながら一筆啓上いたします。なるべく失礼にならないようにと思い、ここに閣下と私とに〝共通の〟友人たちからの紹介状を同封いたしました。単刀直入に申し上げます。

私がこの手紙を書いた目的はただ一つ、救貧院病院の改革の件について、閣下へのお願いです。この件につきまして私は、すでに長年にわたって救貧法委員会と意見交換をしてきましたし、〔チャールズ・ペラム〕ヴィラーズ氏とも親しく討議を重ねる機会を得てまいりました。

にもかかわらず、この度、ここに突然、あえて閣下をお騒がせする直接の理由は、エドワード・スミス博士の報告書〔ロンドン首都圏の救貧院付設の病院と病棟に関する報告書〕を読んだからです。そして、申し上げるまでもなく、この報告書に盛られているいくつかの具体的な提案は、私の経験から言って、決して賛同しえない提案なのです。スミス医師は、何世紀にもわたる経験の積み重ねの結果〔多数の病人を一室に収容するばあい〕、病床と病床の間には一定以上の間隔を置くことになった経緯をご存知ないようです。彼は、アンガス・スミス博士の実験を根拠に論じていますが、彼の提案に従うとすれば、病院建築のあり方は中世〔ヨーロッパ史では十二世紀初頭頃から十六世紀初頭頃まで〕に逆戻りしてしまいます。しかも、その実験は病棟の炭酸ガス〔二酸化炭素〕の総量に関するもので、新しい知見ではないうえに、本筋の問題とはまったくと言っていいほど無関係なのです。

　ロンドンの医学界の第一級の専門家たちによる提案書がヴィラーズ氏に提出されました。それによると、一病床あたり千立方フィート〔約三百五立方メートル〕以上の占有空間の確保が求められています。ところが、エドワード・スミス博士の提案には、これを覆すだけの説得力はまったく《ありません》。さらにエドワード・スミス博士は、重要な事実を考慮に入れていないように思われます。すなわち、欠陥のある建物に大がかりな改修や増築を加えるよりも、新しく建て直したほうがはるかに経費が少なくてすむという事実です。さらに、《そのようにすれば》、これまでの知見や実証済みの原理を、設計の段階から盛り込んで健康的な建物が建てられるという事実です。

付け加えますれば、救貧院に収容されている病人の看護や管理については、私の体験から申し上げますと、こうした改善を行なう一方で、救貧院本体の管理組織から切り離して、独立した病人保護の管理組織を確立すべきです。すでに閣下もご存知のことと思いますが、リヴァプール救貧院では、ウィリアム・ラスボーン氏の惜しみない寄付により、付設の救貧院病院に訓練修了の看護師を導入し、その成果を確かめようとしています。そして、この救貧院病院内での看護師の養成も試みています。私たち（すなわち、ナイチンゲール看護学校）は、この目的達成のために、淑女総監督一名と看護師十二名とからなる看護師団を派遣しました（この取り組みは、発足以来一年を超えています）。

看護に必要な空間を提言

ギャソーン・ハーディは、彼女の意見を実行に移して、〔病床あたりの〕占有空間に関する審議委員会を発足させました。そして、委員会審議の最終段階になって、ナイチンゲールは、彼女自身の見解を提示するよう要請を受けました。

その要請は一八六七年一月五日付でしたが、彼女は同月十九日には、かなり分厚い意見書を書き上げて送付しています。この意見書の狙いは、その題名からも明らかなように、占有空間検討の域をはるかに超えたところにありました。その題名とは、『救貧院病院における病気の困窮者のための看護の組織化と、看護師の訓練とに関する私見』でした。ナイチンゲールは、その時々に自分が取り組んでいる懸案について、自分が欲しい情報を密かに入手する術にきわめて長けていました。この件において彼女は、〝看護〟という言葉の意味そのものが、この十年で進歩を遂げており、年々進歩しつつあることを前面に打ち出して、説得にあたりました。彼女は、病床に必要とされる占有空間という〔生理学上の〕課題に触れることを避け、もっぱら、適切な看護を行なうために必要な《最低限の》空間ということを強調しました。

労働協定の試案

　結果的に、委員会がまとめた要綱においては、救貧院病院に訓練修了看護師を配置しようとしても、そもそも、訓練修了看護師の絶対数がきわめて不足していること、そして、通常の大規模な救貧院病院にあっては、訓練修了看護師一名のみの配置では何の意味もないこと、などの共通認識で一致していました。彼女は、よりよい看護師養成のための労働協定について試案を作成しました。その試案によれば、まず質の高い組織管理についての原則の確立が必要とされました。そのなかには、看護師など女性職員はすべて女性監督が統括するという原則も含まれていました。そして、給与の改善は不可欠でした。「おそらく付け加える必要もないでしょうが、看護師はその労働にふさわしい対価を受け取るべきであり、その額は他のすべての労働者と同様に市場の相場にそぐうものであり、そしてそれは年ごとに増えています。私たちが目指すところは、できるだけ多くの女性に訓練を施し……、その女性たちの雇用を確保し……、その雇用条件をより有利に導くことであり、それも、単に賃金の改善のみならず、彼女たちが身を立てるに足る雇用協定や住居環境を確保するところにある」のでした。[8]

彼女は、ハーディが提出した法案について、根気強く修正に力を注ぎました。ジョン・スチュワート・ミルも委員会で発言し、ナイチンゲールの説く行政の一本化を支持する論陣を張りました。そして、首都救貧法は一八六七年に議会で採択されました。同法は、そのあとに続く多くの福祉制度の改革について、その基盤となる役割を果たすことになりました。社会政策研究の専門家として知られるブライアン・エイベル＝スミスは、同法を「英国社会史上の重要な一歩であり……、困窮者に病院医療を保障することは国家の義務であるとの認識が明白にされた最初のもの」であり、さらに、「約八十年後に成立する国民保健制度法〔一九四六年成立〕に向けた重要な一歩」であると位置づけています。(9)

首都救貧法が成立

後世の福祉制度に寄与

この首都救貧法は、基本的には任意規定でしたので、実際には、それぞれの救貧院ごとに改善を進めていかなくてはなりませんでした。しかし、ナイチンゲールと、その頃には増えてきていた同調者たちや同調団体は、それぞれに改善を進めていきました。ナイチンゲールが思い描いた壮大な社会改革のＡＢＣは、制度としては実現しなかったものの、個々の改善は数多く達成されました。一九〇九年の、シドニーとビアトリスのウェッブ夫妻による救貧法委員会の少数意見書に見られる勧告は、福祉制度改革の経過における前進の一歩ととらえられています。そこにはナイチンゲールの壮大な理想像の実現に向けて、いくつもの具体策への詳細な考察が見られます。この勧告は、当時は、その一部のみの実現で終わりましたが、第二次世界大戦終了時に提出されたベヴァリッジ報告書の勧告のなかに再登場し、さらに大戦後、福祉国家としての英国の樹立に多大な影響を与えました〔英国の経済学者で政治家ウィリアム・ベヴァリッジが一九四二年に発表した同報告書は、第二次世界大戦後の社会福祉制度の土台として、英国のみならず、日本を含む多くの先進諸国に影響を与えました〕。

救貧院病院の看護の発展

ナイチンゲールを誹謗（ひぼう）中傷する批判者たちは、彼女は、一八六八年のアグネス・ジョーンズの死を境として、救貧院病院の改革を投げ出したという異説を唱えますが、それはまったくの見当違いです。もちろん、挫折（ざせつ）した時期もあり、特にリヴァプール救貧院病院ではジョーンズに代わるような優秀な人材には恵まれませんでした。しかし、一八八〇年代になってようやく、優れた総師長（マトロン）たちを得られるようになって息を吹き返し、やがて付属の看護師養成学校を創設するまでに至っています。その一方で、ナイチンゲール看護学校卒業の看護師たちが派遣（はけん）されていた、ロンドンの〔北部郊外の〕ハイゲート地区に新設された聖パンクラス救貧院病院も、同じような挫折に見舞われました。一八八四年、有能な総師長（マトロン）であったエリザベス・ヴィンセントが〔ロンドン中西部の〕聖メリルボン救貧院病院に引き抜かれました。そこに看護学校が新設されたのです。その一方で、一八八五年には、〔ロンドン・ウェストミンスター地区の〕パディントン救貧院病院がナイチンゲール看護学校出身のジェーン・E・スティリングを総師長（マトロン）として迎えました。彼女はナイチンゲールを良き相談者（メンター）として頼っていた一人でした。ナイチンゲールは同様に、〔一八八五年以来〕ベルファスト組合病院〔救貧院病院〕の総師長（マトロン）エラ・ピリエのよき指導者でもありました。さらに一八八〇年代後半の頃から、バーミンガム救貧院病院では、聖トマス病院〔ナイチンゲール看護学校〕の修了生である総師長（マトロン）と総師長補佐および看護師たちを迎えて、質の高い看護が行なわれていました。やがて各所の救貧院病院は、それぞれに自前の看護学校を設けて看護師を育て、後には、他の救貧院病院のみならず、一般の病院へも多くの訓練修了看護師を送り出すようになりました。

二、より安全な病院を目指して

もはや治療の必要のなくなった患者は、
一日たりとも長く、病院にとどまるべきではありません。
これは、例外のない絶対原則です。(10)

まずは安全な病院の確保

一八六〇年に刊行された有名な『看護覚え書』に先立って、ナイチンゲールは、一八五八年に病院に関する最初の著作を書き上げていますが、それにはそれだけの理由がありました。看護改革を成功裏（り）に成し遂げるためには、前提として、安全な病院の確保が絶対に必要だったからです。どんなによい看護（および治療）を尽くしても、病院に構造上の欠陥があって、病棟が過密状態であったり排水や換気が不完全であったりすれば、よい看護もよい治療もまったく意味をなさなくなります。こうした病院の建築や設備などの欠陥は、患者はもとより、看護師や医師やその他の医療職員にまで、高死亡率の危険にさらす結果をもたらします。最優先事項は後回しにはできないのでした。

『病院覚え書』の出版

ナイチンゲールは『病院の衛生状態と病棟の構造欠陥についての覚え書』と題した論文を、英国社会科学振興学会の一八五八年度学術集会に寄せました。その論文は、シャフツベリー卿によって代読されましたが、彼はまさにこの代読に適役でした。彼はクリミアの陸軍病院への衛生調査委員の派遣をいち早く提案した人だったからです。彼女のこの論文は、同学会の会報に収められて刊行されたあと、さらに加筆されて、『病院覚え書（Notes on Hospitals）』の一八五九年版として出版されました。

四つの基本的欠陥

後の時代の病院建築のあり方に大きな影響を及ぼしたこの論文のなかで、ナイチンゲールは、病院の質の良し悪しの比較は、患者の疾病の種類や在院期間が病院ごとに大差があり、評価が難しいことを強調しています（それは今日でも難しいのです）。そこで彼女は、病院の質の比較評価ができるように、どの病院にも共通する項目を選び出しています。すなわち彼女は、本来であれば防げるであろう高死亡率の原因として、次の四項目をあげています。

一、一つ屋根の下への収容者の過剰
二、病人一人あたりの空間容積の不足
三、換気の不足

四、陽光の不足

これが〔当時の〕病院の建築構造に見られる「四つの基本的欠陥」でした。さらにナイチンゲールは、採光と暖房から始まって調理場や洗濯場に至るまで、何を必要とするかを具体的かつ詳細に述べています。

第三版の序文

一八六三年にナイチンゲールは、『病院覚え書』の最終の改訂版〔増補改訂第三版〕を刊行しました。同版の冒頭の新しい序文には次のように記されています。「病院が備えているべき第一の条件として、病院は病人に害を与えないことという原則を掲げると、ちょっと奇異に感じられるかもしれません。にもかかわらず、この原則を定めておくことは絶対に必要なのです。というのは、病院での患者死亡率が、それも特に人口が密集する都市の病院《内における》死亡率が、病院の《外において》治療を受けている患者について想定される死亡率よりも、はるかに高いからです(11)」。

新設病院の出現

彼女が指摘しているように、『病院覚え書』の初版が刊行されて以来、病院建築に〝理に適った原理〟が導入されるという〝大いなる進歩〟が始まり、そして病人に害を与えないための〝要件を完全に、あるいはほぼ完全に満たしている新設の病院がすでに相当数〟実現していました。

先にナイチンゲールが、病院における高死亡率の第一原因としてあげた、〝一つ屋根の下への収容者の過剰〟というのは、詰め込み過ぎ、あるいは過密をさすのではなく、収容人数の絶対数の問題を意味しています。他の条件がすべて同じであれば、病気と死亡の発生率は人口密度に比例する、というのは〝確固たる事実〟です。「これが健康人の間に起こるからには、体調が衰えている病人の間には、さらに起こりやすいと考えられないでしょうか？」と彼女は説いています。

すべての事象には理由（わけ）がある

ここでナイチンゲールは、かつてクリミア戦争の時に、現地に設置された戦地病院に起こった惨事を振り返っています。スクタリ地域に置かれた兵舎病（バラック）院は、最高時には二千五百名もの傷病兵を収容していましたが、この兵舎病院の換気と排水には致命的な欠陥がありました、と彼女は回想します。それに比べて、〔最前線のクリミア半島の〕バラクラヴァ地域にあったキャッスル病院は、ぐっと小規模で、高台にあり、海から微風（そよかぜ）が吹き込んでいました。同じくバラクラヴァ地域に置かれた総合病院もまた小規模で、傷病兵たちはいくつかの小屋に分散収容されていましたが、どの小屋も風通しはよかったのです。そのほかに、ただの天幕（テント）に傷病兵を分散収容したばあいもありましたが、それら天幕（テント）もまた収容人数は限られていました。端的に言って、病院というものは、そう簡単に相互比較できるものではありません。しかし、論理思考に長（た）けていたナイチンゲールにあっては、〝すべての事象（ことがら）には必ずその理由（わけ）がある〟のでした。そして、このばあいは、一つ屋根の下への多人数の収容は、必ず、管理の不足や誤りや、また予期せぬ事態など、何らかの危険を招くという「単純明快な事実」があるのでした。そして全体管理の不足や誤りは、〝間違いなく、換気の不足や清潔清掃の不足や、その他の衛生上の欠陥に結び付く〟のでした。スクタリの兵舎病院は、その典型例でした。

これが事実であることを立証するもの、それは、各病院に見られた死亡者数のおびただしさであり、なかでも、一つ屋根の下に、かつてないほど多数の病人を同時に収容した病院、すなわちスクタリの兵舎（バラック）病院の死亡者数でしょう。これら悪名高い病院のなかでも、スクタリ地域の兵舎病院は最大規模のものであり、そこでは一時期、一つ屋根の下に二千五百名もの傷病兵が収容され、五人に二人が死亡しました。一方、クリミア各地の天幕（テント）張りの病院では、患者たちは事実上、雨露（あめつゆ）をもしのげず、毛布もなく、満足な食事や医薬品もありませんでしたが、死亡率はスクタリの兵舎病院の半分を超えることはありませんでした。ただし、これら各天幕（テント）はごく少数の患者しか収容していませんでした。また、規模の小さなバラクラヴァの総合病院では、患者の一部をいくつかの木造小屋に分散して収容していましたが、死亡率はさらに低かったのです。さらに、バラクラヴァの高台にあって、海からの微風の絶え間ないキャッスル病院は、いくつもの風通しのよい独立小屋で成っていましたが、この病院の死亡率は三パーセントにも達しませんでした。[12]

そもそも病院の良し悪しは、そう簡単に比較できるものではありません。

災禍の一要因

しかし、スクタリの兵舎病院の規模の大きさは、ほかの病院と比較するとき歴然とします。聖バーソロミュー病院やガイ病院など、ロンドンでも最大規模の病院でさえ、病床数はそれぞれ六百五十と五百五十であり、聖トマス病院ほど名の知れた病院でも二百床でした。つまり、スクタリの病院の患者数の多さには、身の毛がよだつものがあったのです。『病院覚え書』のなかでナイチンゲールは、「人間の詰め込みは換気の不足を呼び、それは健康人の間にさえも病気を呼ぶが、それが病院の患者の間となると、はるかに大規模な病気の発生につながる」と述べています。一病床あたりの空間容積は、民間病院では六百から二千立方フィートの範囲内ですが、陸軍病院のなかには三百立方フィートにも満たない所もあり、そのため「七百から八百立方フィートでも、いささか贅沢ながら許容範囲と考えられていた」のでした[13]。つまり、一病床あたり六百から八百立方フィートという陸軍の病院における通例は〝過密〟に相当するのでした。ところが、スクタリの兵舎病院では一時期、この半分の空間容積にも満たなかったのです。この〝異常な密集〟は〝それに続いた悲惨な災禍の一要因〟でした。

ナイチンゲールは、自身の仕事人生を通して常に、この空間容積の大きさとともに平面面積の広さ（患者に充分な医療を施すために必要な面積）の双方に意を注ぐことになります。

病院統計に必須の数値

『病院覚え書』では、病院の死亡率についてかなりのページが割かれています。当時はまだ病院統計の記録様式に標準規格がなかったために、死亡率の算定には難しいものがあったからです。病院の役割が、〝なるべく早く〟病人を健康に回復させるところにあるかぎり、〝健康へと回復させた病人の割合と、それに要した期間の平均〟とが求められるのでした。回復させた病人全員について、回復に要した期間が平均六ヵ月の病院は、平均六週間の病院に比べると、よい病院とは言えないでしょう。病院統計においては以下の五つの数値が必須でした。

・回復率
・死亡率
・平均在院期間
・疾病の種類
・患者の年齢構成

病院の運営管理において、正確な病院統計は〝不可欠の要素〟でした(14)。

病院看護師の死亡率　『病院覚え書』の第三版（最終版）には、〝病院看護師の死亡率〟についての覚え書も収録されています。ナイチンゲールは、戸籍庁（こせきちょう）のファー博士から得た数値は〝不完全〟であると指摘せざるをえませんでした。そして、すべての病院は看護師に関する記録を作成保持すべきであると説きました。そして、病院勤務の看護師の病気や死亡について、状況把握が容易にできる記録様式を作成しました。

病院の能率化

これとは別に、『病院覚え書』では、病院の能率化ということが一つの主題(テーマ)でした。つまり、看護師が、物品を運び上げたり持ち運んだりすることで無駄に体力を消耗することなく、患者の世話(ケア)に専心できるよう図(はか)ることでした。これは、病院の新築や拡張の設計について意見を求められたナイチンゲールが、いつも繰り返し述べる主題でした。

パヴィリオン方式の推奨

ナイチンゲールはさらに、病院建築において、建物を小規模にとどめる手段として、パヴィリオン方式〔分館方式〕を推奨(すいしょう)しました。それによって各パヴィリオンは、事実上、小病院となります。そうすることによって、〝換気において各パヴィリオンは互いにまったく影響し合わず、互いに何キロも離れた施設であるかのような環境に保てる〟のでした。

パヴィリオン建築方式の何よりの特徴は、

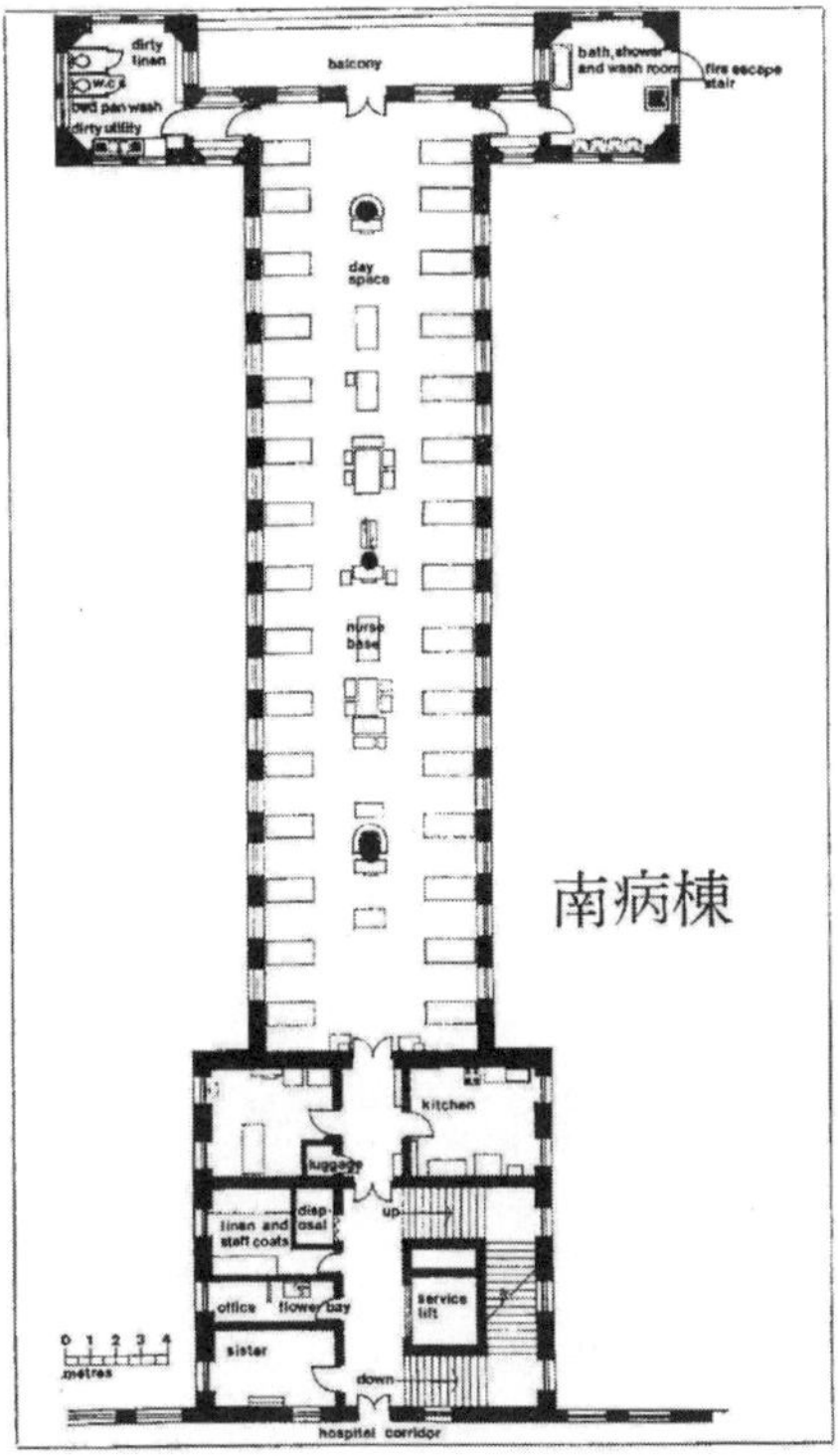

⑤2　ナイチンゲール病棟

病院の規模に応じて、建物をいくつかの分離した独立棟〔パヴィリオン〕に分割し、運営管理は共有しながらも、それ以外はすべて共有しないところにある。そしてその狙い（ねら）は、各パヴィリオン、すなわち各病棟〔パヴィリオン方式では一パヴィリオン＝一病棟〕から排出される汚染空気を、決して他のパヴィリオン、すなわち他の病棟へと放散させることなく、素早く外気へと逃し、入れ替わりに屋外から新鮮で清浄な空気を導き入れるところにある[15]。

上記の引用文が書かれたのは、まだ細菌病原説の影も形もない頃でした。今から振り返ってみると、ナイチンゲールは、同じ場所の同じ空気を呼吸する人間の数を極力減らすことによって、お互いに相手が持つ病原菌による相互感染を避けようとしたのでした。

⑤3　現在に残る旧ナイチンゲール病棟の外観

管理事務区域を分離

『病院覚え書』の〝改善された病院設計〟の章において彼女は、病院の管理事務区域を患者区域から完全に分離して配置するよう、説いています。病院建築においてよく見られる失敗は、患者病棟と各種の管理事務室との配置の混在にあります。これは必然的に病院の内部構造の複雑化を招き、部屋や廊下や階段などの広さや幅も不揃いになり、さらに換気を妨げ、〝建物全体に同じ空気が拡散していく〟結果となります。病院の経営者たちは、分離すると経費が高くなると主張しましたが、ナイチンゲールは、「そんな配置では、患者も管理事務職員もともに、不必要な危険にさらされることになる」と反論しています。それは、事務職員たちが熱病に冒される一つの原因であり、〝いかなる経済事情であろうとも決して招いてはならない危険を招く〟のでした。

良い例と悪い例

『病院覚え書』には、英国とフランスの病院のいくつかの設計図や略図が掲載されています。良い例も悪い例もあり、それぞれ良し悪しの理由が示されています。英国の病院で悪い例としては、（ロンドンでは）王立フリー病院、キングズ・カレッジ病院、そしてロンドン病院、ロンドン以外では〔ハンプシャー州〕ネトレイの王立ヴィクトリア病院、旧マンチェスター王立病院、さらに新グラスゴー病院、があげられています。フランスの際立って悪い例としてあげられているのは、パリのネッカー

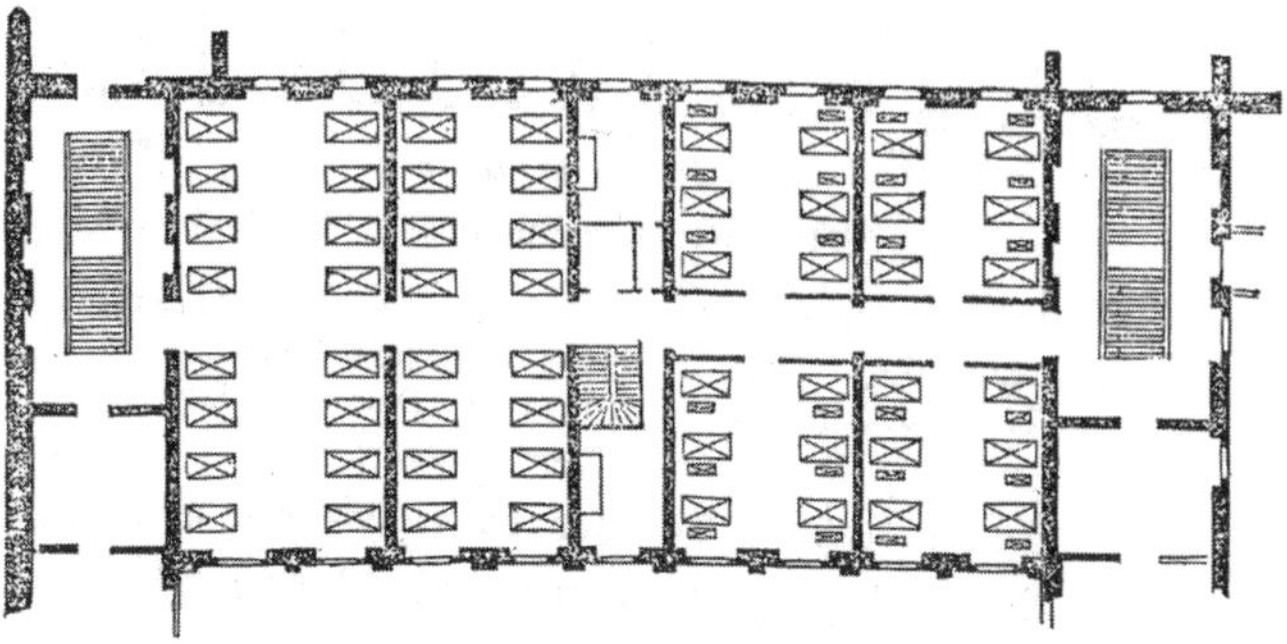

⑤4　悪い病院の例（パリのラ・クリニケ病院）

（陸軍）病院、旧オテル・デュ病院、そしてラ・クリニケ（産科）病院です。

良い病院の例としては、英国では、（ロンドンの）聖バーソロミュー病院、ロンドン以外では、〔バッキンガム州〕アリスバーリーのバッキンガムシャー病院、そして〔旧ケント州〕ウルリッチの新ハーバート病院があげられています。新ハーバート病院は、英国、あるいは欧州でも〃抜群に最高〃とナイチンゲールが結論づけている病院です。フランスの良い例としては、パリのラリヴォワジール病院、そしてヴァンスネ陸軍病院があげられています。ナイチンゲールはさらに、〔地中海の英国連邦加盟国〕マルタの三つの新設病院を賞賛しています。

医師は管理者には不適

最後に、ナイチンゲールの持論を一つあげておきます。彼女は、病院の運営管理者は医師でないことが鉄則であると考えていました。その理由は、医師は管理運営者として適性に欠けるからでした。一八五九年、シドニー・ハーバートに宛てた手紙のなかで彼女は、冗談めかして、「民間医と軍医とを問わず、医師たちの誰についても言えること、それは、薬品の匂(にお)いのなかには何かある成分が含まれていて、その成分が医師たちの管理能力を駄目(だめ)にしてしまうに違いないということです」と書いています[16]。

三、子供のための病院

子供病院は必要か

子供病院についてのナイチンゲールの考察は、そもそも子供のための病院が必要かどうかという、最も根本的な問題から始まります。その当時、子供のための病院づくりが一種の流行となり、慈善事業として人気が高かったのです。しかし、ナイチンゲールは自身の直感から、子供の病院はおろか、子供専用の病棟にさえ反対でした。その考えは、過去に何回も子供病棟の設置の是非(ぜひ)について、その選択に迫(せま)られた経験を持つ看護師たちの意見を聞くことによって、ますます強まっていました。常に経験主義者であったナイチンゲールは、子供病院が実際に子供の生命に及ぼす影響について知りたかったのです。つまり、子供だけの病院、一般病院内に設けられた子供だけの病棟、子供と成人の混合病棟、これら三者における子供の生命状態の実状を（死亡率や病状、また入院期間などの情報(データ)も合わせて）確かめたかったのです。

混合病棟が基本

それに加えて、ナイチンゲールは、病院内で、患児への虐待があることに、しかも〝一流の修道会〟が看護を行なっている病院でさえ虐待があることに、気づいていました。修道女の間には、患児は〝生きているより死んだほうがまし〟という〝暗黙(あんもく)の見解〟もあり、往々にして〝ごく普通の病院看護師〟のほうが子供たちに優しいことがある、とナイチンゲールは指摘しています。子供たちは、不足や不満をうまく訴えることができません。だから子供の〝世論〟というものは成立しえません。しかも、たとえ不満を訴えることができたとしても、それは看護師からの仕返しという危険を冒すことになります。さらに彼女は、「子供は一人につき一人の看護師が必要であると言われています」とも書いています。そして「子供の患者のなかに成人患者が混じっているような病室であれば、それに患者の配置への気配りが行き届いていれば、子供の患者の隣の病床の婦人患者が、その子にとって最良の保護者となり看護師となるようなことがよくあります。これは、子供にとってとてもよいことですが、同時に、その婦人にとってもよいことです。このような成人と子供の混在が基本であるとする考えは、病院現場において、経験から広く認められている」のでした。

子供病院の条件

ナイチンゲールは、子供病院の建設が確定したばあいに、そこに不可欠となる条件の概要をまとめています。例えば、屋外で遊べる場所を確保すること、入浴施設は少年用と少女用とを厳密に分離すること、などです。リスボンの子供病院の設計は〝求められる多種多様の条件のすべて〟を満たした〝唯一の設計〟でした（彼女は、アルバート殿下〔ヴィクトリア女王の夫君〕の要請を受けて、この病院の設計について詳細にわたる見解を具申しましたが、その経緯については、この『病院覚え書』では触れていません）。

『チェンバーズ百科事典』に寄稿

彼女が『チェンバーズ百科事典一八九〇年版』に寄稿した、病院についての論文では、子供専用の病院について特に反対はしていません。しかし、入浴施設や遊戯(ゆうぎ)設備（屋内と屋外）について、それに唱歌の大切さや、大きな庭を備えることなどについて、意見を述べています。そして、子供病院はそれぞれ、遠隔地(えんかくち)に、できれば海辺に、回復期用の分院を持つべきでした。さらに、病気の子供は、片時たりとも、決して独(ひと)りにしてはなりません、とナイチンゲールは述べています。そして、総合病院に子供病棟が必要ならばあいでも、患者は幼児に限るべきでした。この論文でも再び、「病院には（子供病院はなおいっそう）、そこにいる絶対の必要がないかぎり、一日たりとも長くとどまってはなりません」と断言します。

『チェンバーズ百科事典一八九〇年版』に掲載された、ナイチンゲールの病院についての論文は、実は、それ以前の版に掲載されていた〔他の著者による〕病院の項を書きあらためたものでした。以前の版では、病院の長所が高く評価されていました。ところが、同事典の編集者たちが、その導入部にあたる病院に関する見出しを、旧版のままに残してしまいました。そこで、この版では旧版の見出しに続いて、冒頭から突然、病院の危険性について警告するナイチンゲールの〔旧版の著者の観点に真っ向から対立する〕文章から始まることになりました。それは、「十九世紀の中葉に至るまで、英国および欧州の大半においては、病院の組織と管理、および病人の看護には、いくつか少数の例外を除いて、救いようのないほどの欠陥(けっかん)がありました」という文章でした。彼女は、病院の建築や管理運営について、そして看護について、よりよい原理が確立されてきたのは、ひとえに〝世論〟の盛り上がりによるものと信じていました。

看護について簡潔に解説

この百科事典の論文（一八九〇年）からは、はからずも三十年の経験を経たあとの彼女の考え方を垣間見ることができます（彼女が聖トマス病院に看護学校を開設したのは、一八六〇年でした）。さらに、この〝病院〟についての論文のなかで、看護について解説する彼女の文章は、簡潔の模範と言えるほど簡潔で、健康と病気について、そして治療における看護と医学の連携について、彼女の見解をみごとに表明しています。

病人や怪我人の看護は、通常は女性によって、内科医や外科医など科学者の指導の下に行なわれる。看護とは、健康を回復したり維持したり、病気や怪我を予防したり癒したりする自然の働きに対して、できるかぎりその条件の満たされた状態に、私たち自身を置くことである。内科医や外科医は、その条件を指示する。看護師はそれを実現する。健康とは、ただ元気であるだけではなく、自分が使うべく身に備えている能力のすべてを充分に活用できている状態である。病気あるいは症状とは、健康を妨げている条件を除去しようとする自然の働きの現われである。それは癒そうとする自然の働きかけである。私たちはその自然の働きを助けなければならない。自然は病気という現われによって癒そうと試みているが、それが成功するか否かは、部分的には、いやおそらく全面的に、看護にかかっている。したがって看護とは、患者が生きるように援助することである。看護は芸術であり、実践的にも科学的にも系統立った訓練によって磨かれる芸術である。なぜなら、看護は、内科学と外科学と衛

生学に奉仕する有能な使徒だからである。(17)

【第五章の原註（出典箇所）】

（1）Epigraphs, 6:237 and 248. Much material on the establishment of workhouse infirmary nursing is in Chapter 6, Public Health Care, of the Collected Works.
（2）The five to one proportion, from 1861, is quoted from Brian Abel-Smith, The Hospitals 1800–1948: A Study in Social Administration in England and Wales (London: Heinemann 1964) 46.
（3）Figure 5.1, Letter on workhouse nursing, 6:233–4.
（4）'What the broth' 6:397.
（5）Figure 5.2, ABCs of workhouse reform, 6:346–7.
（6）'Sick, infirm' 6:348.
（7）Figure 5.3, letter to Gathorne Hardy, 13:591–2.
（8）'Perhaps I', from 'Suggestions on the subject of providing training and organizing nurses', 6:370.
（9）Quotation from Abel-Smith, The Hospitals, 82.
（10）Epigraph, Notes on Hospitals, 1863, 107, vol.16.
（11）'It may seem', Preface, Notes on Hospitals, 1863, iii, vol.16.
（12）'If anything', Chapter 1, Notes on Hospitals, 1863, 11–12, vol.16.
（13）'If overcrowding', Notes on Hospitals, 1863, 13, vol.16.
（14）'proportion of' in Chapter 3, 'Principles of hospital construction', 1863, vol.16.

(15) 'The essential feature', Chapter 3, 'Principles of hospital construction', 1863, 56, vol.16.

(16) 'As for doctors', letter to Sidney Herbert, 1859, 12:123.

(17) 'Nursing the sick', in 'Hospitals', Chambers's Encyclopaedia: A Dictionary of Universal Knowledge (Edinburgh: W. & R. Chambers 1890), vol.16.

第六章 インドと大英帝国

一、インドの衛生改善への取り組み

隊内の洗面や洗濯の設備が、
隊内の酒場ほどによく完備していれば、
わがインド陸軍は、
世界でもこのうえもなく清潔な男性集団となるでしょうに。(1)

⑥1 インドの排水システム

植民地への想い

ナイチンゲールが生きた時代は、大英帝国が急速に拡大と併呑を続けた時期でした。インドは、一八五八年に、東インド会社から引き継がれて英国政府の直轄地となり、一八七六年には、ヴィクトリア女王が帝位に就いてインド帝国となりました。ナイチンゲールが英国の、こうした帝国主義的なあり方の善悪について考察を加えた形跡は見られません。彼女に、戦争について抽象的考察を加えた痕跡が見られないのと同様です。彼女にとって、大英帝国が存在すること、それは既成の事実でした。そして彼女にとって、政府たるものは、その植民地や領地においても本国と同様に、人民の福祉のために尽くすことは、当然の義務でした。

三つの行政管区

その時代のインドとは、今日のインドとはかなり様子が違っていました。すなわち、大英帝国支配下のインド領は、今日より大きくも（後にビルマ、パキスタン、バングラデシュに分割された部分を包括しており）、小さくもありました（全国土の約三分の一はまだ昔ながらの国王や大国王が支配する領地でした）。当時の英国領インドは、カルカッタ、ボンベイ、マドラスの〝監督管区〟と名づけられた、三つの行政管区から成っていましたが、この監督管区という名称は、東インド会社の支配時代に、この地に、それぞれの管区の監督の本部が置かれていたことに由来します。

楽観できない問題

インド問題に着手した当初の頃、ナイチンゲールは、英国によるインド統治はインドに恩恵をもたらすものと、楽観していました。一八六三年に著わした論文『どのようにすればインドの人々は、滅びることなく生き続けられるか』(＊1)のなかで彼女は、英国がいかにインドを掌握し、いかにインドの人民に〝より高度な文明〟の恩恵を授けるかは、〝最も重要な社会問題の一つ〟であると、明確に述べています。しかし、その十年後の論文『インドにおける生と死』(＊2)のなかでは彼女も、インドにおいて衛生改善は確かに行なわれてはいるが、それは遅々としており、微々たるものでしかないことを、認めざるをえませんでした。

楽観は、跡形もなく吹き飛んでいました。その論文のなかでナイチンゲールは、インドの大地主階級に批難の鉾先を向けています。この大地主たちによる過酷な搾取が、小作農と呼ばれる、インドの農民を苦しめていました。

インド国民の側に立つ

ナイチンゲールの眼には、インド省〔本国のロンドンにある官庁〕とインド現地の英国行政機関との怠慢によって、かずかずの優れた改革案が葬り去られていると映っていました。彼女は、一八七八年に至るまで、英国によるインド統治の失策について、率直に、また理路整然と批判を加えつづけていきました。『インドの人々』と題したある雑誌論文（＊3）のなかで、彼女は、「われわれは決してインドの福利に尽くしていない」と、あからさまに公言しています。彼女によれば、英国がもし〝文明教化統治〟を施しているのであれば、インド人の生活は改善され、死亡率も低下するはずでした。にもかかわらず、あろうことか、英国は、インド人から土地を略奪し、さらにインドの地主たちに、農民からの搾取や、農民から暴利をむさぼる高利貸を容認し、それによって何百万もの人々を餓死に追いやっていました。ナイチンゲールは、自身の数多くの論稿のなかで、英国によるインド統治を、厳しく糾弾しています。彼女はしだいに、インド国民の側に立つようになり、着任当初の理想から離れてしまった英国の行政官やインド問題の専門家たちと、袖を分かつようになっていきました。彼女は、インド国民会議議長のダダバイ・ナオロジ氏が英国の国会議員選挙に立候補した際、同氏の支持を表明しました。ナオロジ氏は、インド人として初めて、英国下院議員に当選を果たしました。

カースト制度に言及

ナイチンゲールは、インド社会の構造や機能について研究していましたが、その範囲はインドの宗教的な慣行にまで及んでいました。彼女は、インド社会固有のカースト制度が、貧困者や病人など社会的弱者に対して「食糧を供給したり、食事を提供したり、部屋を清潔にしたり衣類を洗濯したり、保護や収容をしたりなどはせず、さらに教育を施したり、娯楽を与えたり、看護したりなど、こうしたことを一切しない」ことについての言い逃れに、しばしば利用されているのではないかと疑っていました。カースト制度については、「どこまでが宗教上の慣行であり、どこまでが社会慣行なのか」、そして、どこまでそれを打破し、どこまでそれを受容すべきかを、見極めねばなりませんでした。ある手紙のなかで彼女は、「ある経験豊かで学識もあるインド人の言として、私たち（英国人）がカースト制度を奨励したのは大きな過ちであり、インドの現地人は、兵役制度を敷くことによってカースト制度が駆逐されることを期待している」という話を聞いたとして、その内容を詳しく述べています。

セポイの反乱以来の関わり

ナイチンゲールがインド問題に関わるようになったのは、一八五七年に勃発した《セポイの反乱》がきっかけでした。この反乱〔英国の支配に抵抗するインド人の暴動〕は後に、インド民族主義者たちの側から《第一次インド独立戦争》と呼ばれるようになるものです。彼女は、負傷兵の看護に向かいたいと申し出ましたが、それが必要なほどの事態ではありませんでしたし、また彼女はすぐに、英国政府の怠慢と失政を原因とするインド人死者の数に比べれば、インド人に殺戮された犠牲者の数はきわめて少数であることに気づきました。「この虐殺による犠牲の程度は、丸腰同然の反逆者たちがなしえた程度にすぎない」のでした。

スタンレー卿、インド省へ

一八五八年、ナイチンゲールの旧知であるスタンレー卿が、植民地省からインド省へ転属となり、それが、彼女がインド問題について行動を起こすきっかけとなりました。彼女は、政府や議員たちに働きかけて、（これで二番目となる）王立委員会〔政府調査委員会〕の設立に成功しました。一八五九年、この王立委員会に付託された調査の範囲は、条文によって、インドに駐屯する英国陸軍の健康問題に限定されていましたが、たちまちそれは、駐屯地の周辺地域の住民の健康問題までをも包括する課題へと拡大していきました。新聞の切り抜きの習慣があったナイチンゲールは、ガゼット紙〔ロンドンの日刊紙〕からの切り抜きに、自作の喩え話を書き込んで、自分のノートに挟んでいましたが、そこには、こう書かれていました：

・寓話＝不公平な裁判官と、しつこい寡婦
・登場人物＝不公平な裁判官（スタンレー卿）
　　　　　　うるさくて執拗な寡婦（F．N．）
・執拗に喰い下がった八ヵ月後の判決＝〔王立委員会〕(2)

英国駐屯地の実態調査

当初、この王立委員会の議長はシドニー・ハーバートでしたが、病気のためにやむをえず辞職し、あとをスタンレー卿が引き継（つ）ぎました。委員のなかには、サザランド博士やファー博士、またアレグザンダー博士など、クリミア戦争調査の王立委員会以来の同志たちが名を連ねていました。ナイチンゲールは、自ら考案作成した調査用紙（アンケート）をインド各地の英軍駐屯地に送付し、回収された情報（データ）の分析に取り組みました。その最終報告書は、二千頁を超える資料となって、一八六三年五月に完成しました。さらに彼女は、同報告書の分析結果を九十二頁に要約した小冊子を作り、この問題に影響力のある人々に配布しました。また彼女は、その分析結果に共感を寄せる評論家や言論人たちをそろえて、新聞報道に備（そな）えるなど、いつものように報道媒体（メディア）を利用する宣伝運動（キャンペーン）を展開させました。分析結果の小冊子はスタンレー卿にも送付されましたが、その添え書（そえがき）には、何の飾り気もなく、「もし一つでも例外があれば、私の指摘はまったくの筋違いとなるでしょう。つまり、インドの駐屯地のなかに、排水と給水の設備が万全で、駐屯地内および周辺の市場（バザール）〔兵士たちが食品や日用品を買う市場〕に清潔が保たれ、設計も施工も良好な兵舎と病院を備え、兵士の職務のためにも健康のためにも必要な物品が充分に供給され、さらには、飲酒を控（ひか）えるような指導がなされ、自分の時間を有意（ゆうい）に過ごせるような健全な〔娯楽や教養のための〕施設が整えられている、そのような駐屯地が一つでもあれば……、ということです。そのような駐屯地は見つかりませんでした」と書いています。

駐屯地の欠陥

駐屯地の実情は、まさに正反対でした。どこもかしこも〝衛生上の欠陥は嘆かわしいほどの〟惨状であり、〝病気や人命の損失……、すなわち、コレラや熱病、下痢や赤痢、あるいは肝臓病など〟を引き起こさないはずがなかったのです。ナイチンゲールは、マドラス管区総督チャールズ・トレヴェリアン卿の影響力を頼みに、この報告書のための調査が、さらに範囲を広げて適用されるように画策しています。そこには「陸軍の衛生状態の良好は、駐屯地内の住民および駐屯地の周辺の全住民の衛生状態の良好を抜きにしてはありえない。すなわち、陸軍の駐留地域はもとより、インドの国民すべてにわたる衛生改革が必要である」と書かれていました。何と言っても、《この時》こそが、二度とない好機なのでした。

トレヴェリアン卿は、ナイチンゲールが看護団を率いてクリミアの戦地に赴いたとき、コンスタンチノープル〔現在のイスタンブール〕に駐在する若い外交官でした。その時以来の格別の交誼を活かして――彼はナイチンゲールの初期からの協働者の一人でもありました――彼女は、マドラス管区をインドの衛生改革の模範にするよう、トレヴェリアン卿を説得しました。

梅毒対策

この報告書のなかで、ナイチンゲールは、梅毒対策としての売春婦に対する強制処置についても言及しています。これが、この問題についての彼女の見解が印刷物に表明された最初のものでした。「嘆かわしいことに、梅毒への対策としては、隔離病院への強制収容と警察による強制取り締まりとが最上策として推奨されている」と、彼女は憤慨しています。この強制入院と警察による取り締まりは、一八六三年から一八六八年にかけて、《売春対策》の主たる手段となるのですが、ナイチンゲールは一八九〇年に至るまで、その非を追及しつづけました。さらに彼女は、〝この不道徳が引き起こす病気〟（梅毒）によって陸軍病院に入院する英国陸軍兵士の数は、同じ病気で入院するインド人部隊の兵士の数の五倍にのぼるとも指摘しています。

衛生専門部門の新設

同報告書の最終節で彼女は、インド行政府に衛生の専門部門を新設するよう提案しています。それは〝能力のある人間が集中して仕事をしないかぎり〟、インドにおいて本国に匹敵（ひってき）するほどの改善がなされるはずがないからでした。当時、インドには地方自治体（地方行政機関）の制度がありませんでしたので、衛生改革を進める責任はインドの中央政府にありました。正確に言えば、インドの三つの行政管区〔カルカッタ・ボンベイ・マドラスの三管区〕それぞれに衛生委員会を設け、かつ本国ロンドンのインド省に衛生部を設置することを意味しました。後にナイチンゲールは、公衆衛生の推進や拡充における地方自治体の役割の重要性を認識することになりますが、この時点ではまだ、大がかりな改革を達成するためには上意下達（トップダウン）のほうがよいと、それに望みを託していました。

多数の論文を出版

一八五八年以降ずっと、ナイチンゲールは、インド問題に、最も多くの時間と精力を注ぐようになっていきました。その理由は、彼女が〝熱烈な統計学の信奉者（しんぽうしゃ）〟であったことを思い起こせば、納得できるでしょう。巨大な人口を抱えたインドの大局（たいきょく）を見据（みす）えながら、公衆衛生の改革事業に組織的に取り組んでいく仕事は、彼女の他のいかなる領域における仕事よりも、はるかに数多くの人命が救えるのです。インドでは当時、飢饉（ききん）が発生するたびに、数百万人の死者が出ていました。彼女はその晩年に至るまで、インドの公衆衛生対策から飢饉対策にわたる広汎（こうはん）な課題について、多数の論文を執筆し、出版しました。同時に、彼女はみずからも、飢饉救済の活動に参加し、民間の募金運動にも支援を惜（お）しみませんでした。さらに彼女は、インドの各地で開催される公衆衛生集会のたびに書簡を送り、インドの新聞各紙にも短い論文を寄稿しました。さらに彼女は、インドのさまざまな分野の改革について、その陳情のためにロンドンを訪れるインド人指導者たちに、直接に会っては激励（げきれい）しました。

インド総督にロレンス卿

インド問題に関する王立委員会が、その報告書を出して間もなく、時のインド総督（そうとく）エルギン卿が世を去りました。ナイチンゲールは、その後任にジョン・ロレンス卿を熱心に推（お）しました。ロレンス卿は、インドについてまたその衛生改革の必要性について、精通する人物でした。そして、一八六三年、そのロレンス卿がインド総督に任命され、ナイチンゲールは、インド報告で提案した改革の実現について、その意味を深く理解しそれに深く同調する、何よりの人物を得たのでした。その後、続く歴代のインド総督たちにも、彼女は、インド問題についてその要点を教えたり、言葉巧（たく）みに説得したり、励ましを与えたりしました。そしてそのうち、インド総督に任命を受けた者は、現地に赴任（ふにん）する前にナイチンゲールのもとに表敬訪問することが、あたかも儀式（ぎしき）のようになっていきました。

訓練看護師を派遣

ナイチンゲールは、インドの病院への訓練修了看護師の導入を働きかけました。しかし、インド総督が味方についていてさえ、事は思うようには運びませんでした。ロレンス卿から、インド各地の陸軍病院に訓練修了看護師を配置していく計画立案の依頼を受けた彼女は、それを果たしましたが、政府〔陸軍省医務局〕は、その計画を、元の計画との見分けがつかないほど、大袈裟な計画に拡大してしまいました（ナイチンゲールは常に、いかなる問題の解決においても、まず小規模な試行から始める主義でした）。さらに、本国からの派遣を必要とする看護師の数が、とても応じられないほど膨れ上がりました。当然ながら、インド現地政府は、費用が嵩み過ぎるとして、その計画を撥ね付けてしまいました。訓練修了看護師の現地への配置は実行に移されましたが、徐々にしか進展しませんでした。

二、帝国主義、人種差別、そして自治権確立への取り組み

インド人裁判官の権限

英国がインドを完全に掌握した一八五八年、ヴィクトリア女王による女王宣言が布告されました。そのなかで、インド人民は、人種や種族の違いに関わりなく、あらゆる職位の公務員職に就くことができると、法的に保証されました。しかし、実際の運用は、まったく違っていました。それから多くの年月を経た一八八三年、インドにおいて、インド人裁判官の権限を拡大しようとする法案が提出されました。この法案は

一八五八年の宣言の趣旨と軌を一にする内容でしたが、現実には、それまでずっと、原住民の裁判官には、ごく限られた裁判権しか付与されてこなかったのです。

イルバート法案

〝イルバート法案〟として名を知られる同法案は、その発議者C・P・イルバートの名を採った法案でしたが、インド在留の英国人たちと、同法案に危惧を抱く本国の反対派とから、激しい抵抗を受けました。ナイチンゲールは、同法案を支持する運動に加わりました。後に同法案は可決されたものの、かなり骨抜きにされての可決でした。

女王への嘆願書

イルバート法案の支持運動の経緯のなかで、ナイチンゲールは率直かつ誠意を尽くした手紙をヴィクトリア女王に書き送り、一八五八年の女王宣言を尊重するよう嘆願しました。女王からの返事はありませんでした〔しかし、折り返し、侍従から女王の謝辞が伝えられました〕。この手紙には、インドの原住民による地方自治の政策全般についての建言と、政府によるインドの地域産業振興の必要性についての建言とが、さりげなく盛り込まれていました。

【引用六-一】インド問題について
ヴィクトリア女王への嘆願（三）

一八八三年八月六日

《私信》陛下が与えてくださった心優しいお許しに甘えて、[*4] ここにあえて再び、女王陛下宛にお手紙を差し上げます。私が陛下にお願い申し上げたいことは、いわゆる〝イルバート法案〟についてであります。この法案は、インドの三管区都市以外の地域においても、現地人の執政官〔市町村の首長〕と裁判官たちとに、限られた範囲内で、〔罪を犯した〕ヨーロッパ人を裁く権利を与えようとするものであります。彼らは、長年にわたって、それぞれの職位にあって司法判断の能力と資質を磨いてきており、その職務に信頼がおけることが証明された者たちなのです。さらに彼らはすでに、裁判権を持たないかぎりその職務執行ができないほど責任ある高い地位に達した者たちなのです。こうした、訓練もされ実績も積み、すでに政府によって選りすぐられた少数の現地人の執政官や裁判官に、その職務遂行のための権限を与えようとするものなのです。しかもこれは、まったく初めての試みではありません。すでに、この国の高等裁判所の裁判官において、また三管区都市ではその上級執政官の職務において、実施されてきた制度なのです。

　ここで、たいへん不躾ながら、私は陛下に、陛下ご自身が一八五八年に布告された、あの真情のこもった〝女王宣言〟を思い起こしてくださるよう申し上げます。あの宣言は、陛下を尊び法令に忠実なインドの原住民に対する、君主たる女王からの不朽のご意志の表明であり、インド人民の渇いた魂に降り注いだ甘露でした。陛下のお言葉を、ここにあえて引用すれば、「わが治世においては、わが臣民には、その人種と種族および信仰に関わりなく、行政官として公務に携わる道を開放する。そしてその職階の格づけは、職務の遂行に必要な教育と能力と人間性とによる」とありました。この千鈞のお言葉によって、陛下は、インド原住民たちに、その人種や種族や信仰に関わりなく、彼ら自身の政治への関与を許すと宣言されたのです。そして陛下ご自身が、彼らに向けて、イギリス本国人たちと同じように、陛下のお役に立てるように自らの教育に励むことを奨励されたのです。その奨励に応えて彼らは、困難な状況を物ともせず、最優秀のイギリス人たちとの競争にも鎬を削り、長年にわたってその業務に励み、その有能性を証明し、今や、欠けるところが《ない》までに至ったのです。彼らは、陛下の政府は、陛下の宣言の実行においても欠けるところがないと信じていることでしょう。

今や、陛下の臣民たる二億のインド原住民の村々では（たちまち情報が伝播していく東方諸国の驚くべき伝達手段により）、その時の到来を知らない村は見当たらないと聞き及んでいます。その時とは、すなわち、敬愛する〝女王陛下〟の宣言が実行に移される時であり、《このようにして》この重い宣言がついに〝王冠に勝る王者のしるし〔この世で最高のもの〕(＊5)〟になったと、陛下を尊ぶインド人民が、歓喜と希望に涙しつつ、語り合う時なのです。

今、インド人民の間では、ずっと以前から公約されていた二つの政策が話題になっています。一つは、完全に実行に移されて効果を上げつつある地方自治の確立の件であり、一つは、地方自治にふさわしく、その公職に現住民を採用する件であり、この二つは相俟って、インドの《地方産業》の振興にもつながるのです。

ご承知のとおり、〝イルバート法案〟と呼ばれるこの法案に反対して、カルカッタおよびインド各地のヨーロッパ人の上流婦人の方々の多くが署名した嘆願書が、陛下のもとに差し出されようとしています。同法案は、最重要法案とは言えないまでも、今現在進められている公正かつ寛大な政策の一部をなすものであり、賢明にも〝女王宣言〟を実行に移そうとする法案なのです。私などよりはるかに尊敬に値する方々に対して、私のような者が遺憾の意を表明する不躾を、どうかお赦しください。私には、あの方々が、陛下の御意にまったく添わない反対運動を起こされ、そして、かの真情に満ちたあの女王宣言のお言葉さえ読めばただちに回答が得られるような問題について、嘆願書を提出しようとされている、そのことが、とても哀しく思われるのです。かしこ。

女王陛下の、忠実なる臣下

フロレンス・ナイチンゲール

三、インドの飢饉への取り組み

本書の目的は、インドの人々が置かれている境遇の実状を、できるかぎりありのまま読者に伝えるところにあります。

この民は、世界で最も勤勉で、
また世界で最も肥沃な土地に住みながら、
世界で最も貧しい民です。
この民は誰も、日々を飢餓に近い状態で暮らし、
日々に飢饉の危険にさらされて生きています。(4)

飢饉による死者

インドの飢饉は、長期の旱魃によるか、あるいは降雨季の雨不足によって発生することが多いのですが、時には、降雨季の大雨による洪水が原因となることもありました。飢饉は〝被災した住民たちに、伝染病に対する抵抗力の低下〟をもたらすので、人々は、あるいは飢餓そのものによって死に、あるいは衰弱した体力から、病気を悪化させて死んでいきました。ナイチンゲールがインド問題に取り組んだ時期とも重なる、十九世紀後半の五十年間に、英国統治下のインドにおける、飢饉による死亡者数は二千九百万人にのぼると推定されています。(5)ナイチンゲールは、大きな飢饉はおよそ十年から十一年に一回の間隔で発生するととらえていました。

英国の自由放任主義

大英帝国の時代の英国では、自由放任主義〔経済への政府介入を否とする考え〕をよしとする自由主義的な政治信条が支配的であり、飢饉に対する政府による救援は、むしろ避けるべきであるとされていました。英国統治下で最初に発生した

大飢饉を受けて飢饉対策弁務官に任命されたジョージ・キャンベル卿は、自身の回顧録で、対応部局の役人たちは、「まったく融通性のない政治経済学の硬直した理論に縛られており、〝需要と供給〟理論のかたくなな信奉者たちばかりでした」と記しています。そして、穀物を緊急に輸入しようという提案を、「戦くがごとくに拒絶し、あくまで被災者たちの個人的努力と自由取引による食糧供給にこだわりつづける彼らの、一歩も退かない強い態度に圧倒されました」と記しています。ナイチンゲールは、こうした自由放任主義と真っ向から対立する運動を推進しました。彼女は、飢饉に対する強力な予防策と、飢饉発生時の手厚い救援対策の必要性について、論陣を張りました。一方で彼女は、この飢饉の防止と救援にあてることができたはずの政府の財源が、アフガニスタン戦争のために転用され、その結果、数多くのインド人が餓死した事実に気づいていました。

灌漑の普及

インドの飢饉が繰り返されるにつれて、応急の救援対策のみならず、その根本原因と改善方法についての究明が急がれました。ナイチンゲールと彼女の協働者たちは、政府の政策に干渉して、飢饉に対する根本対策について多くの案を検討し、とりわけ農業用灌漑の普及案に力を注ぎました。飢饉の惨状を目の前にして、彼女は、看護や病院の改革よりも、まず食糧生産や物資の流通と輸送や、さらには行政のあり方などの改革のほうに専心しました。飢饉に関わる社会的要因を分析した彼女は、よりいっそう、インド自治政府樹立への支援に駆り立てられていきました。

地方自治確立の動き

インドに、根深く蔓延する貧困は、飢饉の被害を最小に食い止める対策の欠如がもたらした結果でした。それゆえに、インドの貧困問題は、ナイチンゲールにとって重要な研究課題の一つとなりました。そして、この慢性的貧困の原因を追究していくうちに、インドの土地所有制度および税制の問題が浮上し、それが再び、地方自治の確立の問題に行き着くのでした。一九九八年のノーベル経済学賞の受賞者アマルティア・センは、著書『自由と経済開発』において、「世界の歴史において、民主主義が完全に機能している国において飢饉が発生した例はない」と書いています。[6] この見解は、ナイチンゲールの時代に見られた実情とも完全に一致しています。英国統治時代のインドの、初期の地方自治確立の提唱者たちは、同時に飢饉対策の指導者でもありましたが、これが、まったくの偶然ではなかったことが納得できます。

四、インドの女性問題への取り組み

幼児婚と強制寡婦

その頃、インドに見られた、幼児期に結婚を取り決める〝幼児婚〟と、相手の男性が死亡したときは寡婦として扱われる〝強制寡婦〟という古来の因習に、ナイチンゲールは胸を痛めました。これは英国政府も、ヒンドゥー教の宗教的な慣習を重んじるインド人の神経を逆なでにすることを恐れて、手を束ねていた問題でした。それに加えて、(この問題以外の改革については)進歩的なインド人のなかにも、自分が幼児婚をさせられながら、それに何の抵抗も感じない人たちもいました。また〝強制寡婦〟というのは、幼児婚から派生する問題の一つでした。――つまり、ある女児が、まだ幼い頃に、ずっと歳上の男性との結婚を取り決められながら、実際の結婚生活に入る前にその男性が死去したがために、制度上の寡婦になってしまったとき、その女児に向けられる無惨で屈辱的な世間の扱いでした。ヒンドゥー信仰によれば、そのようにして寡婦とされた女児は、罪業を負った者として、社会の除け者としての生活を強いられるのでした。さすがに英国政府も、サティー〔suttee〕と呼ばれる因習だけは何とか廃止させようとしました。サティーとは、寡婦となった女性を、生きたまま、死んだ夫の遺体とともに荼毘に付して、生贄とする因習です(それでもこの因習は二十世紀に入っても完全には消えていません)。結局、英国政府は、この幼児婚と強制寡婦の因習には手をつけませんでした。

因習による罰

インド人の医師メアリー・シャーリーブ博士〔女性として初めてマドラス医学校に入学した四人のうちの一人〕が、ナイチンゲールに、この〝生きながらの死〟の恐ろしさを語っています。「寡婦になる事態こそが、罪業の証とされるのです。その天の怒りを招いた悪業が現世のものか前世のものかには関わりなく、ともかく何らかの悪業が行なわれたのであり、その穢れは妻のものであり、その応報として妻は、主人たる夫を失うという罰を受けたとされるのです。そして寡婦となった者は、浄めの火に焼かれることによってのみ、現世においても天界においても、浄められ、罪業を償い、そして《かなうことなら》究極の赦罪を受けることができる、とされているのです」と伝えています。

シャーリーブ博士は、また、衣類も装飾品も剥がされて、襤褸をまとわされ、髪を剃り落とされ、冷水に水漬けにされた、ある若い寡婦の例を語っています。その後、寡婦に与えられた食物は、冷えた米飯と水だけでした。

フロレンス・ナイチンゲールという方は、まぎれもなく、こうした因習がもたらす受難に深い同情を寄せた人であり、さらに、こうした忍苦の受難者の救済の道を探ろうとする意欲と能力を持つ人に対しては、それが誰であろうと、惜しみない支援を送りたいと願っていた人でした。それは誰もが知っているところです。ナイチンゲール様は、その情熱の限りを尽くして、私の事業を支援してくださいました。私たちは、希望も不安も分かち合いました。私が自分で目指したこの事業の成功は、あの方の深い共感と飽くなき知的探究心とに負うところが大きいのです[7]。

寡婦を看護師に

ナイチンゲールは、常にものごとを現実的に考える人でしたが、こうしたインドの寡婦たちを受難の生活から救い出すことにおいても、彼女はある妙計を案じていました。それは、こうした寡婦たちを看護師として訓練して、看護師という社会的地位が高い職に就かせることでした。

このインドの幼児婚に関連して、もう一つ書き加えておきましょう。これについては、彼女自身が書いたものは何も遺っていませんが、彼女は、幼児婚を強いられたあるインド人女性を、陰から支援していました。ラクマーバイ事件と呼ばれた訴訟事件があり、これによって英国政府は、とんだ恥をかくことになりました。この事件で露呈したのは、英国の法律とヒンドゥー教の慣習法との混在から生じた不都合な結果でした。つまり英国が制定した法律は、裁判所や刑務所のなかでは効力がありましたが、ヒンドゥー教の慣習法に対しては無効でした。すなわち、英国法はヒンドゥー教の慣習に対して、法としての効力を持っていないことが判明したのでした。ラクマーバイは、まだ幼児の頃に結婚させられていましたが、適齢を迎えたとき、実際の婚姻生活に入ることを拒否したのでした。夫は自分の権利を主張して、彼女を相手に裁判所に訴え出ました。現在ではその文書は入手できなくなってしまいましたが、ナイチンゲールはこの一件について、英国の枢密院に状況説明書を提出しています。やがて夫は賠償金を受け取ることと引き換えに、訴訟を取り下げました。この訴訟においてラクマーバイは、英国の進歩的な女性たちから強力な支援を受けたのでした。その後、ラクマーバイは、英国本国で医学教育を受け、インドに帰ってからは指導的な女性医師として活躍しました。

ラクマーバイ事件

女性医師を養成

インドにおける幼児婚と強制寡婦の実情をナイチンゲールに伝えたシャーリーブ医師も、インド女性の医療には女性医師が必要であることを、ヴィクトリア女王に進言した、何人かのうちの一人でした。当時のインドの女性たちは、男性医師の診察を受けるくらいなら、むしろ死を選びました。このシャーリーブ医師のヴィクトリア女王との謁見の際の献言が、医療伝道師エリザベス・ビールビィによる、同じ趣旨の嘆願の後押しをすることになりました。そこで、ヴィクトリア女王は、女性の手による医療の普及を図るよう、ダフリン卿夫人〔インド総督夫人〕に委嘱しました。それに応えて、ダフリン卿夫人は敏速に行動し、ヴィクトリア女王を後援者とする「インド女性に女性による医療を提供するための国民協会」を創設しました。そして同協会は、インドの各州に実行委員会を設け、さらに、インド人慈善家から寄付を募って、インド各地に病院を開設していきました。例えば、カルカッタに設立されたダフリン・ヴィクトリア病院では、年間約二万人の女性外来患者を診療し、同時に女性医師の養成をも行ないました。しかし、いろいろと複雑で煩わしい問題もありました。例えば、病院はイスラム教徒とヒンドゥー教徒とを分けて、さらに後者ではバラモン階級の貴婦人とそれ以外とを分けて、それぞれ別の食事を提供しなければなりませんでした。

保健衛生教育

ナイチンゲールは、ダフリン卿夫人と協働して、インド女性への女性による医療提供の支援だけでなく、各村々の全女性を対象にした保健衛生教育にも取り組みました。彼女は、インドの農村に配布する「保健衛生の手引」の内容について、あれこれ思案を重ねました。衛生改善は、まず地方の農村から手がけていくべきであるという彼女の確信は、ますます強まっていました。女性は、家政を切り盛りするがゆえに、衛生改善において重要な役割を担っているからでした。しかし現実の状況は、一筋縄ではいきませんでした。次の【引用六-二】にその状況が読み取れます。

【引用六-二】インドの女性たちに関してダフリン卿夫人に宛てた手紙(8)

一八八五年十二月三日

貴女の高邁なご計画について〝助言と支援〟のご依頼をいただき、たいへん光栄です。つまり貴女の〝インドの成人女性たちにはもちろん、まだ学校通いの少女たちにまで、保健衛生の基礎を教育するために〟、インドの〝全女性〟を対象に〝直接的に働きかけよう〟というご計画ですが、これは、抜群に優れた計画です。なぜなら、真の意味での衛生改革とは、《家庭》衛生の改善であり、それは、女性たちを味方につけないかぎり始まらないからです。貴女の計画の推進に、日夜、ともに取り組む方々は何人かおられることでしょう。しかし、その先行きに数多の困難の壁があることは、間違いありません。困難というよりは、あえて指摘すれば、次のような、とても一筋縄ではいかない、この国に特殊な事情や問題が待ち構えていることでしょう。

(一)現在のところ、教育水準の高いとされるインド女性たちといえども――例えば、ボンベイ〔現ムンバイ〕の女性たちは、インドでも最高水準の教育を受けていると考えられますが、彼女たちといえども――、衛生感覚においては、貧困階級の女性たちより優れているとはいえません。

（二）同様に、女性たちの生活の規範や習慣や条件が、私たちとはまったく異なっており、東洋と西洋とでは正反対といってもいいくらいですので、各家庭に配る保健衛生についての書籍や手引や小冊子などは、たとえ現地の事情に適応するようきめ細かく配慮して翻訳されていたとしても、役に立つかどうかは不明なのです。事実上、そうした印刷物を現地の事情に適合させることは、ほぼ不可能なのです。

（三）それだけでなく、生活の規範や習慣や、家庭生活のあり方が、その州や地方によって異なるのです。――各州や各地方には、それぞれに独特の家族様式があるのです。――ですから、女性のための衛生の手引なども、州や地方ごとに違った書き方が求められ、――州や地方ごとに、衛生の手引が書ける原住民を（おそらくは医師や衛生委員会の書記などを）見つけなくてはならず、――さらに、その州や地方の衛生委員の意見を求めるか、あるいは原住民と白人の混血で、その州や地方の女性の生活習慣や家族様式に精通し、かつ《衛生問題》に詳しい人の意見を求めなくてはなりません。

宗教の違いによる課題

ナイチンゲールのこの手紙は、さらに、地方の農村の女性たちのなかに保健衛生の指導ができる者が不足している状況について言及しています。さらに彼女は、宗教の違いの問題を、次のように述べています。

ヒンドゥー教徒の女性は、ヒンドゥー教徒の女性にしか心を開きません。イスラム教徒の女性も、イスラム教徒の女性にしか心を開きません。そして、そのどちらの女性も、キリスト教徒の女性には心を開きません。しかしこの困難も、貴女が計画している、原住民の上流階級の女性を医師として養成することによって克服できるでしょう。ただし、その医師たちは、衛生学を学び衛生法について訓練を受けている必要があります。マラーター人〔インド中部および西部のヒンドゥー族〕の女性は、とても心が広く、キリスト教徒に対しても偏狭心（へんきょうしん）はありません。パルシー人〔インドのペルシャ系ゾロアスター教徒〕の女性も心は広いのですが、とても不潔です。

農民階層の女性たち

農民階層にもいろいろな階層がありましたが、ほとんどの階層の女性や少女たちは文盲（もんもう）で、とりわけ、中流より少し下の階層となると、女性たちはまったく字が読めませんでした。彼女たちに手を差し伸べることができる者は、〝インドの上流階級の女性の講師〟をおいてほかにありませんでしたが、彼女たちのなかにも〝衛生学と衛生法〟の教育を受けた者は誰もいないと、ナイチンゲールは考えていました。したがって、村々に配る衛生の手引は、各州や各地方ごとに別々のものを準備し、それぞれにきわめてやさしい言葉で書く必要がありました。これについてナイチンゲールは、次のように述べています。

この仕事は、女性でなければできない仕事です。それで、望ましい方策は（もし実行可能であれば）、ダフリン卿夫人のもとにいる、原住民で上流階級の女性の医学生たちに、衛生についての基本原理を教え込むことでしょう。そうすれば、彼女たちは十倍も有益な人材となり、病人の家庭に出向いて口頭で指導したり、準備を進めている衛生の小冊子や手引を、患者の家族に読み聞かせたり説き聞かせたりもできるでしょう。

さらにナイチンゲールは、「原住民の上流の女性が、家庭の衛生について優れた記事や文章を書いたときには、賞を与えるのもよいでしょう」と提案もしています。

健康伝導者構想

ここでもまた、カースト制度への配慮が必要でした。

農村の無学な女性たちを教える講師としては、カースト身分の高い女性を見つけなくてはなりません。つまり、バラモン階級の女性です。バラモンの女性であれば、すべての階級に教えることが可能だからです。イスラム教徒の女性を教える講師は、イスラム教徒の女性でなければなりません。彼女たちは〔北部インドの〕ヒンドゥスタニー語を話します。村に学校があるときは、生徒の少女たちも衛生講習に参加させるべきです。そうすれば、こうした女性たちが衛生知識を広めていくに違いありません。

こうして、ナイチンゲールは、晩年の一八九六年に至るまで、インドの農村へ〝健康伝道者(ミッショナー)〟を派遣する構想に取り組みつづけていました。

五、他の植民地の衛生改善への取り組み

世界各地の植民地

インドの公衆衛生改革は、ナイチンゲールが生涯をかけて最も精力を注いだ仕事の一つでしたが、彼女は、インド以外にも、世界各地にあった英国植民地の公衆衛生問題についても精力的に取り組みました。一八六三年に彼女は、『植民地における原住民の学校および病院の衛生状態』と題する報告書を政府の植民地局に提出しています。[9] 彼女は、その調査のための質問用紙(アンケート)を作成して、セイロン（スリランカ）、オーストラリア、ナタール（南アフリカ）、アフリカ西海岸、英領北アメリカ（カナダ）など英国植民地の、それぞれの総督(ガバナー)に送付しました。

当時の植民地局の長官はニューキャッスル公爵でしたが、彼は以前、クリミア戦争の開戦当時、陸軍大臣の座にあった人物です。つまり、ナイチンゲールは、かつてのクリミア戦争時代の人脈(コネクション)を利用したのでした。同公爵は、ナイチンゲールの依頼に喜んで応(こた)えたようで、彼女が作成した調査用紙を各植民地の総督宛に送付させています。

先住民児童の死亡率

この報告書に盛られた指摘や見解は、いつもの彼女に似合わず精彩（せいさい）に欠けるところがありました。つまり彼女は自身の本領をまったく発揮（はっき）できずにいて、各植民地の情報（データ）は相互に比較ができないほどの不備がありました。しかし、そのような欠陥を持つ統計ではありましたが、これら数値（データ）から、各植民地にある先住民のための病院の患者たちや、さらには〔先住民の児童に同化教育を施すための〕寄宿学校[*6]に収容された先住民の児童たちは、いずれも不健康な状態に置かれていることが明白に読み取れました。それら寄宿学校の児童や病院の入院患者に見られる先住民たちの死亡率は、一般の先住民に見られる死亡率の、およそ二倍にものぼっていたのです。ナイチンゲールは、適切な対策をとるためには、さらに詳しい情報（データ）収集が必要であると強調して、関係当局に勧告しましたが、当局は、何の反応も示さなかったようです。

植民地局は動かず

ナイチンゲールは、政府の植民地局を動かして政策の改善を図ることは、事実上、とうてい無理と判断していました。彼女は、看護の改善について力を求められれば、どこへでも、惜（お）しみない支援を送ったでしょう。しかし、植民地局を動かす働きかけはその一度限りで、それ以降の彼女は、インドの衛生改革の仕事に精力を集中しました。インド問題については、緊密（きんみつ）に心を合わせて仕事ができる協働者や理解者が、何人もいたからでした。

この各植民地に置かれた〔強制収容の〕寄宿学校ではどこでも、当然ながら、その後も高い疾病率と死亡率が続き、国によっては（特にカナダとオーストラリアでは）、これが、二十世紀の後半になってから、先住民が英国政府に対して謝罪〔責任追及〕と補償を求める問題にまで発展しています。ナイチンゲールの改善勧告は、当時の寄宿学校による〔犯罪ともいうべき〕先住民文化の大破壊や、生徒への性的虐待や身体的虐待については触れておらず、あくまで生徒たちの間に見られた高い発病率と死亡率の改善についてだけでした。しかし、もし英国政府が彼女の勧告を受け容れて、これら寄宿学校の児童たちに見られた異常に高い発病率と死亡率に関して、さらに詳細な情報収集を行ない、その結果と政策との関連性に注目していたならば、寄宿学校によって児童に加えられたもろもろの危害は、その多くが阻止されていたでしょう。

【第六章の原註（出典箇所）】

（1） Epigraph from 'Observations by Miss Nightingale on the evidence contained in the stational returns'. Report of the Royal Commission on the Sanitary State of the Army in India, 1863, in 9:136. Two volumes in the Collected Works report Indian material, Gerard Vallee, ed., Health in India, vol.9, and Social Change in India, vol.10.

（2） 'Parable' clipping in 9:44.

（3） Figure 6.1, letter 5:425–6.

（4） Epigraph, 'The Zemindar, the sun and the watering pot as affecting life and death in India,' 10:403.

（5） '29 million', from Mike Davis, Late Victorian Holocausts: El Nino Famines and the Making of the Third World (London: Verso 2001) 7.

（6） 'no famine', quotation from Amartya K. Sen, Development as Freedom (Oxford: Oxford University Press 1999) 152.

（7） Quotations from Mary Scharlieb, Reminiscence (London: Williams & Norgate 1924), 10:723.

（8） Figure 6.2, Letter to Lady Dufferin, 10:733–4.

（9） 'Sanitary statistics of native colonial schools and hospitals,' 6:168–83.

【第六章の訳註】

（＊1） How men may live and not die in India. 1863.

（＊2） Life or death in India. 1874.

（＊3） The People of India. 1878.

（＊4） 女王宛に書簡を出すには、あらかじめ願い出て、許可を受ける必要があった。当時、ナイチンゲールは二回願い出て、二回とも許可された。この書簡はその二番目のもの。

（＊5）『ベニスの商人』の一節。

（＊6） 寄宿学校（residential school）：当時の英国の植民地政策の一つ。植民地において、英国支配に反抗的な先住民の児童たちを、両親から引き離して強制収容した政府管掌の全寮制学校。朝早くから夜遅くまで課業を強いて徹底した白人への同化教育を施した。先住民部族の言語も宗教も一切禁止して（文化破壊）、キリスト教徒への転向を強制し、衣食住の生活全般のすべてにわたって西欧化を強制し（民族浄化）、農夫や労働者となる訓練を施した。教師や上級生による苛め（性的虐待・身体的虐待）が日常化し、児童への扱いは残酷を極めたという。後に（二十世紀末から二十一世紀初頭にかけて）元収容者による告発が始まり、いちじるしい人権蹂躙による被害の実情が明らかになり、さらに訴訟問題に発展し、カナダにおいては、政府による公式な謝罪と補償が行なわれた。

第七章　ナイチンゲールの遺産

業績を検証

現代に生きる私たちが、ナイチンゲールから受け継いでいる不朽の遺産は、具体的には何でしょうか？　彼女の没年一九一〇年から百年を迎える今、彼女の業績をあらためて検証してみたいと思います。もしナイチンゲールがいなかったら、今日の私たちは、どのような損失をこうむっていたでしょうか？　彼女の思想や発想が、二十一世紀の課題に取り組む私たちにとって、はたして実際の役に立つものでしょうか？　彼女の著作や書簡など、彼女を直に語る膨大な直筆の一次資料を詳しく調べてみるとき、彼女は実際に、人類社会の進歩において、何を成し遂げた人だったのでしょうか？

世界の看護に影響

もしナイチンゲールが生まれていなかったとしても、それに彼女が看護の改革に半生を捧げていなかったとしても、病院看護はさまざまな面で改善されていったに違いありません。看護の改善に取り組んだ人物は、彼女が最初ではありませんでしたし、彼女一人だけでもなかったからです。さらに、彼女が設立した看護学校は世界で最初のものではありませんでしたし、当時、最大規模のものでもありませんでした。しかし、ナイチンゲール看護学校は、世界に先駆けて、入学志願者の宗教的背景や宗派を問うことなく、あまねく女性たちを受け入れた学校でした。そして、この学校は、他に類がないほど、世界各国の看護に強い影響を及ぼした看護学校でした。ナイチンゲールその人と、彼女自身が設立した看護学校は、英国全土はいうに及ばす、欧州の大半の国々（とりわけプロテスタントのゲルマン諸国とスウェーデン）や米国、やがては〔英国の植民地を含めた〕大英帝国から英国連邦、さらに日本や中国など、世界の主要な国々に、近代看護の初期の発展をもたらしたのでした。

救貧院病院の改革

一般市民のための病院における看護は、ナイチンゲールがいなかったとしても、それなりに向上を遂げていたでしょう。しかし、〝病気を抱える貧困者たち〟にとって唯一の頼みの綱であった〝救貧院病院〔救貧院のなかに設置された貧民のための病院や診療所〕〟における看護のこれほど根底的な改善は、彼女を抜きには考えられません。当時、救貧院病院の惨状を救うにはどうすればよいか、その道を探ったり、そのための慰問の品物を届けたりする慈善的な改革者たちはいましたが、救貧院病院の看護の水準を、一般病院と同水準にまで引き上げるという高い目標を掲げた改革者は、ナイチンゲールが最初でした。救貧院の収容者のなかの比較的健康な女性に病人の世話をさせる制度〔貧民が貧民を看護する制度〕はだんだんと廃止されていきましたが、完全に廃止されたのは、ナイチンゲールの最初の提唱から、およそ四十年後のことでした。徐々にではありましたが、看護専門職による高度な看護が救貧院病院に導入されていきました。さらに彼女は、救貧院病院を救貧院の本体から切り離して、その管理運営を独立させるよう強く主張しました。そのように分離することによって、病気によって已むなく貧困におちいった入院患者たちが、救貧院に収容されるという屈辱感から解放されるからでした。この分離も、やがて実現します。このように、ものごとの本質を見抜いて、その根本からの刷新を目指すという、彼女の改革の姿勢は、他の改革論者たちをも奮い立たせました。彼らもまた、より根本からの変革を求めて、当初の達成目標をさらに深めて追及するようになりました。

分別収容が基本

　ナイチンゲールが主唱した〝救貧院改革の基本構想〟は、ただ看護の改善にとどまるものではありませんでした。看護の改善だけでも気の遠くなるような大改革でしたが、それをさらに超えて、従来の時代遅れの法律〝救貧法〟の制度そのものを徐々に廃止に導く、という根本からの改革構想でした。もし彼女の構想がそのまま実行に移されていたなら、救貧院の収容者の九十パーセントは、それぞれに適した治療や処遇のあり方に合わせて、別の施設へ移され、救貧院に残るのは、故意の失業者〔労働が可能でありながら故意に労働を避ける人々〕だけとなっていたでしょう。この構想はそのまま実現することはありませんでしたが、構想の趣旨は広く受け容れられ、その結果、徐々に、公立の病院や施設が建設されていきました。つまり、病人を治療するための一般病院、高齢者を保護するための老人養護施設、そして精神障害者の治療保護のための精神療養所などの、公立の施設の開設であり、それにつれて救貧院病院の収容者たちは、それぞれに適した施設へと移されていきました。このような事実を見るとき、ナイチンゲールは、広く十九世紀における福祉制度と福祉事業の確立に貢献した社会改革家の一人として、そのなかでも頭抜けて指導的な人物の一人として位置づけられるべきでしょう。

社会理論家・ナイチンゲール

さらにナイチンゲールは、社会改革家であるだけでなく、優れた社会理論家でもありました。議論の余地は残るかもしれませんが、彼女はこの点において、正当な評価を受けていません。現代の社会学者たちは、社会学の草分けとして三人の社会理論家の名をあげます（しかも、故意か偶然か、そのなかに女性は含まれていません）。一般には、彼女は、カール・マルクスや、エミール・デュルケムや、マックス・ヴェーバーのような〝遠大な社会理論〟を持った社会思想家たちには及ばないとされています。すなわち彼女は、社会全体を包括する大規模な変革といった高邁な理想についての理論構築を成し遂げていないというのです。しかし実際には、彼女は、それをもみごとに成し遂げています！　彼女は、国民の所得を保障する政策に合わせて、政府の社会政策担当の省庁制度を、新しい制度に改変する構想を打ち出した人です。そして彼女のこの構想は、十九世紀後半から二十世紀にかけて英国において漸進的に進められていった社会民主主義改革の核心をなす構想であり、同時に、西側諸国において数十年にわたって〝福祉国家〟と称賛された英国の国家体制の基盤をなすものでした。

ナイチンゲールとマルクス

ナイチンゲールの考え方は、マルクスの考え方と対比すると、わかりやすいです。両者ともに資本主義への厳しい批判者であり、そして両者とも、現代社会に蔓延する貧困と無知と不健康とは、まぎれもなく資本主義を根源とする害悪であるとみなしていました。しかし、マルクスは、資本主義そのものには修正や改良の余地は絶無であると考えていたのに対して、ナイチンゲールは、資本主義にも改善や改良の手を加えていく余地が充分にあると確信していました。彼女は、生涯の多くを費やし、資本主義がもたらす災禍や不幸を根絶すべく、斬新かつ人道にかなった対策を次々に提案していきました。

没後に実った政策

ナイチンゲールは、多くの改善や改革が達成されるのを存命中に見届けることができましたが、彼女が思い描いた壮大な改革政策のうちのいくつかは、彼女の没後、第二次世界大戦終了のあとになってようやく実現しました。彼女は、抜本的改革の実現にそれほど時間はかからないものと期待していたのですが、楽観にすぎました。むしろ、一歩一歩地道な改善の積み重ねに奮闘しなければなりませんでした。当時の、全国の病院のうち八十パーセントは救貧院内に設けられた救貧院病院であり、そこでの看護にあたるのは、看護師とは名ばかりの、何の訓練も受けていない貧民の雑役婦でした。患者たちは一つのベッドを何人もで共用し、そこではほとんど治療らしい治療は施されていませんでした。病院改革を目指す篤志家たちはいましたが、彼らに可能な活動は、せいぜい、病院のネズミの駆除か食事の改善くらいのものでした。そうした惨憺たる状況下において、いったいどうすれば、すべての国民が真面な医療を受けられる病院制度が実現できるというのでしょうか？　一九四八年から開始された英国の国民保健サービス（ＮＨＳ）は、国民に平等な医療を提供すべく、すべての医療機関を国営化するという画期的な医療制度改革でした。この制度も、一八六〇年代にナイチンゲールが提唱し推進したもろもろの制度や方式の改革を土台にしており、彼女の活躍がなければ、とても実現しなかったでしょう。

統計グラフの威力

英国陸軍も、ナイチンゲールの強い働きかけによって、陸軍病院の医療体制をはじめ兵舎の生活環境など、兵士たちの健康に関連する制度や方式について、かずかずの改革を行ないました。改革された制度や方式は、その後もずっと陸軍の基本的な制度や方式として続いています。兵士たちの間に見られる疾病について、より厳密（げんみつ）に観察して分析検討する方法が開発された結果、戦時においても平時においても、陸軍における兵士の死亡率はみるみる下がりました。彼女とファー博士〔医師で統計学者〕の共同開発による数種類の統計グラフは、時代に先駆（さきが）けしたものであり、適切な予防対策によって防止が可能な疾病による死亡率が一目瞭然（いちもくりょうぜん）となるグラフでした。これら統計グラフは、陸軍で採用されただけにとどまらず、一般社会にも広がり、企業や団体の年報や環境調査報告など、社会生活や経済活動のあらゆる領域において、情報（データ）分析の優れた方法として活用されるようになりました。

高度な科学研究法

科学研究の方法論に関するナイチンゲールの提唱や指摘は、きわめて高い水準を示し、今日にあってもそのまま通用します。さらに、彼女自身が手がけたかずかずの研究は、その情報（データ）収集と分析方法において、斬新（ざんしん）かつ高水準のものであり、まさに科学研究のあり方の模範（もはん）を示しています。彼女が考案した研究手法はいずれも、今日の社会科学研究の主な分野において、広く標準的手法として認められています（彼女は、最初はベルギーの統計学者ケトレーの手ほどきを受けましたが、その後に彼女が編み出した独自の研究手法は、ケトレーをはるかに凌駕しています）。現在、盛んに強調されている〝根拠に基づく保健医療（evidence-based health care）〟という用語は、彼女の存命中にはまだありませんでしたが、彼女はまさにこの理念を地でいく実践者でした。統計学の専門家でもなく、統計的な意味を検証する回帰分析がまだ考案されていない時代にありながら、ナイチンゲールは情報の分析に並外れた才能を発揮し、その分析結果には強い説得力がありました。統計学の歴史における彼女の高い位置と卓越した功績は、統計学史の専門家たちが認めています。

インド問題には後方から支援

ナイチンゲールは、生涯のうちの四十年以上にもわたって、精力的にインド問題に取り組んできましたが、では彼女がインドの国家と国民に残した具体的な遺産は何かと問われると、その説明はちょっと難しいのです。インド問題において発揮された彼女の本領は、インドの発展とインド人の福祉の向上を目指す進歩的な人々に、インド問題の本質についての知識と知恵を授け、そして彼らを励ましたり勇気づけたりするなど、彼らを後方から支援するところにありました。すなわち彼女は、英国から派遣されたインド総督［インド統治の最高責任者］をはじめインド統治の英国行政官たちのなかでも進歩的な人々を、後方から支えました。さらに、インドの公衆衛生問題について、病院と看護など医療について、インドが悩む飢饉の防止や貧困対策について、さらに教育や自治権運動など、さまざまな分野でこれらの改革に取り組む進取的な人々に対して、支援と激励を惜しみませんでした。ナイチンゲールとしては、こうしたインド改革を進めるための直接的な活動はすべて、直にその実務に携わる人々に頼らざるをえませんでした。なぜなら、ナイチンゲール自身はインドに足を運ぶことができなかったからです。それゆえに、彼女は、もう一つの手段として、インドの行政に携わりながらもインド問題に無関心な役人たちや、インドの政治を預かりながらもご都合主義に流れる政治家たちによって、やっと議会決定された最高の政策が、不作為のうちに葬り去られてしまうことのないよう、その政策の実施について、最後まで鋭い監視の眼を配りつづけました。

病院を抜本的に改革

病院を〔当時は劣悪な収容施設でしかなかった病院を〕徐々に高い水準の医療施設へと改善していく〝病院改革〟において、ナイチンゲールが果たした役割も、高く評価されるべきでしょう。とりわけ病院建築と病院管理について、彼女は多大な貢献をした人でした。建築家でもなければ建築技師でもない彼女でしたが、病院における健康と安全の確保のためにはこれしかないと自分が確信した改良策は、迷うことなく進めていきました。彼女は、病院設計の最も初期段階に選択決定されるべき基本的な条件については妥協を許しませんでした。つまり、新鮮な空気の確保と、適切な建築素材および立地条件の選定です。もちろん彼女のいちばんの関心は、入院している患者の看護にありましたが、同時に彼女の配慮は、病院に勤務する看護師や医師や他の病院職員たちの健康と職務上の安全にも及びました。そして彼女は、病院設計において、看護師の労働負担を少しでも軽減するような設計を〔例えば、廊下を駆けたり階段を昇り降りするなどの無駄な体力と時間をできるだけ省く設計を〕強く要求しました。これにも深い意味がありました。つまり、こうした点についての配慮が足りない病院設計のもとでは、看護師は無駄で余計な時間と体力の消費に追い回されますが、行き届いた病院設計では、看護師はそうした浪費から解放され、そのぶん、患者のケアに専心できるのでした。この、看護師の動線を極力短くするという発想もまた、世界各地の病院設計に影響を及ぼしていきました。

時代を超えて変わらないもの

こうした病院の建築設計に関わるナイチンゲールの提案や助言は、今日では、技術革新の波を受けて、すっかり時代遅れになってしまいました。看護師が、常時すべての患者の状態に眼を配らなければならなかった時代には、患者を一望のもとに見渡せる広い病室のほうが都合がよかったのです。しかし、必要に応じて患者が、看護師を呼び出したり、看護師と通話したりする装置などが開発され、さらに最近では病室に監視カメラが導入されるようになって、状況は変わりました。それに先進工業国の近代的な病院では、病棟や病室の換気は、窓を開ける自然換気に取って代わって、もっぱら空調設備による人工換気が行なわれるようになりました。もっとも、現実には、そうした近代病院にあっては、院内感染など、入院によって引き起こされる病気〔病院病〕による死亡例が多く、しかもそれが増える傾向にあります。当然ながら、ナイチンゲールが強く主張した、窓による自然換気にも再検討の余地がある、という声が方々から上がっています。

手洗いこそ基本

カナダの総人口は、英国のおよそ半分、米国の十分の一程度ですが、二〇〇八年に病院内で感染症に罹った患者の数は、約二十二万人と見積もられています。そして、そのうちの約八千人は死亡しています。病院内での手洗いの励行は、ナイチンゲールが奨励した昔ながらの感染予防法ですが、これが現在、復活して、優れた感染予防策として推奨されています。おそらくは、彼女がその半生を通して提言し奨励しつづけた、窓による自然換気についても、真剣な再検討がなされるべきでしょう。

信仰の位置づけ

自分の生き方のなかに自分の信仰をどう位置づけるかという、信仰のあり方についても、ナイチンゲールの生き方は、今も私たちが語り継ぐべき遺産であり、おそらく、彼女が生きた宗教的教条主義の時代におけるよりも現代におけるほうが、その真価は受け容れられやすいでしょう。彼女の、神に仕える者として、――いいえ、そうではなく、神の協働者にして神の友として、彼女の信仰の揺るぎなさ、自身の使命を果たした生涯は、私たちを魅了します。異なる信仰をも尊重し、キリスト教の宗派によって異なる多様な伝統や慣習にも柔軟に対応できた彼女の才能は、彼女の時代には特異と言えたでしょうが、今日の私たちは、むしろそれに親しみを覚えます。彼女の、信仰のあり方についての著作『思索への示唆(Suggestions for Thought)』で表明された内容の大半は、彼女の同時代の信心深き人々を憤慨させたことでしょう。しかし現代にあっては、疑義を呈する人は滅多にいないでしょう。また、何ごとにつけ彼女が掲げる〝神の法則〟は、彼女にとっては確固たるものであっても、何か違和感を覚える人もいるでしょう。しかし、神を常に善を行なう存在として擁護する彼女の情熱に疑いを差し挟む人は、誰もいないでしょう。さらに明らかなことは、彼女には、神は公正を守り慈悲深くかつ聡明であるとする確信があったからこそ、いささかの躊躇もなく、この現実世界において、大胆な改革計画について、飽くなき追求をしえたのでした。

信仰と看護

ナイチンゲールの信仰人生は、熟慮と断行の組み合わせでした。時に休息することもありましたが、それは気分転換と活力回復のためであり、決して、この改善や改革を求めてやまない絶望的とも思われる現実世界から逃避するためではありませんでした。彼女はキリスト教の聖職者たちへの支援を惜しみませんでしたが、それは、彼女がその心底において、聖書の福音に信仰の基盤を求める福音主義者であったことを物語っています。それでもなお彼女は、自分とは異なる教義や信仰の人々をも尊重しました。ナイチンゲールによれば、看護師には、死を迎えた患者への〝労りや励ましの言葉〟は許されるし、むしろそれが求められることもありますが、看護師は、死の床にある患者に、信仰を強要して悩ませたり、改宗を迫ったりしてはならないのでした。専門職としての看護師の職務は、あくまでも患者を看護するところにあります。患者に付き添って最期まで看護している看護師が、患者の臨終の立会人〔臨終の証人〕になることもありますが、それは偶然にすぎないのでした。

アフガニスタン問題

アフガニスタンが英国の保護国であった当時、アフガニスタン統治に問題があることを、ナイチンゲールは英国政府に勧告しました。彼女の勧告は、筆者が本書の結びを書いている現時点においてさえ、アフガニスタン諸問題の根底にある原因をみごとに言い当てています。彼女は、インドにおける飢饉の防止と貧困からの救済（後にそれは〝インドの発展〟と呼び換えられています）のために計上された予算が、アフガニスタン侵攻（しんこう）の軍事費に流用されている事実を見抜き、それに異を唱（とな）えました。やがて英国は思い知ることになり、やがて忘れ去ることになるのですが、アフガニスタンという国は、征服するのは容易（たやす）い国であっても、統治するなどまず不可能な国なのでした。

女性の自立を後押し

ナイチンゲールの遺産は、男女同権の社会を目指す、いわゆる女権拡張運動（フェミニズム）（彼女の生存中にはまだこの呼称はありませんでした）にも及び、大きな影響を与えています。しかし、彼女が求めた女性への処遇（しょぐう）と、現代の女権拡張運動が求める要望との間には、微妙な違いがあります。彼女が強調したのは、女性の政治参画（さんかく）ではなく、女性の経済的自立の機会の拡大であり、それは現代、盛んに活動しているさまざまな女性の組織団体の取り組みとは異なっています。とは言え彼女も、控（ひか）え目ながら婦人参政権運動にも少しは貢献しましたし、女性の財産権や女性の教育など、女性の地位向上にも寄与するところがありました。一方、彼女は、男女差別主義に対しては先頭に立って反対し、さらに、当時〝伝染病法〟と呼ばれた法令を激しく批難しました。この法令は、陸軍の兵士たちの間に蔓延（まんえん）していた梅毒を抑えるための法令でしたが、もっぱら女性である売春婦（ばいしゅんふ）の取り締まりに終始し、一方の男性の側（がわ）の責任には眼を瞑（つぶ）るものでした。彼女が書いた随想調の短編小説『カサンドラ』(*1)の主題は、女性の社会進出に多くの規制が課されている現実への――つまり女性の社会における役割がきわめて限られていることへの――深い悲嘆（ひたん）ですが、これが、後世の女権拡張論者（フェミニスト）たちから絶賛を浴びることになりました。女性には、生涯を通して、男性と同じ権利が賦与（ふよ）されており、神のお召しを求めてそれに従い、自分が抱く理想や夢を求めて生きる権利がある……という彼女の強い叫びは、現代にあっても共感を呼びます。ナイチンゲールの、この女性に託する理念を受けて、ジョン・スチュアート・ミルが、『女性の解放（The Subjection of Women）』を著わして刊行したのは一八六九年でしたが、同書は社会に強い影響を与えました。

地上によりよい社会を

ナイチンゲールが生きた時代には、まだ平和運動というような活発な社会運動は世に現われていませんでした。しかし、戦争の美化を厳しく拒否し、戦争の悲惨を生身（なまみ）で経験し、さらに戦場で兵士たちが発揮する自己犠牲の精神を、平和の日々において世の人々の間に広げていくことこそ真の改革であるという理想を掲げていた彼女は、時代を先取りした平和運動家なのでした。ナイチンゲールは、〝戦争反対〟と口先だけで言っていたのとは違い、かつて戦場において彼女が見せた際立（きわだ）った勇気と果敢（かかん）な行動力を、戦後、時代が平和になってからもさらに強く発揮し、勇気と行動力をもって地上によりよい社会を築いていく者の先例を、自身の後ろ姿で示したのでした。

【第七章の訳注】

（＊1）『カサンドラ』は、ナイチンゲール著『思索への示唆（Suggestions for Thought）、一八六〇』のなかの一章。

【全章の参考文献】

Recommended Sources on Florence Nightingale

Abel-Smith, Brian. A History of the Nursing Profession. London: Heinemann, 1960.

——The Hospitals 1800–1948: A Study in Social Administration in England and Wales. London: Heinemann, 1964.

Baly, Monica E. Florence Nightingale and the Nursing Legacy. London: Heinemann, 1973.

Bishop, W. J. and Sue Goldie, (comps.) A Bio-Bibliography of Florence Nightingale. London: Dawson, 1962.

Bostridge, Mark. Florence Nightingale: The Making of a Legend. London: Farrer, Straus, Giroux 2008, and London: Viking, 2008.

Calabria, Michael D. (ed.) Florence Nightingale in Egypt and Greece: Her Diary and 'Visions'. Albany: State University of New York Press, 1987.

Cartwright, Frederick F. Nightingales and Eagles: The Reform of British Nursing. Guelph, ON: Typescript, 2001.

Cook, Edward T. The Life of Florence Nightingale. 2 vols. London: Macmillan, 1913.

（中村妙子他訳。ナイティンゲール：その生涯と思想。全三巻。時空出版、一九九四年）
Dossey, Barbara M. Florence Nightingale: Mystic, Visionary and Healer. Philadelphia: Springhouse, 1999.
Goldie, Sue. A Calendar of the Letters of Florence Nightingale. Oxford: Microform, 1983.
——(ed.) 'I have Done my Duty': Florence Nightingale in the Crimean War 1854–1856. Manchester: Manchester University Press, 1987.
Gourlay, Jharna. Florence Nightingale and the Health of the Raj. Aldershot Hants: Ashgate, 2003.
Hardy, Gwen. William Rathbone and the Early History of District Nursing. Osmskirt: G. W. and A. Hesketh, 1981.
Helmstadter, Carol. 'Florence Nightingale's opposition to state registration of nurses'. Nursing History Review 15 (2007): 155–66.
Herbert, Raymond G. (ed.) Florence Nightingale: Saint, Reformer or Rebel? Malabar, FL: Krieger, 1981.
Hutchison, John F. Champions of Charity: War and the Rise of the Red Cross. Boulder: Westview, 1996.
Luddy, Maria (ed.) The Crimean Journals of the Sisters of Mercy 1854–56. Dublin: Four

Courts, 2004.

McDonald, Lynn, 'Florence Nightingale', in Lynn McDonald (ed.) The Women Founders of the Social Sciences. Montreal QC: McGill Queen's University Press 1994: 183–211.

——ed., 'Florence Nightingale (1820–1910)', in Women Theorists on Society and Politics. Waterloo ON: Wilfrid Laurier University Press 1998: 165–202.

——'Florence Nightingale: passionate statistician'. Journal of Holistic Nursing 16, 2 (June 1998): 267–77.

——'Florence Nightingale and the early origins of evidence-based nursing'. Evidence-Based Nursing 4, 3 (July 2001): 68–9.

——ed. The Collected Works of Florence Nightingale. 16 vols. Waterloo: Wilfrid Laurier University Press, 2001.

——'Florence Nightingale as a social reformer'. History Today 56, 1 (January 2006): 9–15.

——'Florence Nightingale and European Wars: from the Crimean to the Franco-Prussian War'. Leidschrift 22, 2 (September 2007): 145–60.

Nutting, M. Adelaide and Lavinia L. Dock. A History of Nursing: The Evolution of Nursing Systems from the Earliest Times of the Foundation of the First English and American Training Schools for Nurses. 4 vols. Bristol: Thoemmes Press reprint, 1997–2002.

O'Malley, I. B. Florence Nightingale 1820–56: A Study of Her Life Down to the End of the Crimean War. London: Butterworth, 1931.

Seymer, Lucy Ridgely. Florence Nightingale's Nurses: The Nightingale Training School 1860–1960. London: Pitman Medical, 1960.

Shepherd, John. The Crimean Doctors: A History of the British Medical Services in the Crimean War. 2 vols. Liverpool: Liverpool University Press, 1991.

Skretkowicz, Victor (ed.) Notes on Nursing. London: Baillière Tindall, 1996.
（助川尚子訳。看護覚え書：決定版。医学書院、一九九八年）

Stone Richard. 'Florence Nightingale and hospital reform', in Richard Stone (ed.) Some British Empiricists in the Social Sciences 1650–1900. Cambridge: Cambridge University Press/Raffaele Mattioli Foundation 1997: 303–37.

Sullivan,Mary C. The Friendship of Florence Nightingale and Mary Clare Moore. Philadelphia: University of Pennsylvania Press, 1999.

Vicinus, Martha and Bea Nergaard (eds) Ever Yours, Florence Nightingale: Selected Letters. Cambridge MA: Harvard University Press, 1990.
（田村南美子訳。ナイチンゲールの手紙：連載。綜合看護：一九九九-二〇〇四年）

Whiteside, Carol Lea. The Sources and Forms of Power used by Florence Nightingale as

Depicted in her Letters Written July 1, 1853 to August 7, 1856. Gonzaga University doctoral thesis, 2004.

【写真、挿し絵、図表の出典】

家系略図　O'Malley, I. B.: Florence Nightingale 1820–1856, Thornton Butterworth, London, 1931.

【第一章】

①1　小南吉彦撮影、一九七二年
①2　金井一薫撮影、二〇一四年
①3　Book jacket of Florence Nightingale: Letters From Egypt; A Journey on The Nile 1849–1850, Grove Press, 1987.
①4　絵葉書（フリートナー文書館）
①5　金井一薫撮影、二〇一〇年
①6　ナイチンゲール看護研究所提供
①7　絵葉書（フロレンス・ナイチンゲール博物館）
①8　絵葉書（聖マーガレット教会）
①9　金井一薫撮影、二〇一四年

【第三章】

③1　Title page of Nightigale's 'confidential report', Notes on the Health of the British Army, 1858.
③2　金井一薫撮影、二〇一四年

③3 セシル・ウーダム＝スミス著、武山満智子、小南吉彦訳、フロレンス・ナイチンゲールの生涯（上巻）、口絵、現代社、一九八一年

③4 Huxley, Elspeth：Florence Nightingale. p77, G.P. Putnam's Sons, New York, 1975.

③5 金井一薫撮影、二〇一〇年

③6 Nightingale, Florence：Mortality of the British Army, at home, at home and abroad, and during the Russian War, as compared with the mortality of the civil population in England. Illustrated by tables and diagrams. Reprinted from the Report of the Royal Commission appointed to enqure into the Regulations Affecting the Sanitary State of the Army.（F・ナイチンゲール著、久繁哲徳訳、松野修、英国陸軍の死亡率（後編）、二六頁、季刊『綜合看護』第二四巻第一号（一九八九年）

③7 前掲書③4、六三頁

【第四章】

④1 絵葉書（フロレンス・ナイチンゲール博物館）

④2 ユニフォトプレス提供

④3 前掲書③4、三一頁

④4 Seymer, Lucy：Florence Nighingale1's Nurses; The Nightigale Training School 1860–1960, Pitman Medical Publishing Co. Ltd, London, 1960.

④5 前掲書④4

④6　Life and Light for Women of Women's Board of Mission, Vol.18, No.3.（岡山寧子著、同志社病院・京都看病婦学校ではじめられた看護教育～リンダ・リチャーズの日本での活動から～〈明治二十年頃の同志社病院・京都看病婦学校〉、九一頁、京府医大誌一一九（二）二〇一〇年

【第五章】

⑤1　Stewart, Philippa : Florence Nightingale. p30, Wayland Publishers Ltd, 1973.

⑤2　Brown, W. T. : Ward evaluation, Nursing Times, August 3, 1978.（パナラクス綵子、大岡良枝訳、ナイチンゲールの恩恵2――病棟の評価、四九頁、季刊『綜合看護』第十四巻第四号、一九七九年）

⑤3　金井一薫撮影、二〇一四年

⑤4　Nightingale, Florence : Notes on Hospitals, Third Edition, p37, Longman, Green, Longman, Roberts, and Green, London, 1863.

【第六章】

⑥1　Nightingale, Florence: Observations on the evidence contained in the stational reports submitted to her by the Royal Commission on the sanitary state of the army in India (Reprinted from the Report of the Royal Commission). London, 1863.（湯槇ます監修、薄井坦子他編訳、インド駐在陸軍の衛生［一八六三］、一七頁、ナイチンゲール著作集第三巻、現代社、

一九七七年）

【そ】

【た】

【ち】

【て】

【と】

【な】

【に】

【は】

索　引

監訳者
金井 一薫（かない ひとえ）
東京有明医療大学名誉教授
ナイチンゲール看護研究所所長
特定非営利活動法人ナイチンゲール KOMI ケア学会理事長

訳 者
島田 将夫（しまだ まさお）
東京有明医療大学看護学部教授

小南 吉彦（こみなみ よしひこ）
ナイチンゲール看護研究所顧問

実像のナイチンゲール

2015年4月27日　第1版第1刷発行©
2016年2月12日　第1版第2刷発行

監訳者　金井一薫
訳 者　島田将夫
　　　　小南吉彦
発行者　小南吉彦
印 刷　中央印刷株式会社
製 本　誠製本株式会社

発行所　東京都新宿区早稲田鶴巻町514番地（〒162-0041）　株式会社 現代社

電話：03-3203-5061　振替：00150-3-68248

ISBN 978-4-87474-168-9 C3047

■ナイチンゲール著作集（第一巻）

湯槇ます監修、薄井坦子他訳／五二四頁／三八〇〇円（税別）

カイゼルスウェルト学園によせて／女性による陸軍病院の看護／看護覚え書—第四版増補改訂版／インドの病院における看護／（付）ナイチンゲール著作目録

日本翻訳文化賞と日本翻訳出版文化賞を受賞。

■ナイチンゲール著作集（第二巻）

湯槇ます監修、薄井坦子他訳／三九二頁／三四〇〇円（税別）

救貧院病院における看護／貧しい病人のための看護／病院と患者／看護婦の訓練と病人の看護／病人の看護と健康を守る看護／町や村での健康教育—農村の衛生／病院覚え書—第三版増補改訂版／（付）ナイチンゲール関係年表

日本翻訳文化賞と日本翻訳出版文化賞を受賞。

■ナイチンゲール著作集（第三巻）

湯槇ます監修、薄井坦子他訳／五三二頁／三九〇〇円（税別）

インド駐在陸軍の衛生／インドにおける生と死／思索への示唆（抄）／アグネス・ジョーンズをしのんで／看護婦と見習生への書簡（十四篇）／（付）ナイチンゲールに関する文献目録

日本翻訳文化賞と日本翻訳出版文化賞を受賞。

■フロレンス・ナイチンゲールの生涯（全二巻）

セシル・ウーダム＝スミス著、武山満智子・小南吉彦訳／各巻四二〇頁／一セット五六〇〇円（税別）

本書は、英国の歴史家ウーダム＝スミス女史による七〇〇頁に及ぶ大作“Florence Nightingale 1820–1910”の完訳である。女史は、ナイチンゲールの生涯を語るにはなくてはならない書簡や資料を適宜収載し、綿密な筆運びで、近代看護の先駆者の姿をあますところなく再現し、ナイチンゲールの真の生涯を鮮やかに蘇らせた。

看護覚え書

ナイチンゲール著、薄井坦子・小玉香津子他訳／第七版／三〇八頁／一七〇〇円(税別)

本書は、ナイチンゲールによって一五〇年以上も前に書かれ、現在もなお看護の思想の原点となっている〈名著〉の完訳である。看護の原点と基本的原理を論述する本書は、看護を学ぶ者の必読の書である。

原文 看護覚え書

ナイチンゲール著、薄井坦子他編／一七六頁／一五〇〇円(税別)

本書は、ナイチンゲールの代表的著作である "Notes on Nursing" の英語版であり、看護学校のテキストとしても活用できる。たとえ一章でも一頁でも原典にふれる学習は、学生にとって貴重な体験となるだろう。

看護小論集

ナイチンゲール著、薄井坦子・小玉香津子他訳／二九六頁／一七〇〇円(税別)

本書は、『看護覚え書』の姉妹版であり、『ナイチンゲール著作集』(第二巻)のなかの看護に直接論及した論文と、編訳当時入手していなかった文献を加えてある。本書を通してさらに彼女の看護思想を深めていただきたい。

ナイチンゲール言葉集——看護への遺産

薄井坦子編／一六八頁／一四五六円(税別)

本書は、『ナイチンゲール著作集(全三巻)』から取り出した珠玉の言葉を、彼女の疾病観・健康観・看護観などの構造が浮かび上がるように、十二章に配列構成したものである。

新訳・ナイチンゲール書簡集——看護婦と見習生への書簡

湯槇ます・小玉香津子他訳／二〇〇頁／一五〇〇円(税別)

彼女がその生涯に書きのこした手紙の数は、一万数千通にのぼるといわれている。本書は、聖トマス病院およびナイチンゲール看護婦訓練学校の看護婦と見習生とに宛てられた書簡のうちの八通を厳選して訳したものである。